近代東アジア美術留学生の研究

―東京美術学校留学生史料―

吉田千鶴子

ゆまに書房

チット・ブアブット　Chitr Buabusaya
《上野公園、東京美術学校》油彩・板　1942年　40.9×31.6㎝
福岡アジア美術館所蔵

序

拙著「東京美術学校の外国人生徒」前篇・後篇（『東京芸術大学美術学部紀要』第33・34号、平成10・11年）の執筆を思い立ったのは十数年前のことである。当時は美術留学生に関する参考文献が少なく、国内外の研究者も稀であって、人づてに筆者の研究を聞いて訪れた故劉暁路氏が“空谷に足音を聞く”云々と何かの本に書いたほどだった。劉氏以後、中国、韓国、台湾から研究者が次第に多く訪れるようになり、情報交換ができるようになった。こうしてみると、美術留学生の研究は日本国内よりも中国、韓国、台湾においてより大きな関心事だったように思われる。それらの国で近代美術の研究が急速に活発化したことが原因だったに違いない。

その後、東アジア各国で近代美術の研究が進み、展覧会や研究書出版が行なわれ、情報交換もより緊密になった。時折り中国や台湾のテレビ局や映画社が撮影に訪れることさえあった。例えば、中国や台湾でよく知られている弘一大師はもとの名を李叔同といい、明治44年に東京美術学校西洋画科を卒業した人だが、この人の生涯を題材にした映画を作るために大勢の撮影クルーが東京芸術大学に来訪したことがあった。出来上がった「一輪明月」は中国で好評だったという。この弘一大師に関連して言えば、杭州師範学院大学に弘一大師・豊子愷研究中心という研究所があり、着々と研究・顕彰活動を続けているが、主任教授の陳星氏は上記拙著の中国語訳を『東京美術学校的外国学生』として2004年に香港の天馬出版から出版してくださった。中国や台湾でこれが広く流布しているらしい。

こうして時を経るにつれ、筆者のもとにも多くの資料、情報が集まったので、この増補改訂版を刊行することにした。「はじめに」の部分から「第１章　留学生受入れに関する一般規則」までは概ね旧稿のままとし、それ以後の部分は増補と修正を行なった。増補に関しては、東京美術学校以外の諸学校の留学生受入れ状況についても現在までに判明した限りのデータを書き加えた。本書がよりグローバルな視野に立った日本近代美術研究の一資料となれば幸いである。

2009年２月　吉田千鶴子

近代東アジア美術留学生の研究

―東京美術学校留学生史料―

目　次

東京美術学校外国人留学生名簿

参考図版

はじめに

明治維新以後、西欧文化を積極的に取り入れて急速に近代化を進めたわが国には、東アジア諸地域（特に中国、朝鮮、台湾）から多数の留学生が訪れた。留学の状況は、中国と日本占領下の朝鮮・台湾および中国東北部（旧満州）とでは様相を異にし、また、政治情勢の変化を反映して各地域それぞれに異なった推移を示すが、いずれにせよ、留学生の大多数は、わが国の教育機関を介して主として西欧の先進技術を学び、それぞれの地域の近代化の担い手となったのであった。

こうした日本留学の歴史に関してはこれまでに種々研究がなされており、参考文献も少なくない。しかし、美術の分野に限ってみると、鶴田武良氏の中国近代画人研究の一環としての美術留学生に関する研究のような貴重な研究蓄積はあるものの、全体的には基礎的文献がまだ極めて少ない。日本近代美術の研究が年々盛んになり、さまざまな角度からの検討が行われるようになった今日、この美術留学生の問題についても研究が活発化し、東アジア近代における美術交流の問題を検討するための基礎が作られなければならない。

東アジアの近代史は日本の帝国主義的侵略ということを抜きにしては語れず、近代美術にも侵略政策が或る影を落としているのは事実である。そのことは日本との美術交流の研究を阻む大きな要因となっていた。しかし、日本の敗戦から半世紀以上が過ぎて人々の意識も変わり、東アジア諸地域において自国の近代美術史にも関心が寄せられるようになってきたためか、近年、美術留学生に関する資料収集を目的として来日する研究者が跡を絶たない。それは、近代美術史を研究する以上、その是非の評価はひとまず措き、まず客観的に進展の経緯を把握しておく必要があり、そこでは日本留学生の問題が非常に重要となるからである。そうした研究者たちに基礎資料を提供でき、そして、今後彼らと提携して研究を進めることができれば、相互により有意義な成果が得られるに違いない。本稿がそのための一助となれば幸いである。

さて、敗戦前のわが国にはさまざまな美術学校や研究所が存在したが、東アジアの美術留学生がまず目指したのは唯一の官立美術学校であった東京美術学校である。同校は明治20年（1887）に設置され、昭和24年（1949）の東京芸術大学設置に伴って同27年に廃止されたが、その間に5799人の卒業生を送り出し、また、さまざまな事業を行なって近代美術の発展に大きく寄与した。ここに中国から103人、朝鮮から89人、台湾から30人、その他西欧を含む諸外国から17人が留学し、地域ごとの差はあるものの、多くが帰国後は美術・美術教育において指導的役割を果たした。入学状況の概要は『東京芸術大学百年史』東京美術学校篇第3巻(平成9年、ぎょうせい)に記したが、本稿においては基礎的な資料を可能な限り多く掲載して、より詳細に記述する。

第１章　留学生受入れに関する一般規則

最初に東京美術学校の外国人留学生に関する一般的な規則を同校作成「文部省往復書類」「本校規則関係書類」等より抜粋して紹介し、各国別の規則については後に個別的に紹介する。

東京美術学校が大体継続的に外国人生徒を受け入れるようになるのは明治30年代後半に入ってからである。同校のような文部省直轄学校が外国人生徒を受け入れる場合に適用すべき規則が定められたのは明治33年のことで、「文部省直轄学校外国委託生ニ関スル規程」（文部省令第十一号）と称したが、翌34年に改正されて下記の「文部省直轄学校外国人特別入学規程」が定められ、基本的にはこれが敗戦後学制改革が実施されるまで適用された。

○明治三十四年十一月十一日省令第十五号

文部省直轄学校外国人特別入学規程ヲ定ムルコト左ノ如シ

文部省直轄学校外国人特別入学規程

第一条　外国人ニシテ文部省直轄学校ニ於テ一般学則ニ依ラス所定ノ学科ノ一科若ハ数科ノ教授ヲ受ケントスル者ハ外務省、在外公使館又ハ本邦所在ノ外国公館ノ紹介アルモノニ限リ之ヲ許可スルコトアルヘシ

第二条　前条ニ依リ教授ヲ受ケントスル外国人ハ前条ノ紹介書ヲ添ヘ帝国大学総長若ハ学校長ニ願出ツヘシ

第三条　帝国大学総長若ハ学校長ニ於テ前条ノ願出ヲ受ケタルトキハ相当ノ学力アリト認メタル者ニ限リ之ヲ許可スヘシ　但シ学校ノ設備上差支アル場合ハ此ノ限ニアラス

第四条　本令ノ規定ニ依リ入学シタル外国人ニシテ学科修了ノ証明書ヲ受ケントスル者ニハ試験ノ上之ヲ附与スヘシ

第五条　本令ノ規定ニ依リ入学シタル外国人ニハ入学試験料、入学料及授業料ヲ徴収セサルコトヲ得

第六条　帝国大学総長及学校長ハ文部大臣ノ認可ヲ受ケ本令ニ関シ必要ナル細

則ヲ設クルコトヲ得

附則

第七条　本令施行ノ際文部省直轄学校ニ於テ一般学則ノ規定ニ依ラス在学スル外国人ハ本令ニ依リ入学シタルモノト見做ス

第八条　明治三十三年文部省令第十一号文部省直轄学校外国委託生ニ関スル規程ハ本令施行ノ日ヨリ之ヲ廃止ス

この規則は外務省、在外公使館、日本にある外国公館のいずれかの紹介状を有することを入学の第一条件とし、あとは学校長の裁量に委ねるという、極めて緩やかな内容のものである。学校ごとに必要な細則を設けてもよいとあるが、東京美術学校の場合、それを設けるのは大分あとの大正13年（1924）のことで、それまでは上記の規則に沿って臨機応変に外国人生徒を撰科生として受け入れた。そのなかにはごく少数だが外国人女生徒も混じっていた。同校は男子校で（それが明記されるのは専門学校令に準拠して明治38年に改正された規則以後）、昭和21年の男女共学実施以前は外国人に限って女性の入学を許可したのである。ただし、その数わずか４人。正規の課程を終えて卒業したのは明治40年卒のマリー・イーストレーキただ一人で、他は短期在学であった。ほかに特例として見学生として通学を許可した女性が数人居る。その一人ラギー・ゾルフ（Lagi Solf. ゾルフ・ランコとも言う）はドイツ大使の娘で、昭和３年１月西洋画科第１年教室（長原孝太郎担任）への出入りを許可された。そのために、引続き同年５月には中華民国特命全権公使汪栄宝が女生徒を推薦してきた。名は張吟秋（四川省灌県出身、同年春に女子美術学校卒業、27歳）。学校当局は今後このような特例は認めないという条件つきで許可し、同じく西洋画科第１年教室へ通学させた。しかし、同６年にはヘレン・エンドマンス・ドルフなるドイツ人女性が一時期彫刻科に通学しているところをみると、特例を禁止したわけではなかったらしい。昭和21年、男女共学制実施以後は外国人女性（東洋人）２人が正規入学している。

本規程の他に、その後文部省から次のような通牒、照会（回答を含めて掲載）が発せられたことが同校作成「文部省往復書類」等によってわかる。

○専五二号

外国人ニシテ高等学校又ハ専門学校ヘ入学ヲ志望スル者取扱方ノ件別記ノ通省議決定候間御了知相成度依命此段及通知候也

明治四十一年四月廿日　　　　　　　　　　　文部次官　沢柳政太郎

学校長宛

記

外国人ニシテ中学校ヲ卒業シ其他高等学校又ハ専門学校入学ノ資格ヲ有スル者本邦人同様ノ手続ヲ以テ選抜試験ニ応シ高等学校又ハ直轄専門学校ニ入学ヲ志願スルトキハ試験ノ結果ニ依リ入学ヲ許可スルコト

但本文ニ該当スル志願者増加シ本邦人ノ収容ニ影響少カラサル等ノ場合ヲ生スルニ至テハ更ニ別段ノ詮議ヲナスヘキコト

○文部省令第一六号

文部省直轄学校外国人特別入学規程ハ台湾人若ハ朝鮮人ニ之ヲ準用ス　但シ其ノ入学ニ関シテハ台湾総督府又ハ朝鮮総督府ノ紹介ヲ要ス

明治四十四年四月四日　　　　　　　　　　　文部大臣　小松原英太郎

○発専一八〇号

貴校ニ於ケル朝鮮人、台湾人及支那人其ノ他ノ外国人ニシテ外国人特別入学規程ニ依リ入学ヲ許可セラレタル者ノ取扱方ニ関シ別紙記載ノ事項承知致度条御取調御記入ノ上来ル九月十五日迄ニ御回答相成度此段及照会候也

大正四年九月七日　　　　　　　　　　文部省専門学務局長　松浦鎮次郎

東京美術学校長　正木直彦殿

〔別紙省略〕

○文部省専門学務局長へ回答案（大正四年九月十三日発送）

本月七日付発専一八〇号ヲ以テ朝鮮人台湾人及支那人其他ノ外国人ニシテ外国人特別入学規程ニ依リ本校入学上取扱方ニ関シ御承知相成度旨御照会ノ趣領承

乃別紙ノ通リニ有之候条右ニ御承知相成度此段及回答候也

年　月　日　　　　　　　　　　　　　　　学校長名

文部省専門学務局長　松浦鎮次郎殿

照会事項	回答案
一、本科生トシテ入学資格ヲ有スル者	
イ、無試験ニテ入学ヲ許可セラルヽヤ	イ、本校規則第十二条ニ依リ総テ試験ヲ施シ入学ヲ許否ス
ロ、試験ノ上入学ヲ許可セラルヽトセハ其試験ハ全ク本邦人ト混同シテ競争試験ヲ行ハルヽヤ若クハ競争試験ヲ行フモ其入学ノ決定ニ付テハ自ラ特別ノ手加減ヲ行ヒ又ハ特別ノ入学試験ヲ行ハルヽヤ	ロ、本邦人ト混同シテ競争試験ヲ行フモ其入学決定ニ付テハ自ラ多少ノ手加減ヲ加フルノミニテ別ニ入学試験ヲ行ハズ
一、本科生トシテ入学資格ヲ有セサル者	
イ、無試験ニテ入学ヲ許可セラルヽヤ	イ、総テ試験ヲ施シ入学ヲ許否ス（手加減ヲ加フルコト前ニ同シ）
ロ、試験ノ上入学ヲ許可セラルヽトセハ其試験ハ如何ナル程度ニ依リ如何ナル科目ニ就キ之ヲ施行セラルヽヤ	ロ、専門実技又ハ中学校卒業程度ニ依リ自在画ノ試験ヲ行フ
一、入学ヲ許可セラルヽ者ノ学期及学年末ノ試験成績ハ本邦人ト同様考査セラルヽヤ或ハ多少手加減ヲ加ヘラルヽヤ	本邦人同様考査スルモ多少ノ手加減ヲ加フル場合アリ
一、所定ノ期間在学シ最終ノ学年試験ニ合格シタル者ニハ如何ナル名称ノ証書ヲ授与セラルヽヤ	本邦人ト同様式ノ卒業証書ヲ授与ス

○大正十年五月九日発専六六号

外国人及植民地人学生ノ取扱ニ関スル件通牒

従来外国人ニシテ大学及其予科高等師範学校女子師範学校専門学校又ハ高等学校ニ入学シ得ヘキ規定上ノ資格（中、高女卒業、中学四学年修了若ハ之ト同等学力アリト検定セラレタル者等）ヲ有セサル者此等ノ学校ニ入学セントスル場合ニ於テハ之ハ別科選科等所謂特科生トシテ入学セシムル例ナルモ外国人ニ関シテハ多少ノ特例ヲ設クル必要アリト考ヘラルヽヲ以テ今後ハ各学校ニ於テ其入学資格ニ相当スル試験（例ヘハ中学校卒業ヲ入学資格トスル学校ニ於テハ其程度ノ試験ヲ行フカ如キ）ヲ行ヒ其ノ成績優良ナル合格者ハ之ヲ正科生トシテ入学セシメテ差支ナキコトニ省議決定シタルニヨリ御承知相成度

従来支那政府ノ委託ニ依リ東高師、第一校、東高工、山口高工、千葉医専ニ於テ収容セル留学生ニ就テハ従来通リ取扱フモノト御承知相成度　尚朝鮮人及台湾人ニ関シテハ当分ノ内本文外国人ト同様ニ取扱フモノトス

○大正十二年六月二十日東女普二七号

本年五月二十八日庶甲第五九号ヲ以テ高等師範学校等教員ノ養成ヲ目的トスル学校ニ於テ外国人及植民地人学生ヲ本科生ト同様ニ取扱ヲナシテ卒業シタル者ノ服務義務ノ件ニ関シ伺出ノ処右ハ大正十四年四月文部省令第二十九号高等師範学校等卒業者服務規則ヲ適用スルモノナルモ固ヨリ本件ノ如キハ特別取扱ノ結果本科同様ノ卒業生タルコトヲ認ムルニ至リタルモノナレハ服務義務ニ就テモ特別取扱ト為シテ義務ハ免除シ差支無之ニ付御了知相成度

東京美術学校では明治年間はまだ外国人志願者が少なく、その99%は入学できたが、大正期に入ると増加しはじめ、大正前半は毎年７名程度に、同後半には毎年15名程度（合格率約57%）となった。急速な増加傾向がみられたため、独自の規則を設ける必要が生じて下記のように細則が定められた。

○教第三号（大正十三年二月二日済）

案　外国人特別入学規程細則認可ノ件伺

従来本校ニ於ケル外国人入学ニ関スル取扱ハ主トシテ明治三十四年文部省令第十五号直轄学校外国人特別入学規程ニ依拠シ其他時々御通牒ノ旨ヲ参酌シテ処理シ来リ候処比年外国人ノ入学希望者益増加シ随テ種々ノ事情ヲ生シ取扱者ニ

於テモ意見区々ニ及ブ等ノコト有之候ニ付此際右入学ニ関スル細則ヲ定メ取扱ヲ統一スルノ必要相感ジ候ニ由リ別紙案ノ通細則設定致度此段仰高裁候也

年　月　日　　　　　　　　　　学校長

文部大臣宛

東京美術学校外国人学生特別入学規程細則

第一条　相当学歴アル外国学生ニシテ本校ニ入学ヲ志願スル者ハ外務省、在外公使館又ハ本邦所在ノ其国公使館ノ紹介アルモノニ限リ詮議ノ上入学ヲ許可スルコトアルベシ

第二条　前条ニ依リ入学ヲ志願スル者ハ本校本科又ハ図画師範科入学資格相当ノ学力（中学校卒業程度）検定試験ヲ施シ且一般入学者ニ課スル選抜試験ヲ行ヒ之ニ合格シタルトキハ入学セシムルモノトス

本条ニ依リ入学シタルモノハ其科ニ於ケル実習ト併セテ所定ノ諸学課ヲ兼修セシムルモノトス

右修了ノ者ニハ本校規則第三十七条ニ依ル卒業証書ヲ授与ス

第三条　学習ニ堪ユル程度ノ日本語ヲ解シ実習ノ試験並ニ身体検査ニ合格シタル者ハ本科生ト共ニ実習ヲ専修セシム

右修了ノ者ニハ実習課程ノ卒業証書ヲ授与ス

第四条　本校規則ニシテ本細則ニ抵触セザルモノハ総テ之ヲ準用ス

附則

本細則ノ規程ハ台湾及朝鮮ノ学生ニシテ本校ニ入学スル者ニ之ヲ準用スルコトアルヘシ

本細則第三条ノ第二項ハ大正十三年三月以降ニ於テ修了済トナル者ニモ之ヲ適用ス

附録

細則第三条ノ卒業証書々式

卒業証

東京美術 学校之印

国　名

氏　名

何歳

右者当校何々科ニ入学シ何箇年ノ実習ヲ履修セリ仍テ之ヲ証ス

年　月　日

東京美術学校長位勲氏名

東京美術学校長印

○文部省東美専二号

東京美術学校

大正十三年二月二日付教第三号伺其ノ校ニ於テ外国人特別入学規程細則ヲ設クルノ件認可ス

大正十三年二月二十一日

文部大臣　江木千之（文部大臣之印）

上記の細則が定められた結果、外国人生徒は特別学生と称し、それが二種類に区分され、実習・学科ともに受講して卒業時には日本人生徒と同様の卒業証書を授与される者と一科目の実習のみを受講してその実習のみの卒業証書を授与される者との二通りとなった。なお、この細則の適用にあたって大正15年6月の教官会議で下記の決定がなされた。

選科へ編入ノ件　大正十二年以前ニ於テ本校特別学生トシテ入学セシモノヽ中ニ於テ朝鮮、台湾（支那留学生ハ外国人トシテ取扱フ元ノ如シ）学生ハ爾今選科ニ編入ス

附記　大正十二年以前ニ於テ入学セシ朝鮮、台湾学生ハ選科トシテ入学許可トナリ従ツテ各人卒業ニ至ル迄ハ選科トシテ卒業スルヲ至当トス　但シ本人ノ志望ガ特別学生トシテ入学セシモノハ此ノ限リニ非ズ

上記の細則は昭和4年4月10日文部省通牒官専第200号により附則の第一項が削除され、その結果、同年以降入学者のうち日本統治下の朝鮮、台湾籍の生徒は日本人生徒と同等に扱い、中華民国、満州国その他諸外国の生徒を特別学生とし、区別することになった。また、同9年1月に至り、その前年の東京美術学校規則改正に伴い第二条の「(中学校卒業程度)」が削除され、同第二条第三項中の「第

三十七条」が「第五十五条」に訂正され、さらに附則は「今日トナリテハ最早無用ノ項目ニ付」という理由で全部削除された。

第２章　各科志願状況・西洋画科（油画科）へ集中

東京美術学校は明治維新以後の極端な欧化主義的風潮への反動として起こった国粋主義的思潮を背景に、お雇い外国人教師フェノロサおよびその教え子岡倉覚三（天心）らが起こした日本美術復興運動が文教政策に反映されて明治20年に設置された唯一の国立美術学校であったが、約10年後に文教政策の変更により伝統復興路線が伝統美術・西洋美術並立路線に切り替わり、その方針が同校の廃止まで続いた。

外国人留学生については、フェノロサは東京美術学校開設の暁には西欧から大勢の留学生が訪れるだろうと公言していたが、時期尚早のためか実際にはそうならず、留学生が継続的に訪れ始めたのは方針切り替え後暫くたってからであり、しかも、留学生が目指したのは伝統美術関連の科ではなく西洋画科であった。

まずその入学状況を表①に示す。これは最初の外国人入学者のあった明治29年から日中戦争が始まった昭和12年までの状況であり、昭和13年以降については正式な記録が現存しないので、今後の調査に委ねることとした。この表に明らかなように、明治期には志願者が少なく、ほぼ全員入学できる状態だったが、大正期になると志願者が増えはじめ、大正末期から昭和初期にかけて急速に増加している。また、志願者の圧倒的多数が西洋画科（昭和８年油画科と改称）を志望している。難易度の点からいえば、1．図画師範（平均合格率20%）、2．建築および鋳金(25%)、3．西洋画（32%）、4．図案（41%）、5．漆工（50%）、6．日本画（54%）、7．彫刻（57%）、8．金工（71%）となるが、志願者の72%は西洋画科に集中し、次いで図画師範科、彫刻科塑造部が多く、その他の科の志望者は格段に少なかったことがわかる。西洋画科の入学者／志願者の内訳は中国62／157、朝鮮48／176、台湾10／50、その他４／５である。図画師範科志望者が比較的多かったのは、他科が５年制であるのに対して３年制（昭和17年師範科と改称し４年制となる）であり、教員を志望する者にとっては好都合だったからであろう。しかし、この科は日本人志願者にとっても非常に狭き門であったから、外国人の入学はまさに至難の業であった。

表① 東京美術学校外国人入学状況（1896～1937）

科部 年度	日　本　画	西洋画（油画）	彫　　刻
			塑造・木彫・牙彫
1896 明治29			
1897 30			
1898 31			
1899 32			
1900 33		撰・英1〔1〕	
1901 34		撰・米1〔1〕	
1902 35			
1903 36		撰・米1〔1〕	
1904 37			
1905 38		撰・中1〔1〕	
1906 39		撰・中2〔2〕 撰・印1〔1〕	撰・中1〔1〕
1907 40			
1908 41	撰・朝1(1)	撰・中2(2)	
1909 42	撰・米1〔1〕 撰・中0(1)	撰・朝1〔1〕 撰・中1〔1〕	
1910 43		選・中2(2)	
1911 44		撰・中1(1) 撰・朝1(1)	
1912 45		撰・中2(2) 撰・朝1(1)	
1913 大正 2	撰・中3(3)	撰・中2(5)	撰・中1(1)
1914 3	選・中0(1)	選・中3(3)	選・朝1(1)
1915 4		選・中3(3)	選・台1(1)
1916 5		選・中1(2) 選・朝0(1) 選・台1(1)	
1917 6	選・朝0(1)	選・中3(5)	
1918 7	選・朝1(1)	選・中4(6) 選・朝1(1)	
1919 8	選・中0(1)	選・中5(5)	
1920 9		選・中5(8) 選・朝3(3)	選・朝1(1)
1921 10		選・中2(3) 選・朝4(7)	選・朝1(1)
1922 11	選・朝0(1)	選・中2(5) 選・朝3(9) 選・台2(2)	
1923 12		選・中1(2) 選・朝3(7)	
1924 13		選・朝4(7) 選・台0(1)	
1925 14		本・朝0(4) 特・中3(10) 特・朝4(9) 特・台1(6)	
1926 15		特・中1(3) 特・朝4(12) 選・台1(4)	選・朝0(1) 特・台1(1) 特・朝1(1)
1927 昭和 2		本・朝0(1) 特・中0(8) 特・台1(2) 本・台0(2) 特・朝7(14)	選・朝1(1)
1928 3		本・朝0(1) 特・中2(8) 特・台1(2) 本・台0(2) 特・朝3(7)	選・朝0(2) 選・台0(1)
1929 4		本・朝1(7) 特・中1(8) 特・台1(2) 本・台0(2) 特・朝2(2)	選・朝0(1)
1930 5		本・朝0(8) 特・中4(12) 本・台0(4)	特・中1(1)
1931 6		本・朝1(5) 特・中0(4) 本・台1(3)	特・中1(1)
1932 7		本・朝1(8) 特・中0(2) 本・台0(4)	本・朝0(1) 特・中0(3) 本・台0(1)
1933 8		本・朝0(15) 特・中0(2) 本・台0(3)	特・中0(1)
1934 9		本・朝1(11) 特・中2(6) 本・台0(3) 特・満1(1) 特・関1(1)	本・朝2(3) 特・中2(4)
1935 10		本・朝0(12) 特・中1(11) 本・台0(2) 特・満0(5)	本・朝1(1) 特・中1(3) 特・満1(1)
1936 11		本・中0(1) 本・台1(2) 本・朝2(12) 特・中1(5) 特・満1(3)	本・朝1(1) 特・中0(1) 本・台1(1) 本・台1(1)
1937 12		本・朝1(10) 本・台0(3) 特・中0(3) 特・満1(2) 特・布0(1)	本・朝1(2) 本・朝1(1) 本・台0(1) 特・中1(1) 特・満1(1)
計	6(11)	124(388)	25(44)

数は入学者数。（　）は志願者数。〔　〕は推定志願者数。撰は撰科。選は選科。本は本科。中は中国。朝は朝鮮。台は台湾。満は満州。関は関東州。布は布哇。

工	芸				建築	図面師範	計
図案	彫金	鍛金	鋳金	漆工			
	撰・独1〔1〕						1〔1〕
							0
							0
							0
							1〔1〕
							1〔1〕
							0
							1〔1〕
							0
	撰・暹1〔1〕			撰・印1〔1〕 撰・暹1〔1〕			4〔4〕
							4〔4〕
							0
							3(3)
							3〔4〕
							2(2)
							2(2)
							3(3)
			撰・中0(1)				6(10)
	選・中1(2)	選・朝0(1)					5(8)
							5(8)
							2(4)
							3(6)
							6(8)
						中2(2)	7(8)
選・中1(1)							10(13)
							7(11)
選・中1(1)						中0(1)	8(19)
選・朝1(1)						朝1(1) 台1(1)	7(12)
							4(8)
特・朝1(1)						朝1(1) 台0(1)	10(32)
						中0(1) 台1(2) 朝1(3)	10(28)
						朝1(1) 台1(1)	11(30)
						朝0(2) 台1(4)	7(29)
選・中1(1) 選・朝0(1)				選・朝1(1)		朝0(6) 台0(5)	7(36)
						朝0(2) 台0(1)	5(28)
特・中2(2)					本・台0(1)	台0(4)	5(20)
本・朝0(1) 本・中0(1)					本・台0(1)	朝0(1) 台0(2)	1(25)
本・朝0(1) 本・台0(1)					本・朝0(1)		0(24)
					本・米1(1)	朝0(4) 台0(1)	10(35)
特・中0(2) 本・台0(1)	特・中1(1)	本・台1(1)	特・中1(1)		本・台0(1)	朝0(2) 台0(1)	7(45)
特・中0(1)			本・朝0(1) 特・中0(1)	本・朝0(1) 特・中0(1)	特・中1(1)		9(33)
本・朝0(1)				本・朝0(1)	本・朝0(2)	朝0(1)	6(30)
7(17)	5(7)		1(4)	3(6)	2(8)	10(51)	183(536)

特は特別学生。独はドイツ。英はイギリス。米はアメリカ。印はインド。暹はシャム。

西洋画科（油画科）に志願者が集中するという傾向は昭和13年以降東京美術学校廃止の時点まで変わらなかった。留学生の多くは西欧美術を学ぶために東京美術学校にやって来たのであり、このことは先に述べたところの、東アジアの留学生たちにおける一般的傾向、つまり、日本の教育機関を介して西欧先進技術を学び取ろうとする傾向に符合する。フランスの美術教育方法を移植し、フランス留学経験者たちが指導する西洋画科ないし彫刻科塑造部は、東アジアの美術志望者にとって最も便利な教育機関であった。勿論、西欧美術を学ぶには西欧へ行くに如くはなく、直接西欧に留学した者もあれば東京美術学校を卒業してから西欧へ留学した者もあるが、それは主として潤沢な資金のある者たちであって、多くは日本の美術学校、そして先ず第一に東京美術学校で学ぶ道を選んだのである。

東京美術学校は生徒の定員が少なかったため多数を受け入れることはできなかったが、そうした要請に対応して可能な限り多くを西洋画科や塑造部に入学させる方針をとった模様である。例えば、志願者の急激な増加がみられた大正末昭和初の西洋画科では毎年平均6、7人の外国人を受け入れているが、同時期の日本人募集定員が本科・選科合計35人に過ぎず、合格率も10数％台といった状態であったから、外国人の受入れには相当努力したと見るべきだろう。昭和10年、東京美術学校は外務省文化事業部の満支人受入れに関する問合せに対して回答した文書（控）のなかに、

> 本校ニ於テハ外国人学生特別入学規程ヲ設ケ入学ノ途ハ開キアルモ本邦人ノ入学志望者年々増加スルニ拘ラズ本校設備ノ関係上収容人員ヲ増加スル能ハサル為メ本邦人ニテモ容易ニ入学シ能ハサル実情ナルニ付外国人ヲ収容スルコトハ困難ノ事ニ属スルモ国際関係ヲ顧慮シ日本語ヲ解スル満支両国人ニハ油画科彫刻科工芸科ニ年々多少入学ヲ許可シ居リ云々

と受入れ困難の状況を記している。

東京美術学校の各科の教育内容とそれぞれの変遷は『東京芸術大学百年史』東京美術学校篇第1、2、3巻（1987、92、97年、ぎょうせい）によって把握できるが、ここで特に留学生が集中した西洋画（油画）科について記しておく。

西洋画科の教育は規則改正の都度、多少変更を加えられたが、専門学校令制定

に伴う東京美術学校規則全般の改正の際（明治38年）に整備された方式をその根幹と見做すことができる。それによれば、生徒（入学資格は満16～26歳の男子）は正規生と撰科生に大別され、正規生は4月に入学して1学期間（7月まで）は予備科で諸種の基礎実技・学科を学んで試験を受け、合格者は9月に本科の各科に進級し、4年間学んだ上で卒業期（2学期間）に卒業制作を行なって卒業する。それに対して撰科生は9月に入学し、本科生に混じって同じ実技カリキュラムのもとに勉強するのであるが、学科は本科生が美術解剖学、遠近法、美学および美術史（美学・西洋絵画史・西洋彫刻史）、歴史および考古学（西洋考古学・風俗史）、外国語、体操、用器画法・毛筆画・教育学および教授法（教員志望者のみ）などを履修しなければならないのに対して、撰科生は原則として用器画法、美術解剖学、遠近法のみ履修すればよい。ただし、希望者は美学および美術史、歴史および考古学なども受講できた。

実習授業要旨は次のとおりであった。

西洋画科

西洋画科は分ちて五教室とし、主として木炭画、油画を教授し、又鉛筆画、水彩画を併せ授く。而して特に課する学科を用器画法、解剖学、遠近法とす。

第一教室は第一年、第二年の生徒を収容し、木炭画の描法を授くる所なり。而して第一年に於ては生徒技能の程度に応じ木炭を以て標本の臨写、石膏像の写生等をなさしめ、第二年に至りては石膏像写生に加ふるに人体写生を以てし、又鉛筆、水絵具、油絵具にて静物、風景を画かしむ。

第二、第三、第四、第五の教室は第三年、第四年、卒業期及研究科生徒を収容し、木炭、油絵具を以て人体の写生をなさしむ。而して学年の進むに従ひ漸次木炭画の学習時数を減じ、加ふるに油絵を以てす。蓋し木炭画の目的は形体を正確に描写するに在りて油絵の階梯たるに過ぎざればなり。又別に第三年に於ては鉛筆を以て人物姿勢の速写をなさしめ、水絵具、油絵具を以て静物及風景を写生せしめ、第四年に於ては前学年に同じく鉛筆画人物姿勢速写を授け、普通の静物写生に加ふるに被服の模様、歴史の課題によりて水絵具を以て構図をなさしむ、

卒業期に於ては木炭、水絵具にて器物、花卉、人物を写生せしめ、これに拠

りて更に装飾的構図をなさしめ、以て前学年の被服写生に代へ、此間に於て卒業製作をなさしむ。鉛筆画、人物姿勢速写、油絵風景、課題風俗歴史画は前学年に同じ。

以上の各学年に於ては既に学習したる課目に対し一学年に三回の競技を施行し、技能の優劣を判定す。

又図画教員志望者のために第一年より第四年まで毛筆画を修めしむ。

(『東京美術学校一覧　従明治三十八年至明治三十九年』より。送り仮名を平仮名にし、句読点を付した。)

この授業要旨に記されているように、実習教程を進めるための節目は競技(コンクール)である。その方法は明治37年7月作成の黒田清輝自筆「西洋画科競技規定案草稿」に記された次のような方法が基本になったと考えられる。下級から上級へと競技に合格して進級するシステムである。

(等級)	(回数)	(課目)	(時数)
入学競技	第1学期執行、1学年1回	石膏像写生(木炭画)	9
第1競技	第1、2学期執行、1学年2回	石膏像写生(木炭画)	18
		風景スケッチ(鉛筆画)	3
第2競技	第1、3学期執行、1学年2回	人体写生(木炭画)	18
		人物スケッチ(鉛筆画)	3
		静物写生(水彩画)	9
第3競技	第2学期執行、1学年1回	頭部写生(油画)	18
		風景写生(水彩画)	18
		課題立案(鉛筆画)	3
第4競技	第2学期執行、1学年1回	人体写生(油画)	36
		静物写生(油画)	18
		課題立案(木炭画)	3
第5競技	第3学期執行、1学年1回	着服人物写生(油画)	36
		風景写生(油画)	36
		課題立案(油画)	6

競技月割

第1学期　4月、入学競技　5月、第1回第1競技　6月、第1回第2競技
7～8月、休業

第2学期　9～10月、第2回第1競技　10～11月、第3競技　11～12月、第4競技

第3学期　1～2月、第2回第2競技　3月、第5競技

なお、実習指導について付記すれば、明治29年の西洋画科開設当初から学年ごとに担任を決めて指導したが、大正7年9月以降は1、2年生を長原孝太郎と小林万吾が担当し、3年生以上は教室制とし、生徒に岡田（三郎助）教室、和田（英作）教室、藤島（武二）教室のいずれかを選択させ、黒田清輝は研究科を担当し全学年を統括するというかたちをとった。この教室制はその後担任の交代や選択時期の変更などがあったものの、東京美術学校廃止時点まで継続した。

さて、運良く合格した留学生たちは日本人生徒に混じって勉学に励んだ。そうした学習の痕跡は西洋画（油画）科生徒の卒業制作自画像と図案科生徒の平常成績の一部（東京芸術大学大学美術館蔵）などの作品として残っている。ほかに資料として各年作成された卒業制作品写真アルバム（同附属図書館蔵）がある。このアルバムに載っている留学生の作品のなかには自国の伝統なり民族性・地域性なりを表わそうとしたものも見受けられる。朝鮮洋画の父と呼ばれる高羲東が東京美術学校の卒業制作に朝鮮の礼服を着た自画像を描き、民族の誇りを示したということがよく言われるが、他にも朝鮮服の人物を描いた者は幾人もあり、また、中国人留学生のなかにも中国服の人物や中国の風景を描いた者がある。約5年もの間、西欧的技術とものの見方の習得に励んだ末、その総決算である卒業制作にはやはり全人格的なものを表わしたいという意識がそうさせたのだろう。

西欧美術を学び、独自のものを表わして芸術の革新を達成することが近代日本の美術家の課題だったはずだが、留学生たちも自ずとこの問題に行き当たったに違いない。東京美術学校は明治30年代以降西洋美術と日本の伝統美術の両方の教育を行なう方針をとり、日本画科や工芸諸科では伝統の創造的復興を目標として研鑽が行なわれ、校内では東洋美術史の研究も盛んであり、また、大正期から昭和初期にかけては日中美術（東洋画）交流運動の拠点でもあった（拙著「大村西崖

と中国」『東京芸術大学美術学部紀要』第29号、平成6年)。西洋美術の学習のみを目的として入学した留学生のなかにも、そうした東アジアの一国としての伝統に根ざした諸活動を目のあたりにして刺激を受けた者もあったろう。

留学生各人の勉学状況は知る由もないが、熱心さの証左となる一資料を示すことはできる。それは東京美術学校が大正15年から昭和5年頃まで開講した「特殊研究講義」と称する公開講座の記録文書である。この講座は東京美術学校の教官や当代著名の研究者などを講師とし、毎土曜に開かれ(平均7回連続)、同校生徒や卒業生、帝国大学その他諸大学学生、諸学校の生徒、研究家、作家等々が受講した。その受講者名簿に金周経、陳澄波、張秋海、兪亨穆、顔水龍、廖継春、申用雨ら留学生の名が記されている。また、同文書中の高村光雲講義「日本木彫の技術に就て」の参考資料である木寄せ法青写真セット申し込み者名簿に台湾近代彫刻の祖、黄土水の名がある。これらの事例はできる限り多くのものを学び取って帰国しようという積極的姿勢の現われと見ることができよう。

第３章　初期留学生（中国・朝鮮・台湾以外）について

東京美術学校には明治29年（1896）から同42年（1909）の間に西欧人、インド人、シャム（タイ）人等計９人の外国人生徒が入学している。初期留学生というのは彼らを指す。因みに明治43年以降は中国、朝鮮、台湾の留学生のみ入学という状況が続き、昭和９年（1934）以後になってアメリカ人、タイ人、アフガニスタン人、南方ジャワ人、インドネシア人等計８人が入学している。

以下、初期留学生について記す。○は卒業生、★は成績品が東京芸術大学大学美術館に収蔵されていることを示す。〔月○−○、○−○〕は〔『東京美術学校校友会月報』第○巻−第○号、○年−○月〕の略である。

ワルテル・エルカン（Walter Elkan）（ドイツ）

1896(明治29)年11月16日 鋳金科撰科１年に入学、明治30年１月12日退学(同44年東京美術学校火災焼け残り生徒原簿による)。

明治29年12月17日付『毎日新聞』は「独逸人某近頃美術学校に入り生徒となりて鋳金科の着色を学び居候由、他年伯林の工場着色鋳金のズンヶ々製出せられ、我の長ハ又彼の長となることなきを保せず、我技術家たるもの此辺にお気が附かれ候哉心配のことに候」などと報じている。また、同30年５月26日付『日本』に近刊『独逸亜細亜協会報告』第58、59号掲載論文の紹介記事が出ているが、「日本の工業学校及青銅鋳造術に対するエルカン氏の意見」とあるのはこのワルテル・エルカンと関係があるかと思われる。

なお、このエルカンがのちにベルリンで着色銅器製作において名を馳せたことは、セントルイス万国博（1904年）でその製品を目撃した東京美術学校教授大村西崖の次の報告によって分かる。

〔ドイツ金属器の部〕銅器ノ傳色ハ普通ニシテ特ニ記スベキモノナク唯ソノ研磨ヲ加ヘザルガ為ニ蒼雅ノ致ヲ有セルノミ　然レトモ独リ伯林ノワルテル、エルカン（Walter Elkan）ハ曾テ我国ノ美術学校ニ在リテ日本ノ傳色法ヲ学ビ後更ニ研究スルトコロアリシモノヽ如ク今回出品ノ斑文緋銅色ハ頗ル巧妙ニシテ却リテ日本品ヲ凌駕セリ　銅器ノ傳色ハ元来我国ノ一特長ナリト雖益研究ヲ重ネテ新法ヲ出サヽレバ幾モナクシテ欧洲ノ後塵ヲ拝スルニ至ラムコトヲ恐ル

（「聖路易博覧会出品各国工芸図案」『農商務省商工彙報』1905年6月）

メリー・ロイド（イギリス）

1900（明治33）年11月10日現在西洋画科撰科第1年在学。中途退学。

ジョセフィン・ハイド（Josephine M.Hide）（アメリカ）

1901（明治34）年5月西洋画科撰科入学。中途退学。彼女は明治34年にマックラウド嬢とともに岡倉天心のもとで日本美術史の講話を聴いたアメリカ人として天心伝などに名が出てくる。堀岡弥寿子は「身元も判明しないが、画家もしくは美術教育関係の人で、加州オークランド在住、日本訪問から加州にもどったのは一九〇二年十月八日である」と記している（『岡倉天心考』昭和57年、吉川弘文館）。東京美術学校入学時に新聞各紙がこれを取り上げ、狩野友信の弟子であると紹介した（明治34年5月18日『中央新聞』ほか）。天心率いる日本絵画協会・日本美術院連合第9、10、11回展に計9点の日本画を出品しており、西洋画科在学はごく短期間だったようだ。彼女と同時期に友信の弟子であったヘレン・ハイドはのちに画家として活躍した。

なお、The Studio, Vol.25, No.108（1902,3 London）には天心の論説“Notes on Contemporary Japanese Art”に続いてジョセフィンの論説“The Autumn Exhibition of The Nippon Bijutu-In —The Japan Fine Arts Academy”が掲載されている。

○マリー・イーストレーキ（1886. 10. 31～？ アメリカ、フィラデルフィア）

1903（明治36）年12月西洋画科撰科入学。明治40年卒業。★卒業制作自画像。

父のFrank Warrington Eastlake（1858～1905）は英語教育家、ジャーナリストとして著名。東京で死去。妻は日本人大田ナオミ。祖父William Clarke Eastlake（1834～1887）も日本に近代歯科医学を導入した最初の人として著名。

マリーは明治37年春に初めて西洋画科第一教室で勉強を始めた模様で、そのときのことが同年12月発行の『東京美術学校校友会月報』第3巻第3号所載「教室雑綴」に記されている。担任の長原孝太郎から前もって言い含められていた生徒たちがイーゼルに菜の花や蒲公英を飾って歓迎したとあるので、それが春だったと分かる。

卒業後、さらに研究科に進み、明治42年まで在学。その間、白馬会に出品。大正2年4月27日付『時事新報』は彼女が東京高等商業学校出身の斎藤虎雄（正金銀行大阪支店員）と結婚して大阪市に新居を営んだことを報じている。その後の活動状況は不明。

彼女はアメリカ国籍であったとはいえ、生い立ちからして日本人と余り違和感がなかったのかも知れないが、西洋画科の紅一点だったため特別に同級生たちの記憶に残った。その一人である松山省三は、彼女が男子校の美校に入学するのは問題になったが、黒田清輝の意見で許可されたこと、撰科同級生は正宗徳三郎と松山を入れて3人で、卒業成績はマリー、正宗、松山の順であったこと、彼女は講道館で柔道も習っていたことなどを語っている（「昔話座談会　黒田先生の思い出を中心に」『日展美術』第11号、昭和35年9月）。なお、マリーがハイエット・デリンジャーと親しかったことが後出の証言によって分かる。

エス・エヌ・ボース（インド）

1905（明治38）年9月漆工科撰科入学。中途退学。

カルカッタ大学卒で英語に熟しており、3年在学予定だが5年分の技術を習得しようと非常に勉強していると『美術新報』第4巻第18号（明治38年12月5日）が報じている。帰国後の消息は不明。

○モム・チャオ・ポーン・プワナート（1887～？　シャム）

1905（明治38）年9月漆工科撰科入学。

キングス・カレッジ卒業後シャム国皇后陛下の命により留学と上記『美術新報』第4巻第18号にある。明治43年3月卒業。同年4月～12月研究科に在学。

卒業後の活動についてはシャム在住の三木栄川の通信〔月16-5、大正6-11〕に「ポン」は皇族の出で、中佐相当官として宮内庁に勤務しているが、東京美術学校で習った技術を一度も生かしたことはないとある。

○チャルン・スラナート（シャム）

1905（明治38）年9月金工科撰科入学。

ポーン・プワナートと同じくキングス・カレッジ卒業後皇后陛下の命により留学と前出『美術新報』第4巻第18号にある。明治39年6月2日および同42年2月6日の校友会音楽部発表会でヴァイオリンを演奏〔月5-2、明治39-12、月7-8、明治42-4〕。同41年11月28、29日の校友会写真部（ソーラー倶楽部）第3回写真展に「夕映」を出品し5等となる〔月7-8〕。明治39～40年東京音楽学校撰科（唱歌）にも在学。

明治43年3月卒業。同年4月～12月研究科に在学。明治44年4月帰国〔月9-6、明治44-4〕。

同じく三木栄川の上記通信中に、チャルンは年々昇進して名もピヤ・トワラボディーと改まり、貴族階級の第二位に至ったが、やはり東京美術学校で習った技術は一度も生かしたことはないとある。

デー・スワンカール・ラーヨ（インド）

1906（明治39）年9月西洋画科撰科入学。明治40年度中途退学。同39年10月の美校遠足会に参加〔月5-2、明治39-12〕。

ハイエット・デリンジャー（アメリカ）

1909（明治42）年日本画科選科入学。明治43年度中途退学。

図画師範科で白浜徴、鶴田機水に日本画を学ぶ。短期在学であったが、外国人女性として目立つ存在であり、同級生たちが次のように回想している。

> その頃米国人でハイエット・デレンジヤーと云ふ婦人がその白浜〔徴〕先生の室で鶴田〔機水〕先生から日本画の指導を受けてゐた。私達が石膏デツサンをやつてゐる中を毎日通るので何時となしにグードモーニングと

かグードバイなどと挨拶する様になり又時には彼女の描いてゐる日本画を拝見に追《〔ママ〕》しかけて行つたりした。椿の花など描いてゐたが恥かしがつて顔を赤くしたりした。水彩画は上手ださうだが日本画は成つてゐなかつた。日本人は何うして線を震へないで描けるのでせうなどと覚束ない日本語を使ふと、傍から鶴田先生が「イト、イズ、マジツク」などと、冗談を云はれたりした。その頃今一人イーストレーキの令嬢といふ混血児が洋画科にゐて時々此の婦人を訪ねてやつて来ることもあつた。此のイーストレーキ嬢は音楽に堪能でよく校友会主催の音楽会に出演したのを聴いたものだつた。

（大河内定雄「思ひ出を語る」『図画と手工』第223号、東京美術学校図画師範科創設満三十年記念号、昭和12年12月）

彼の頃アメリカからハイエツトデリンジヤーとなむよべるオールドミスが日本画の修業に来て居た。白浜先生は幸にアメリカに留学した方でもあり、彼の女の為めに先生の控所の一隅で個人教授と云ふことになつた。

好奇心から時々其室を覗いたものだが、先生隈取筆と彩色筆と二本同時に持ち、巧に彩色と隈〔取〕りをやつて見せつゝ指導すれど、いつかな、ハイエツトデリンジヤー嬢出来ない。且つ面相の柔く細長い穂で線を出すのを見てワンダフルと感心される。此の嬢の通訳と云ふと如何にも語学が出来て居た様に聞こえるが、筆者と柔道仲間だつた図案科の某は広小路あたりを時々片言交りに嬢と話しつゝ歩くのを見かけたが或時

「○○○○のことを聞いて見たら Guess me と云ふんだよ」

と笑って筆者に話したことがある。

外国人では其頃矢張り図案科か漆工科だつたかにチヤルンと云ふ〔暹〕羅国の王族だとか云ふ人ポンプーワラナートと云ふ印度人。博言博士イーストレーキの御嬢さんと云ふ混血児等も居た。殊にそのイーストレーキは遊動円木の上などに妖艶な姿を見せて若い連中の胸をわく々々させたものだ。チヤルンは本当はチヤルンスラナートと云ふのだが、仲間にチヤルンさんと呼び、筆者はテニスを時々一緒にやつたので記憶が深い。何時も彼は煙草を口にしつゝコートに立つて居た。それにヴアイオリンも巧く音楽

会で独奏したり、前のイーストレーキや斎藤佳三、川路柳虹等とも一緒にステージに立つこともあつた。音楽会と云へば今、時めいて居る山田耕作《〔筰〕》氏が洋行前、美校の音楽部の指導に見えて居り、斎藤佳三が代教といふ格で僕等は此の二人から教はつたものだ。其頃読売の小説に書き込まれて居た

　空には真赤な雲の色
　瓶に真赤な酒の色
　……
　なんで此身が悲しからう

と云ふ唄を教はつたがそれは川路柳虹の作詞斎藤佳三の作曲だつたとか。

（末廣長「昔懐し銀座の柳」同上誌）

第４章　中国人留学生

東京美術学校の外国人生徒のうち最も多数を占めたのは中国人であった。明治38年の黄輔周を先頭に次々と入学し、その数103人（うち東北部出身者14人。なお、台湾出身者30人については別扱いとする）に達する。来校の推移を見ると、大正12年を境に朝鮮人生徒が急増するのに対してやや減少傾向が生じ、昭和12年の日中戦争開始に至って全員帰国という事態が起こり、その後は極端に減少するというかたちをとっている。明治30年代末から何故中国人が増加したのか、その背景について先ず考えてみたい。

1. 中国人留学生受入れ前史

(1)日本をモデルとした中国の教育改革

中国では1894、95年の日清戦争の敗北を機に「変法自強運動」、つまり国家の制度を抜本的に改革して国力を増強しようという運動が康有為とその弟子梁啓超らの主導によって起こり、全国的規模の政治運動へと発展した。このとき、日本の国力の基礎となっているのは近代学校教育の普及であるという認識が生まれ、日本留学の必要性が叫ばれて1896年には早くも13人の官費留学生が日本に派遣された。また、この運動の結果、清朝政府も本格的に日本をモデルとする教育近代化を推進することになり、1902年の「欽定学堂章程」、1904年の「奏定学堂章程」によって日本にならった近代学校制度を開始し、1905年には千年以上も存続した科挙制度を完全に廃止するとともに日本の文部省制度にならった学部を設置した。そして、この大改革の実施にあたり、政府や各省督撫は日本の教育事情調査のために多数の人員を派遣し、その報告書が次々と公刊されるにつれ、日本に関する情報が急速に普及していった。留学生も1902年が500人、その翌年には1000人以上となり、それに対応して日本国内には次々と受入れ施設が設けられたが、そのうち特に積極的に教育にあたったのは成城学校、日華学堂、亦楽書院のち弘（宏）文学院、高等大同学校、東亜商業学校、東京同文書院、振武学堂、法政速成科・普通科、経緯学堂、早稲田大学清国留学生部、実践女学校などであった。初めの

頃の留学生は、

この大量の留学生の中には男子のみならず、歩行困難なる纏足の女子もあり、老人もあり、こどももあった。かれらは下は小学程度から上は大学程度までの各種の教育をうけにきたのであるから、父子留学・夫婦留学・兄妹留学も多かった。一家留学・一族留学といったものもあったほどである。学力においても進士・挙人・秀才の学位をもっているものもあった。

（さねとうけいしゅう著『中国人日本留学史』増補版。1918年、くろしお出版）

と言われるように種々雑多であり、新教育制度に対応する資格を取得するための速成教育を求めて留学した者が多かった。

最も多かったのは1906（明治39）年の7283人で、そのうち文部省直轄学校が受け入れたのは262人、他の7021人は公私立学校が受け入れた。数の上でランク上位は明治40年現在法政大学1125人、宏文学院911人、早稲田大学820人、経緯学堂542人、明治大学454人（以下略）と全て私立学校である。文部省直轄学校では最も多いのが東京高等工業学校73人、東京高等師範学校が44人、東京商業学校が41人、東京帝国大学が35人、第一高等学校が31人とある（表3、主な中国人留学生教育機関〈1907年12月〉、阿部洋著『中国の近代教育と明治日本』1990年、福村出版）。東京美術学校が中国人留学生第1号の黄輔周を受け入れるのは明治38年で、翌39年には李岸（叔同）と曾延年の2人を受け入れるが、それは大海の一滴にも比すべき数だったのである。

なお、1906年は中国が留日学生制限を実施した年でもある。これより速成教育が廃止され、中等以上の学力があり、日本語に通じた者のみ留学を認められることになったので、留学生の質が向上し、また、普通学ではなく専門学を修めようとする傾向が生じた。東京美術学校のような特殊な学校に留学するようになったのも、そうした傾向の現れとみられる。

中国人留学生の数は1911年の辛亥革命、1917年の日本軍のシベリヤ出兵、1919年の五四運動、1931年の柳条溝事件など、中国内の革命運動や日本による侵略およびそれに対する抵抗運動に対応して増減したが、1933年、日本が国際連盟を脱退した頃は却って増加し、1936年には5000人を数えた。しかし、翌37年の日中全面戦争開始により殆どが帰国し、その後はごく少数となった。

(2)中国人の東京美術学校参観

東京美術学校の外国人留学生一人一人については詳しい記録が残されていない。したがって、それぞれどういう経路で入学したかは確認できないが、上に述べたことからもわかるとおり、中国人第1号が入学した明治38年の頃は、すでに中国では大勢の留学帰国者たちを介して東京美術学校に関する情報も得られただろう。しかし、それ以上に有力な媒介者たり得たのは中国政府派遣の教育制度調査員たちであったと考えられる。記録によれば東京美術学校にも大勢の調査員が参観に訪れており、その数は明治36年が37人、37年が116人、ピークの38年が278人以上、39年が175人、40年が56人、41年が16人、42年が7人の計685人以上（通訳は員数外）で、まさに続々と中国人が訪れたことがわかる。因みに、これと同じ期間の外国人参観者は、西欧人約80人、朝鮮人約14人、インド人9人、ロシア人3人、ペルシャ人1人の計約107人であった。

参観者のうち、美術振興を目的としていることが文書の記述の上から推測できるのは江蘇省の袁希語、広東省に工芸学堂を設立する命を受けた黄受謙、天津考工廠提調の周家鼎ならびに北洋高等工業学堂事務長の趙元礼その他、清国商部派遣美術視察員の余兆熊ならびに工芸繍科総教習の沈寿、東京神田の美術工芸学堂の清国学生50名、両江総督咨派美術視察員の李衡宙らである。その他については美術振興の用務を帯びた参観だったのか、あるいは単に官立専門学校の一つとして視察しただけだったのか判別はできない。

なお、上記の周家鼎および趙元礼らを紹介した塩田真は明治期殖産興業政策下の図案改良家として著名で、明治30年から同32年まで東京美術学校嘱託教師をつとめた。同36年から38年12月まで中国に滞在し、袁世凱の設計による天津考工廠の芸長（技師長）となり、設計や陳列について指導して37年8月に開館させた。在任中、「清国輸出品の図案について」を『美術新報』第4巻第21号（明治39年1月20日）に寄稿し、同工廠での図案改良の困難さや風習の違いによる図案の制約などを述べ、中国向け輸出品に関する注意を促すなどしている。その記述によれば、当時は北京の工芸官局と工芸商局とが中国最大の工業（芸）品製造販売所で、天津考工廠もそれに倣って作られ、主として直隷省の工芸その他の物産を陳列し、参考品として日本および欧米各国の物品も陳列したらしい。その鑑護人(陳列を管理する人) たちは中国人学生で、彼らは昼は陳列の鑑護を学び、閉館後はそこで他の学問 (日本語、数学ほか) を学ぶことになっているとあるから、ここは学校のような機能も持っていたと考えられる。

表②　東京美術学校参観中国人 (明治36年～同42年)

年月日	仲介者	所属等	来観者名
M. 36. 4. 30 来校	外務省務長官		鄒凌元　外５人
5. 26 〃	東亜同文会会長 公爵近衛篤麿	京師大学堂遊歴官	左念康　外１人
5. 30 〃	〃	清国遊歴官　湖北即補知県	謝煃　外４人 通訳　同文会和田純
5. 18 文書受付	〃	四川蓬県知県 江蘇維補知県	方旭 徐履泰　外４人
5. 25 〃	なし	翰林院編修 工部主事 四川統帯営務処 両江総督府派遣員	胡峻 周鳳翔 汪声玲 丁恵康　外４人
6. 〃	東亜同文会会長 公爵近衛篤麿	江南商務局総弁奏留江蘇補用道	劉世珩　以下６人
10. 24 来校	外務総務長官	花翎二品銜補用道	張毓琦 通訳　法科大学生王鴻年
11. 11 文書受付	弘文学院通学学生監 松林孝純	弘文学院学生 江蘇省宝山県	袁希語　※1
11. 18 来校	文部省専門学務局長 松井直吉	清国留学生学校司総弁 翰林院編修	王景禧
37. 3. 23 文書受付	〃	湖南省師範学校教師	王文華
4. 21 来校	狩野直喜	成都府東文学堂監督	徐炯 子息および留学生同伴
4. 13 文書受付	文部省専門学務局長 松井直吉		黄受謙　※2

（37. 4. 22　文部次官より清国学事参観はこれまで文部省が仲介したが今後は特別事情がある者以外は清国公使の紹介状持参で直接学校へ行かせる旨通達文書あり）			
7. 〃	早稲田大学 高田早苗	福建省全閩師範学堂学務委員 （『中国の近代教育と日本』 p. 143参照のこと）	王〔単に王君とあり〕 外1人 同校教習矢沢千太二〔郎カ〕案内
10. 3 来校	外務省政務局	湖南省派遣学事視察員 　戸部主事 　内閣中書 　知県 　〃	易順予　外に通訳陳煦 劉棣芬　清国公使館随員 夏紹範　施済晋 羅慶昌
10. 20 〃	文部省専門学務局長 松井直吉	翰林院編修	林開謩　外34人
10. 20 〃	外務省政務局	直隷浙江両省学事視察員 　直隷省派遣 　　翰林院侍読 　　同省師範学校教習 　　〃 　浙江省派遣 　　平陽小学校教員 　　〃	孟慶栄 歩其詰 賀培桐 陳慕琳 劉紹寛
10. 29 〃	〃	湖南福建省学事視察員 　湖南省派遣 　　翰林院広吉〔告カ〕士 　　内閣中書 　福建省派遣 　　高等学堂教習	熊希齢 劉棣汾〔前出〕 施景□
11. 11 〃	弘文学院	弘文学院在学生	清国人凡そ60人

※1　拝啓陳者敝学院学生清国江蘇省宝山県人袁希語一名右ハ近日中ニ卒業帰国可致筈ニテ帰国之上ハ該地ニ於ケル美術復興之挙ニ従事致度志願ニテ貴館ヲ参観致シ参考ニ供シ度トノ事申出候ニ付……（紹介状）

※2　広東省総督ノ幕賓ニテ工芸学堂設立ヲ命セラレタル黄受謙今般来朝ノ上貴校参観致度旨願出候ニ付テハ出校ノ節ハ十分便宜ヲ与ヘラレ候様御配慮ヲ煩度此段及御依頼候也（紹介状）

38. 1. 13 来校	弘文学院	弘文学院在学生 （牛込西五軒町）	清国人凡そ50人
1. 14 〃	〃	弘文学院在学生 （真島町）	清国人凡そ126人
1. 25 〃	経緯学堂校長 岸本辰雄	経緯学堂在学生 （神田錦町）	清国人凡そ60人
2. 文書受付	松浦文部大臣秘書官	清国考査日本〔鉱〕務兼充験船監督江南即補道	許炳榛
3. 2 〃	外務省政務局	雲南省留学生監督 翰林院編修	袁嘉穀
3. 13 来校	〃	江西巡撫派遣学事視察員 内閣中書 江西知府 知県 〃 県丞 教諭 挙人 〃 〃	 曹九疇 李士雋 金保権 余永濬 李鳳高 夏敬恂 涂樹藩 燕善達 欧陽彦謨
5. 6 文書受付	〃	湖広総督・浙江巡撫・陝西学政派遣員 内閣中書 知府 〃 候選教諭	 胡均 黄慶瀾 項菘 張東枢
1. 17 来校	〃	雲南省委員（同省留学生引率来日）	孫光庭
9. 22 文書受付	〃	直隷総督派遣諸制度視察員	田鴻文（知県）　段献増 張樸　　鄧彦芬 鮑徳鄰　馬覬臣 姒錫章　馬丙炎 王春䕫　許辰田
10. 12 来校		湖南省候補道 河南省候補道 直隷学務処文案北河大桃 知県	文富 韓国鈞 曽伝謨

<table>
<tr><td></td><td>〃</td><td>湖南永順県知県
〃　赤城県知県
直隷学務処会弁
〃　　議員
〃　　知県</td><td>趙従嘉
羅毓祥
盧靖
卞禹昌
余廷珪</td></tr>
<tr><td>(9)
文書日付</td><td>天津考工廠芸長・帝国農商務省技師
塩田真</td><td>考工廠提調
北洋高等工業学堂事務長</td><td>周家鼎
趙元礼　※3
外に教員、学生</td></tr>
<tr><td>(11)
〃</td><td>外務省石井局長</td><td>北洋造幣局提調</td><td>陳惟壬　外に随員</td></tr>
<tr><td>12.21
受付</td><td>外務省政務局</td><td>清国商部派遣美術視察員
〃　　工芸繍科総教習</td><td>余兆熊
沈寿</td></tr>
<tr><td>(11)
文書日付</td><td>高等師範学校長
嘉納治五郎</td><td>湖北営務参謀専委員
両湖師範学堂監学
湖北武昌道師学堂監学兼教員</td><td>余光輔
張燦
黄栄章</td></tr>
<tr><td colspan="4">※3　敬啓追日秋爽相加申候益御清穆奉遙賀候陳者今般督憲袁ノ創意ニ拠リ北洋工芸総局総弁周ノ命ヲ受ケ本廠提調(本邦ノ事務長)周家鼎北洋高等工業学堂事務長趙元礼ノ両氏并教員学生等本邦ニ赴往シテ諸学事及実習ヲ視察熟調候ニ付貴校ニ参閲相願候節ハ乍御手数熟見調悉ヲ得ルノ栄ヲ与ヘラレ度殊ニ清国ニ於ル美術奨励ハ未着手ニシテ爾後追々該教員ヲ養成スルノ必要モ有之学務攸并督憲ニ於テモ之ヲ創弁スルノ意アル今日ニ付何卒清国ニ必要ヲ認メラルヽ諸点ニ就テハ別テ御教示被下候様希望ニ不堪候此段乍恐縮諸教授ニモ被相伝可成詳悉明示ニ与リ候様懇願仕候也敬具
光緒三十一年八月廿五日
明治三十八年八月廿三日
清国天津考工廠芸長　帝国農商務省技師　塩田　真(印)
東京美術学校長　正木直彦殿　(紹介状)</td></tr>
<tr><td>39.1.12
来校</td><td>外務省政務局</td><td>清国戸部派遣　戸部主事
貴県巡撫派遣</td><td>左宗澍</td></tr>
<tr><td>1.20
〃</td><td>〃</td><td>武備学堂監督補用知府
〃　　即補知府</td><td>陳鴻年
呉嘉瑞</td></tr>
<tr><td>3.10
〃</td><td>経緯学堂
岸本昭雄</td><td>清国政府特派日本遊歴官</td><td>20人</td></tr>
<tr><td colspan="4">(3.13　近頃所属学校職員引率なきまま勝手に参観する者があるので謝絶してくれという内容の文書が法政大学、東京同文書院、東京警務学堂、東斌学堂、東京警監学校、早稲田大学留学生部、大成学館、経緯学堂、宏文学院、亜東鉄道学校、済美学堂、実践女学校、成城学校の連名で配布された。)</td></tr>
</table>

3. 28 来校	宏文学院	宏文学院学生	23人　教員引率
4. 16 文書受付	外務省政務局	清国出洋大臣参賛官 〃　　　　随員　知府	劉彭年 鄭葆琛
4. 24 〃	宏文学院長 嘉納治五郎	清国特派考察学務員 〃 〃 〃	金保泰 鐘汝隆 黄瀚 世傑〔後出邱世傑カ〕
4. 25 〃	外務省政務局	清国両江総督派遣 両江師範学堂総弁 〃　　　　教員 〃　　　　学監	 李瑞清 張永熙 汪律本
5. 9 来校	経緯学堂校長 岸本辰雄	経緯学堂在学清国人留学生	20人
5. 12 〃	外務省政務局	知県	廓鍾秀 大学院生王鴻年
8. 8 〃	普通学務局長心得 野尻精一	山東省高等学堂監督 〃　　　　英文教授	陳慶龢 馮浩昌
4. 27 文書受付	外務省政務局 〃	奉天将軍派遣　通判 知県 〃 学務委員	屈承拭 姚祖義 羅振芳 金魁鈞
6. 29 来校	〃	広西巡撫派遣　学務委員	龍澤厚　呉宝仁 李承麟　丁嘉玉
11. 8 〃	〃	直隷総督派遣　直隷知県 〃 〃	李国楓 馮汝驥 張爾琨
9. 20 〃	早稲田大学学長 高田早苗	雲南農工商務局総弁	方宏綸
10. 1 文書受付	外務省政務局	江西省委員	汪恩至　洪展鵤 沈兆奎　汪学玉
9. 26 〃	東京高等師範学校長 嘉納治五郎	清国游歴員	孫樹棠　王懐之 張人彦　　　外に通訳
10. 8 来校		清国提学使及び学部高官(湖北省黄紹箕ほか)名簿	各省提学使　15人 参議　　　　1人

	文部次官 沢柳政太郎	と参観順序表あり。 9.25聖堂に始まり官・私立学校その他を10.19まで視察。10.8は東京美術学校・東京音楽学校・帝国図書館を視察。	学部委員　5人 随員　13人 記録生　2人 通訳　4人 計40人内19人来校
10.23 〃	外務省政務局	清国学部派遣人名のうち 提学使随員 游歴員 提学使随員	潘肇元 伝遂□〔傳遂カ〕 金圻 孔慶詒　高益明 任璡
10.13 文書受付	〃	両広総督派遣広西府知事	呉蔭培
11.21 〃	農商務省商品陳列館	清国奏派考査商務官	康爾銘
12.7 来校	美術工芸学堂 （神田区錦町308）	美術工芸学堂清国学生	50人　講師付添い
11.30 文書受付	東京高等師範学校長 嘉納治五郎	遼陽游歴員	張爾文
12.8 〃	〃	江西省游歴員	李文幹　徐士穀
12.17 〃	〃	清国游歴員	姜会明　黄益謙
11.14 〃	文部次官 沢柳政太郎	清国提学使	沈曽植
40.1.11 〃	外務省政務局	清国吏部主事 〃　巡警部主事 〃　委員	韋錦恩 雷延寿 劉華
1.21 〃	〃	直隷省派遣視察員 〃　容城県知県	 連徳魁
1.22 〃	東京高等師範学校長 嘉納治五郎	四川省游歴員	王家瑞　邱世傑 通訳楊若堃
2.20 〃	外務省政務局	貴州省思州府知県	潘盛年
2.18 〃	〃	清国吏部派遣修選知県	湯兆

3.18	〃	清国吏部派遣甘粛省慶陽府知県	文愷
3.21 〃	〃	浙江巡撫派遣浙江省現任知県	衛天爵　楊泰階 張煊
5.14 来校	東京高等師範学校長 嘉納治五郎	清国中書科中書	由雲龍
5.31 文書受付	外務省政務局	浙江江蘇両巡撫派遣 候選□　四川漢州知県 試用直隷州知州 江蘇試用県丞	楼藜然 黄黼 黄維翰
6.15 〃	清国公使館	河南游歴官	秦海望　盧文超 魏錦堂　王庚先
7.2 〃	外務省政務局	江蘇巡撫派遣 南匯県立学校長 〃　師範伝習所校長 江寧学務公所視学員	朱祥 徐守清 沈亮棨
7.3 〃	清国公使館	広東・四川游歴官	楊文光　陳書 劉望　葉廷勲 葉錫勲
7.6 〃	〃	山西游歴官	王彰善　穆郇
9.19 〃	〃	〃	許鑑観
9.19 〃	〃	広東省游歴官	商廷修
9.28 〃	〃	清国進士館游歴官 翰林院侍講	廷昌　王大鈞
9.28 〃	〃	清国学部派遣員	魏震　李廷玉 李飛鵬　外2名
9.10 来校	〃	〃	馬吉樟　呉同用 呂佩芬　厳良勲 馬恒毅　厳家煒
(9) 文書日付	東京高等師範学校長 嘉納治五郎	清国学部咨派　翰林進士	朱寿明　潘鴻鼎 呉増甲　史国琛 袁希洛

(10) 〃	外務省政務局	清国吏部派遣員　知県	李璠
10.29 文書受付	清国公使館	清国游歴官	蔣清鏡
11.21 〃	〃	清国学部游歴官	于君彦　饒叔光 劉敬
11.21 〃	〃	山東游歴官	鄭崧生
12.12 来校	〃	北京游歴官	金鉽
12.23 〃	〃	福建游歴官	郭曽煜
41.2.6 〃	〃	直隷游歴官	劉樳
2.12 〃	〃	貴州游歴官	蕭鏡澄
4.15 文書受付	文部省普通学務局長 白仁武	翰林員編修	喩長霖
4.23 〃	清国公使館	直隷游歴官	李澤宸　孫鴻烈 王澍霖　鄭阜康 楽太常
4.25 来校	〃	進士館游歴官	方貞等
5.8 文書受付	〃	浙江游歴官 法政畢業生	熊運昌 仇鰲　　熊彦 李光第　劉庚先
6.1 〃	〃	江西游歴官	蕭鳳翥
11.13 来校	〃	江西游歴官	張藻輝
42.2.14 受付	〃	吉林游歴官	陳宧樸
6.5 〃	〃	安徽游歴官	章家祚

10.20 〃	〃	吏部咨派知県	何誠
10.20 〃	〃	〃　　　知州	由従周
10.23 〃	〃	両江総督咨派美術視察員 知県	李衡宙
10.25 〃	〃	浙江巡撫咨派　県丞	譚新嘉
11.24 〃	〃	湖広総督咨派　知県	夏樹立

東京美術学校庶務掛作成「本校来観書類」による。この書類は明治44年の同校火災に遭ったため損傷が甚だしい。□は判読不可能の部分である。

陸偉栄著「李叔同の在日活動について」(『日中藝術研究』通巻37号、2002年４月）によればこのリストに登場しない程済（字白葭）が明治39年（1906）以前に東京美術学校を参観し、『丙午日本遊記』(1906年）に同校のことや西洋人女生徒のことを記しており、また、程済は王勇著『近代日中文化交流』には“陳溥”と記されているという。陸は関連文献として劉徳有・馬国興著『日中文化交流事典』(1992年、遼寧教育出版社）を掲げている。

(3)東京美術学校出身の教習たち

情報伝播の媒介の一つとして考慮しておきたいのは、中国の諸学校の教習（教員）となった東京美術学校卒業生たちの存在である。中国は先に述べたように、教育近代化の手段として多数の視察員や留学生を日本に送ったが、同時に多くの日本人を全国各地の学堂に教習として採用した。一時はそれが数百人に達したと言われる。こうした日中間の教育交流の背景には中国側の要求だけでなく、日本側の東亜保全論的な思潮や大陸進出を狙う国策が働いており、また、両国の政治情勢の変化に伴ってその交流のさまも複雑に変化する。それについては種々の研究があるのでここでは触れないが、多数の教習に混じって美術（図画教育）の教習が活動し、とりわけ東京美術学校卒業生の活動が目立つことは特記すべきことである。彼らのことはすでに鶴田武良著「清末・民国初期の美術教育—— 近百年来中国絵画史研究　四——」所載日本人教習一覧表に採り上げられており、赴任地や赴任期間がわかるが、なお補足したい点もあるので、ここにあらためて紹介する。

表③を見ると、赴任者は1900年代〜1910年代の間に集中しており、1920年代以降は少数であったことがわかる。日本人教習の最盛期は1906〜7年頃で、1911年の辛亥革命による政治的、社会的混乱により、日本人教習の殆どが帰国を余儀なくされ、その後、民国初期に一時復活の動きもあったが、1915年の対華二十一カ条要求に触発された反日運動の影響および中国側の近代教育体制が急速に整っていったことなどにより、日本人教習は皆無に近い状態となる。東京美術学校出身の教習たちの動向もそれとほぼ対応している。

表③中、最も早い赴任者である高橋勇の場合を見ると、赴任先の京師大学堂は清朝政府が近代学校制度導入のモデルとして再開発足させた学校で、発足にあたり1902年、東京帝国大学文科教授（中国哲学）服部宇之吉を筆頭とする日本人教習が招かれ、1909年の一斉帰国まで熱心に指導にあたり、中国における高等師範教育の基礎作りに大きく貢献する。一時東京美術学校日本画助教授を勤めたことのある高橋は「師範館兼予備科図画教習」としてそれに加わり、追って赴任した後輩の森岡、野田とともにそれに与ったのである。

塩見競が赴任した両江師範学堂はもと三江師範学堂と称し、両江総督張之洞が江蘇省教育近代化の第一着手として南京に創設した華中最大の教員養成機関で、1905年に改称した。開校にあたって東亜同文会会長近衛篤麿の斡旋による日本人教習団11名が赴任。しかし、教習間に抗争が起こったため1906年に教習の総入れ替えがあり、その後再び抗争が起こって中国側の批判を招いた日中教育交流史上の問題校であった。

1920年代以降は東京美術学校卒業生の教習赴任も減少するが、この時期の赴任先は1910年代までのそれが師範学校や工業学校であったのに対して、美術の専門学校となり、変化が見られる。また、この時期の赴任者のなかには赴任の事情が美術関連の文献によってある程度把握できる人もいる。吉川保正の場合は赴任先の学校長李廷英（1918年東京美術学校西洋画科卒）が来日して直接正木直彦校長に人選を依頼し、新設の彫刻科の指導者に相応しい吉川が選ばれた。斎藤佳三の場合は南京政府直轄の芸術院大学（国立杭州芸術専科学校）に図案部を開設するに際し、主任教授を日本から招聘すべく杭州領事を通じて外務省文化事業部に依頼があり、それが正木に届いて人選が行われた結果、新感覚の図案家として活躍していた東京美術学校講師の斎藤が選ばれたものである。赴任中の斎藤については『芸術揺鑑・浙江美術学院六十年史』に取り上げられており、大きな存在であったことが判るが、付記すれば、斎藤は日中美術交流に特に熱心で、1930年の夏休みには国立芸術院の教育・文化視察団（院長林風眠等８名）を引き連れて帰国し、東京府美術館で同院教授らの作品展を開き、日本の美術家たちとの交流を図った。ほかに日中戦争勃発から終戦までの間に北京美術学校と北京芸術専科学校に計７人が在職しているが、彼らの赴任の事情は未詳である。恐らく両校に東京美術学校卒業の中国人教師が居て、その要請によるものと思われる。

表③　東京美術学校出身の教習（純然たる日本人学校および満州の学校は省く）

氏名	卒業年		科	赴任先	在任期間
高橋　勇 （号鳥谷）	明治	29	絵画科	北京、京師大学堂	1903～1909. 1
森岡　柳蔵	〃	36	西洋画科	〃	1905～1907. 9
野田　昇平	〃	38	〃	〃	1907. 9～1910. 12
信谷　友三	〃	30	彫刻科	北京工業学堂	1906. 9～1911. 5
秋野　外也	〃	35	日本画科	〃	1906. 9～1911. 12
岩滝　多磨	〃	〃	漆工科	北京芸徒学堂	1906. 9～1911. 12
来海　篤次郎 （津田）	〃	38	彫刻科	〃	1906. 9～1911. 12
松長　長三郎 （曽根）	〃	32	図案科	天津、直隷高等工業学堂 意匠図絵学科	1904～1915
塩見　競	〃	35	西洋画科	南京両江師範学堂（両江優級師範学堂）	1908. 8～1911. 12
山田　栄吉	〃	〃	〃	〃	1909～1911
早崎　梗吉 （号天真）	〃	30	絵画科	西安武備大学堂 陝西省三原宏道大学堂	1904 1904～1906
有馬　龍秀	〃	34	日本画科	省立工業学堂（宏道大学堂の後身）	1914. 2～1916. 4赴任先で病死
松里　政登	〃	32	日本画科	西安高等師範学堂	1908
丸野　豊	〃	38	西洋画科	太原府優級師範学堂	1909. 3～1910. 4
後藤　茂啓	〃	39	日本画科	広東省両広高等工芸学堂	1906～1908. 12赴任先で病死
原田　謹次郎 （号尾山）	〃	40	漆工科	福州工芸学堂のち福建工芸廠	1906. 9～1911. 4
今田　直策	〃	30	絵画科	成都府高等実業学堂 成都皇城内工業学堂	1907. 12～1908同校廃止 1908～1911. 12

飯尾　駒太郎	〃	31	〃	成都高等学堂図画科	1908. 6～1910頃
移川　三郎	〃	33	日本画科	成都中等工業学堂	1910. 12～？

1920年以降

吉川　保正	大正	12	彫刻科	雲南省立美術学校	1926～1929
斎藤　佳蔵 （号佳三）	〃	2	図案科	杭州、国立芸術院大学 （杭州芸術専科学校）	1929. 10～1930. 12
服部　亮英	〃	3	西洋画科	北京美術学校	1939
戸田　郁郎	昭和	7	〃	〃	〃
岩上　先天	〃	3	日本画科	〃	1940～41在任
伊東　哲	大正	5	〃	国立北京芸術専科学校	〃
高見　嘉十	〃	15	彫刻科	〃	〃
伊東　種	昭和	4	〃	〃	1941在任
末田　利一	〃	10	図案部	〃	1940. 5～1945. 8

（『東京美術学校一覧』『東京美術学校卒業生名簿』『東京美術学校校友会月報』、前掲鶴田論文等により作成）

『東京美術学校校友会月報』には上記卒業生たちの手紙が時折掲載されており、断片的ながら赴任地の消息がわかるので抜粋しておく。

○原田謹次郎書簡（第6巻第9号、明治41年6月）

拝啓、筆硯益々御多祥と存し奉賀候。小生以御蔭無事消光罷在候間乍憚御放念被下度候。小生日々教務に従事いたし居り候。当地は清国中漆器製作の最も発達したる処にて、中々侮り難きもの有之候。学校に於て修得したる技術は、高尚に過ぎ用途少く、静岡会津辺の作法によらざるべからざる有様にて、小生等経験に乏しきものは学校側の嘱望に満足を与へ難き場合多々可有之内々閉口いたし候。而し此方面は是非一度自から試みざるべからざる次第に候へば、種々工夫と研究に余念も無御座候。却て修養にも相成べきか。茲に可笑しきは、日本の感化とも申べきか、生徒間及職員間には日本熱中々盛にして、日語の教授を乞ふもの引きも切らざる有様、就中小生の生徒中には、四名断髪者有之、荐りに日本風を吹かし居るなど、中々愛嬌にて候。〔下略〕

○岩滝多磨書簡（第7巻第1号、明治41年9月）

（前略）当地の教育界（日本教員）は、支那人間に受けの悪き様に内地の新聞紙などに頻りに書立て居るを見受け申候得共、是等は深く清国の事情に通せぬ者の書く処と存じ候。

併し南清地方の事は能く分り申さねど、北清地方に於ては斯様の事はあまり耳に致さず、又日本教員間にて互に角突きあひなど致す様の事も新紙《〔ママ〕》に相見候得共、是は北清殊に北京在留者の如きは、実に円満なるものにて斯様の事は少もなく、博士も学士も先生も、芸術家先生も、皆能く一ツの塊になりて呑気に愉快に日を送り居候。思ふに新聞紙の書きたるは、一二の不平者の撓言を聞き、棒大に書きたるものと存せられ候。

始め私共が当芸徒学堂に赴任したる当時は、学校の敷地も狭く建物も小さかりしが、追々拡張して今日にては、殆んど元の三倍程に相成候。講堂二、図画教室三、普通学教室三、実習教室七棟、其科別は、図案、板金、木工、彫刻、漆工、鋳工、染色、織布、窯業、メリヤスの諸科にて、生徒の数は四百五十名、教員三十二、内日本教員廿七、庶務員十五、通弁八。

略右の如くにて、教員楷級《〔ママ〕》は、教習助教習の別ありて、目下は美術学校卒業生三名、東京工業〔学校〕四名、以上七名教習、地方工業〔学校〕出身及社会修業者等助教習、清国人皆助教の名義なり。生徒の成蹟《〔ママ〕》は良好の方なり。委細は後便にて近日可申上候。

六月二十七日　　　　　　　　　　　　　　　岩滝

○飯尾駒太郎書簡（第7巻第2号、明治41年10月）

拝啓益御清康奉敬賀候。次に私事六月十九日に無事到着致し候。其際は学年試験中にて引続き八月十七日迄は休暇にて授業なく、漸く此頃授業開始致し候。

〔中略〕

当地には日本人教習及陸軍の学校の軍人等にて、五十二三人程在住し居り、中々勢力盛にして、我々同窓生には二月に今田直策氏、実業学堂に来り居られ、其他の教習は、数学と理科及化学の先生多く、図画科の外国教習は、今田君と小生の二人に候〔。〕

次に図画の教育に就ては、支那は実に幼稚にして、殊に成都の如きは、今や教育熱盛なる時代、教育は凡て日本に模倣主義にて種々の学校設立せらること夥し〔。〕日本より帰朝の留学生が皆大抵百円乃至百五六十円位俸給を得て通訳をなし、日本人教習の全盛時代は現今に候。図画科も漸く此頃に至りて、西洋的の水彩とか鉛筆画とか用器画とかを課する様になり、此迄は支那的の文人的の、唯画と云ふ観念より、図画を課し居り候。小生の学校の如きは、北京大学の予備にて、文科志望生と理科志望生と別れて、理科志望生に図画を課し居り候も、是迄は完全に図画を課し居らず、小生来任して始めて具体的に課する次第に候。併し清国人は画を描くことは、縉紳の資格の如き様思居り候間、図画と云ふ学科に対しては、興味を持ちて業を受くる故此観念を利用して、教授すれば大に成効《〔功〕》するかと存候。〔下略〕

○丸野豊書簡（第8巻第1号、明治42年9月）

当地は御承知の通、山西省城とは申ながら山間の一平原のことに候へば、総ての事尚遅れ居る様に見受けられ候。尤も鉱物には非常に豊富の地故、此方の隆盛に至り候はゝ、面目を改め候もやと存候。鉄道等も鉱物殊に石炭運搬の目的にて経営せられたるものゝ由に候も、山所有権の事より紛紜を生じ、こゝ当分開掘を差止め居候故、鉄道事業不少損失の由聞及び候。

教育の方は、大学堂（日本教習学士一）優級師範学堂（日本教習学士三他五）陸軍小学堂、警務学堂、高等農林学堂（農学士三人）中西医学堂他小学堂私塾など有之候。他の方面の事は、日尚浅く委しく承知不致候故他日に譲り、小生目下の事ども少々御知らせ可申上候。

小生目下専ら教授致居り候は、当堂優級博物専修科二組、理科予科一組に御座候。博物科は、一日一時間以上三四時に及ぶこと有之候。尤も此内二時間用器画、他は臨画及写生を課し申候。以前は鉛筆のみ課しありしやに聞及候も、近来は水彩のみ教授致候。皆々熱心且時間も多く候へば、中々上達致近来は博物標本の蝶蜻蜓を各自に与へ、写生致させ申候。丁寧に写生致殊に細密を喜ぶ様にて、博物科の学生には何よりの事と存居り候。此自在画の方は、始めより通訳なしに致候〔。〕元来此科は東文班英文班と分れ、各四十余人有之候。前者は日本文をやるもの、後者は英語をやるものと区別致しあり候故東文の生徒には日本語、英文班にはブローリ《〔ク〕》ンにて接し申候が、初めは中々苦しく感じ申候を、近来は大分彼等の質問等も相分り、気楽に相成申候。尚同堂は優級（日本の高等師範）師範に候へば、其附属としては中《〔小カ〕》学有之何れ其内附属中学開設の由に聞及び候。其上は、此方の加勢も多分可相成事と存候も、此方は尚未来の事に御座候へば、如何相成候哉、疑問に御座候。尚理科地歴科など有之、四百余名も有之候。本日月末試験（旧暦五月廿三日）相済避暑に相成候。避暑は一ヶ月位との事に御座候。此地五台山へは五日程に御座候故是非参詣致度心組の御座候。邦里五里位に晋祠《チンス》と申す名所も有之、噴水あり古刹あり、此地の米は晋祠米と称し、日本米に比すべき由、又汾河上流五里位に裂石口と申名所有之、此地亦噴泉あり古刹あり。山岳聳へ婉然北画山水の如しとの事に御座候。逐日閑を得必一遊可致と存居り候。早々敬具

七月十日　丸野豊

○岩滝多磨書簡（第10巻第4号、明治45年1月）

〔上略〕十月初旬に到り、清国南方にて革命党起り、勢ひ侮り難く益々発展し、同志の士諸方に起り、支那全土皆動乱し、恰も無政府の状態と相成候。

当工業学堂は生徒三百数十名の内、騒動の為め休学する者甚だ多く、残るは僅か三四十名のみ。休校同様の有様に御座候。

北京城内へも革命軍侵入するとか、種々の噂さを日々立居り候為め、人心動揺甚敷、支那人の立退き者多数に有之候。

我々同胞（現在数七百余名）は万一の時の準備は致し居候。北京は外人の居留地無之候間、斯様の場合には不便の事多く有之候。若しいよ々々物騒にも相成候はゞ、日本公使館区画内へ籠城致す筈にて、食料、燃料其他の必要品は夫々購入致し候。然して籠城致し候後は、我駐在歩兵二中隊有之候間、是にて防備の筈、尚ほ時に因りては、義勇隊編成も有るかと存じ候。

秋野、来海両君は壮健に候間、御安心被下度候。先は御無沙汰の御詫旁々近況あら々々申上候〔。〕不備

十一月十九日　岩滝多磨

この岩滝は赴任地から『燕塵』という雑誌を美校の文庫に送っていたことが『校友会月報』によって分かる。

以上の外に、早崎稉吉は宏道大学堂で図画だけでなく日本語、応用化学、体操も教えていると手紙に記している。彼は明治26年東京美術学校在校中、同校校長

岡倉覚三（天心）に随行して中国各地を旅行し、同33年以降は中日往復の生活を送った。その間に帝室博物館嘱託として中国の古美術調査にあたるとともに、教習も勤めたのである。39年10月にはボストン美術館の美術品蒐集のために再び中国を訪れた天心の案内役をつとめたが、このときの天心の「支那旅行日誌」（『岡倉天心全集』第５巻、1979年、平凡社）には二人が三原を訪れ、宏道大学堂に宿泊し、地元の人々に歓迎されたことや、天心が学堂で講演したこと、そこを出発する際に学生に告別の辞を贈られたことなどが記されており、日中交流に努めたことが判る。

なお、赴任地での遺跡の研究を纏めた小論や旅行記を『校友会月報』に寄稿している者もあり、それらを読むと彼らが中国の文化や風土に強く惹かれていたことが感じ取れる。

さて、以上の教習たちの存在が東京美術学校へ中国人留学生を誘う要因になり得たかどうかだが、彼らの赴任校・赴任期間と東京美術学校留学生たちの出身校・在学期間（後出の留学生名簿に明らかなように、それが不明の者も多々ある）との一致を指摘できるケースは少なく、例えば台湾における石川欽一郎と東京美術学校留学生との間に見られるような緊密な師承関係を指摘することはできない。しかし、初期留学生の一人である李岸（1906年入学）と教習松長長三郎との関係についてはすでに指摘されていることであるし、伍霊（1913年入学）と教習移川三郎とが四川中等工業学堂において接触があったかも知れず、蒋玄佁（1931年入学）や林達川（1935年入学）、沈寿澄（同）らは斎藤佳三と繋がりがありそうに思われる。今後留学生一人一人について調査が進めば、そうした関係が明確になるだろう。

以上、東京美術学校に関する情報源を掲げてみたが、同校の留学生たちが帰国しはじめてからはより具体的な情報の伝達が行なわれるようになったことは勿論である。留学生のなかには中国における美術専門学校の創設に携わった人々がいるが、それらの学校からは積極的に東京美術学校へ留学生が送り出された。

2. 東京美術学校留学生

(1)在籍状況

東京美術学校は生徒の定員が少なく、それに比例して留学生の受入れ数も少なかった。中国人留学生については、明治年間は毎年１、２名程度受け入れ、大正年間から昭和12年以前までの間は大分増加しているが、最も多い年でも７名であった。

ところで総数５万と言われる戦前の中国人留学生のうち、芸術に関する教育を受けにやって来た人はどれくらいいたのか、それを知る一つの目安になるのが前掲『中国人日本留学史』138〜140頁の「年度別各学校卒業中国人数一覧表」である。これには官・私立の大学、高等学校、専門学校、陸・海軍学校、芸術７校、女子校の年度別中国人（台湾を除いたと推測される）卒業者数が掲載されている。芸術７校に何が含まれるのか記されておらず、また、掲げられた数に疑問の箇所もあるが、東京美術学校はこの７校中に含まれるらしい。その欄と合計の欄を抜粋し、東京美術学校中国人卒業者数（台湾を除く）を付記したものが次頁の表であって、外に一般学校の芸術教育部門入学者があったことを考慮に入れるとしても、この表によって芸術の教育を受けるために来た中国人の割合は極めて小さかったことが推測できる。

しかし、芸術系志願者は少数であったにしても、美術を志す者は先ず東京美術学校入学を希望したから、志願者の増加とともに入学は次第に困難となり、特に西洋画科志願者のなかには日本人と同様に、浪人して再三受験に挑戦する者も現われるようになった。

運よく入学できても、留学生活を続けるのは容易ではなかったらしい。留学生個々の学資の出所については記録が不完全であるが、判明している限りのデータから言えば官･公費留学生に対して私費生の卒業率は低く、「授業料滞納により除籍」の処分を受けて退学した者が多い。例えば、大正２年に日本画科に入学した陳英と孟憲章は奉天省官立高等工業学校を卒業して私費留学したが、「教務掛諸位先生鑒徒因家貧留学貴国実属難堪故家中屡次来信令速帰国意不容遅今定明后二十七日定行返国之計特懇本校除名処之為盼他無別言専此諸　安徒　孟憲章　陳英具」という届けを出して翌３年に退学している。また、昭和５年に彫刻科塑造部に入学した金学成の昭和７年５月25日付赤間信義校長宛書簡には次のような深刻な事情が記されている。

〔上略〕就テハ小生本科塑造部三年生ニ御座候得共　郷里ハ一昨年共産土匪ノ害及ビ去年未曾有ノ水害ニ見舞ハレ　為ニ敝家経済的ニ大ナル損害ヲ蒙リ　従

ツテ小生ニ対スル学資ノ供給モ日ニ困難ニ陥リタルモ　万難ヲ排シ辛ジテ維持シ来リ　然レドモ今年一月不幸ニシテ上海事変又起リ　郷里ハ時長カラズシテ多重ノ災害ニ苦メラレ　其ノ結果小生ノ学資ハ求ムルニ殆ンド路ナク　実ニ困リ居リ候　ソレ故窮余ノ一策トシテ選抜留学生採用ヲ希望シ　手続ハ既ニ学校ヨリ文化事業部へ提出被下候得共　上述ノ如キ原因デ成否ニ就キ焦急致居候処　先生ガ該部ト特ニ深キ御関係アル幸トシ　茲ニ小生ノ区々タル苦衷ノ一端ヲ先生ニ申上ゲ　御多用中甚ダ恐縮ニ存ジ候得共　何卒御高配被下度御願申〔上〕ゲ候〔下略〕

母国の動乱や災害により学業が脅かされていた様子が伝わってくる。金学成は外務省対支文化事業部の補助金を受けることができ、卒業後研究生として在学することまでできたが、動乱によって帰国したまま学校と連絡がとれず、授業料滞納により除籍された者もあるようだ。入学者103名中卒業者45名という数字の背景にはさまざまの複雑な事情があったのである。日本軍の侵略に伴い、抗日の意思表示のために退学した者

年	芸術７校	東京美術学校	各学校合計
1901		0	40
1902		0	30
1903		0	6
1904		0	109
1905		0	15
1906		0	42
1907		0	57
1908		0	623
1909		0	536
1910		0	682
1911	3	2	691
1912	1	0	260
1913	2	2	416
1914	4	0	366
1915	7	1	420
1916		0	400
1917	6	5	311
1918	4	2	314
1919	1	2	405
1920	3	3	415
1921	3	2	465
1922	2	2	505
1923	2	2	413
1924	4	4	431
1925	2	2	347
1926	3	3	289
1927	3	3	291
1928	2	0	266
1929		0	417
1930	2	2	363
1931		0	460
1932	1	0	280
1933	2	2	182
1934	1	1	186
1935	4	2	208
1936	5	0	316
1937	2	1	202
1938		0	72
1939		2	66
卒業年不明	3	0	71〔78〕
計	72	45	11699

もあったに違いない。

在学者数の上での推移をみると、既述のように大正12年を境に朝鮮人留学生が急増したのに対して中国人留学生はやや減少傾向を示し、昭和12年の日中戦争開始の際に大多数帰国という事態が生じた。このとき帰国した王式廓、趙琦、兪成輝、胡光弼、沈柏年、沈寿澄、許統璋の7人は、その後学校に戻らず、彼らに対しては同年12月13日付文部次官通牒により異例の学籍保留措置がとられ、同19年ないし20年に至って除籍処分が下された。

(2)学外活動

中国人留学生の或る者は学外で日本人と一緒の、或いは中国人だけの文化活動に加わった。官展や二科展その他の公募展に挑戦した者もあり、朝鮮の金観鎬と同様、官展に入選して脚光を浴びた金学成（前出）のような中国人もいる。金学成の快挙は次のように報じられた。

塑像家　金学成君

窓前の風露に秋のおとづれを聴き月下の芦荻に秋の姿を見る頃になると美術展覧会がめつきり増へる。今年も改組後の文部省美術展覧会が十月十六日から上野に開かれたが隣邦中華民国の青年塑像家金学成君の「裸女」が入選して留日学生間に大きな衝撃を与へている。民国人の官展入選は金君を以て最初とする。金君は本年三十一歳、江蘇省上海奉賢の人で南京の国立中央大学に学び七年前渡日、東京美術学校塑造部に入学し昨年卒業したが塑造部としては最初の民国人卒業生である。美校卒業後も研究科にて建畠〔大夢〕、朝倉〔文夫〕、北村〔西望〕諸氏に師事し、昨年九月の二科展には「女立像」「首」及「胸像」の習作が三点とも入選したが当時朝日新聞で中村恒夫氏は胸像を推し「幾分ドナテルロの香がする……」と批評してゐる。今回の入選作は上海に病臥する母からの激励によつて精進したものだと言はれ、其のモデル女に関する哀話は既に新聞に話題を供した通りである。彼は人為も生活も些も変屈がなく極めて温良な青年紳士である。留学生としては古参の方で華僑学校に奔走したり新参者の世話もよく見る。どちらかと云へば蒲柳の質に見受けられるが、此の際大いに加餐されて将来の大成を期せられたい。

尚ほ最近留学生の芸術方面の進境著しく、先に蔡継琨君は「潯江漁火」曲が黎明作家同盟に入選。陽太陽、蔣治民両君の洋画及蕭伝玖君の塑像が二科展へ入選したといふ。駐日大使館にても此の傾向を喜び金蔡両君の為め特に茶会を開き多数日本側美術家音楽家等をも招待したといふ。

（『日華学報』第58期、昭和11年11月。金学成肖像写真および「裸女」写真省略）

この記事のなかの「モデル女に関する哀話」云々は、昭和11年の新文展彫塑の部入選発表のあった翌日10月10日に各紙が「日支合作“涙の初入選”栄冠の彼方に浮ぶ薄幸のモデル娘　捜し求める金君の心通じ入選の夜・劇的な再会」（『都新聞』）、「若き中国人金君　嬉しいモデル挿話」（『中外新聞』）、「陰にモデル悲話　“裸女”の民国の新人」（『報知新聞』）などの見出しで写真入り記事を大きく載せたことを指す。

中国人留学生たちだけの作品展も開かれた。昭和６年には東京で下記の記事のような展覧会が開かれている。

中華留日学生作品展覧会

古来東洋に於ける芸術的文化の遠大なる伝統を有する中華民国より、現在我国に留学中の諸君は其の数三千内外あり、各々学問に精進されてゐるが、専門の学門研究の余暇に書画彫刻写真等に慰安を求め、其の技、堂に入れる者も少くないが之を一般江湖同好の欣賞に供する機会が全然なかつたことは云ふ迄もなく、美術学校等にて芸術を専門に研究されてゐる諸君に於ても亦其の作品を日本で展覧する機会は殆んど全く恵まれてゐなかつた。

其処で今回東京堂書店では日華学会及泰東書道院後援の下に中華留日学生作品展覧会を催し、六月二十四日より三十日迄同店画廊に於て留学生諸士の各種作品を展覧し、一面江湖の渇を慰すと共に此等の芸術作品を通じて留学生と日本との情感を更に深めんと試みたのであつたが、果然内外の好評を博し、恰も毎日の雨天にも不拘数千人の入場鑑賞があつた。

今回は東京府及其附近在住者に限る計画であつたが、地方よりも二三出品された方もあり、出品者の実数は約五十、出品点数は三百を超え会場の狭きを感ずる程盛況を呈した。作品に至つては玄人を圧する如き傑作も少くなく又中華民国公使汪栄宝閣下以下江参事官、孫秘書官等も力作を出品されて吾等の計画を賛助されたので、更に一段の光彩を添へることが出来た。

出品者如左。

書之部

明治大学　徐与行　　明治大学　陳鳴鑾
三十四聯隊　楊鵬升　　陸軍経理学校　徐承芳
早稲田大学　朱大璋　　早稲田大学　周　銘
早稲田大学　崔紫峰　　法政大学　楊劭清
明大女子部　陸真恵　　帝国大学　宋玉嘉
早稲田大学　魏崇陽　　文理科大学　陳作樑
東亜予備　銭魯民　　第八高等学校　朱慶儒
明治大学　陳　虞　　東京美術学校　蔣玄佁
早稲田大学　楊王明　　東京美術学校　王文溥

東洋画之部

成城学校　周　鵬　　明治大学　陳　虞
日本美術学校　方人定　　東美入学準備　譚楚声
東京医学専門学校　方　果　　東京医学専門学校　瞿承立
早稲田大学　黄孝庚　　東京美術学校　陳　洵
東京美術学校　王文溥

西洋画之部

油絵　留日聖公会　譚顕勲　　同　東京美術学校　熊汝梅
〔昭和5年東京美術学校入学〕
同　〔東京美術学校〕蔣玄佁　　同　〔東京美術学校〕陳　洵
同　〔東京美術学校〕王文溥　　〔同〕横浜洋画研究所　何乃澤
〔同〕　東北大学法文学部　鄭　料　　〔同〕東京美術学校　林炳東
同　〔東京美術学校〕龔　謨　　〔同〕東京美術学校　盧景光
水彩画　東京高等師範学校　臧光恩

彫刻之部

東京美術学校　金学成　　東京美術学校　蔣玄佁

篆刻之部			
東京美術学校	王文溥	三十四聯隊	楊鵬升
図案之部			
東京美術学校	盧景光	東京高等工芸学校	孫行予
東京高等工芸学校	王石之	川端画学校	陳成璋
写真之部			
川端画学校	陳成璋	東京写真専門学校	孟広哲
刺繍之部			
日本美術学校	楊蔭芳		
造花之部			
女子美術専門学校	沈令融		
賛助出品之部			
書	郭沫若	画	宋南谷
		安徽省特派赴日考案芸術教育専員	
画	張大千	書	同人〔張大千〕
書	但懋辛	書	中華書店
画	張善孖	画	松村雄三
			外務省文化事業部
同〔画〕	大橋介二郎		

（『日華学報』第25期、昭和6年7月。出品リストの学校名はフルネームに改め、〔　〕に字を補足した。）

東京美術学校留学生の出品が目立つが、彼らは美術が専門だっただけに、展覧会では中心的役割を担ったと思われる。

昭和９年６月には東京府美術館で中華美術展覧会が開かれた。これは駐日中国留学生監督処主催・中国公使館後援・顧問＝元東京美術学校長正木直彦による注目すべき展覧会で、600点も出品があり、それを200点に淘汰して展示しようとした際、東京美術学校生薛瀛生が同校生王文溥に文句を付け、さらに薛と同校生兪成輝および日大生劉汝醴が王文溥に乱暴を働いたため、警視総監が関係各省に報告するという不祥事も起こった（外務省外交資料館所蔵「展覧会関係雑件」第10冊）。

左翼文化活動に加わった者もいる。昭和４年、鄭疇の主唱により東京で文芸活動をしている中国人留学生を集めて青年芸術家連盟が組織された際に、東京美術学校生の許達と司徒慧敏は沈学誠（西苓）、余炳文、漆宗犠、漆宗裳らとともに発起人となった。この会には外に沈茲九（胡愈之夫人）、蔡素馨（夏衍夫人）、周揚（起応）、憑憲賞らも参加し、左翼文化人藤枝丈夫、秋田雨雀、村山知義らと交流して思想的影響を受けたと言われる。昭和４年前後の日本ではプロレタリア美術運動が非常に盛んであり、府美術館でプロレタリア美術展が開かれ、東京美術学校の生徒の間にもそうした動きが活発だった。上記の許達の同級生の間ではそれが特に活発で、卒業制作にも須山計一の「労働者」、岡田秀雄の「闘う市電労働者」、岡野福太郎の「軍閥と娼婦」など約10点もの社会主義的作品が登場したほどである。許達もその動きに共鳴していたと見え、彼の卒業制作「友人の家」に描かれた貧しげな室内のテーブルの上には『戦旗』が置かれている。

(3)帰国後の活動

中国人留学生の帰国後の活動については後出の留学生名簿の「◇」の項に鶴田武良氏の著述（巻末の参考文献に記載）やその他の文献から抜粋して顕著な活動事項を記入した。不明な者が多いが、それらについては今後の調査の進展に期待する以外にない。現段階からみて、留学生の相当数が或いは美術専門学校の教師となり、或いは美術団体を作って展覧会を開き、或いは美術に関する著述を試みるなどして、日本で学んだものを土台に新たな活動を展開しようとしたようだ。しかし、鶴田氏も「留日美術学生——近百年来中国絵画史研究　五——」のなかに記

中華民国留学生同窓会　大正14年２月４日　於神田
前列右より小林万吾、藤島武二、正木直彦、和田英作、長原孝太郎。後列右より林丙東、譚連登、衛天霖、岡四郎、蔡侃、鈴川信一、鄭皚生、丁衍鏞、王道源。（『東京美術学校校友会月報』第24巻第１号より転載）

しておられるように、激動する政治情勢のもとでの活動は決して順風満帆とは言えず、日本留学の成果を十全に発揮する機会は少なかったと見られる。彼らの活動状況に関する補足資料として1931年の状況を報じた下記の一篇を掲げておく。

中華洋画家の群　日、仏の二潮流　　　　　　澤村幸夫

支那の現在の洋画界には、日本から入つたもの、フランスから入つたもの、大体、二つの潮流があるやうである。仮りに日本派とよぶ前者は、わが東京美術学校出身者が、数において多きを占めてもをり、業績も挙げてゐる、たゞ民国となつて以来、政治的、社会的不安が打ち続いてゐるため、団体運動の特に見るべきものもなければ、美術家として名を残す機会を与へらるゝことが少いのはまことに気の毒千万である。

私の知つてゐるところでは、東京美術学校出の人としては、明治四十三年ごろの卒業生李岸氏——叔同、直隷人——が一番古い。留学中に春柳劇社といふを組織し、音楽も学び帰国後、一時、杭州師範学校教師を勤めてゐたが、資産も愛妻もともに失つて、仏門に帰依した。弘一律主——一音、論月などゝも称してゐる。——といふのは、その遁世後の法名で『四分律比丘戒相表記』などいふ専門的著書もある。この人は、今は、無論、画壇の人ではないが、支那の洋画を語るには、忘れてならない大先輩の一人である。次に来るべき古顔は、江新氏——字は小鶼、蘇州の人——で、翰林院学士を父として生れながら芸術家風な血をうけた人で、上海において最も古い洋画家の団体「天馬会」の中心をなしてゐる。今は洋画の外に彫刻もやつてゐる。天馬会は、上海美術専門学校の教授あたりが組織して、会員三十人、この十一年以来毎年一回の展覧会を開いてゐる。江氏と同期の日本留学生では、満洲人の白鶴齡、山東人の王洋、四川の人で今は故人の方明遠などいふ人がゐたが、第一革命に帰国したゝめ卒業は後れてゐる。大正八九年以後の日本〔東京〕美術学校出では、陳抱一、王道源、汪亜塵、厳智開、許太谷——又敦谷、許幸之、胡根天などの諸氏がある。陳氏は、広東人で上海に生れ、帰国後、神州女学に教へてゐたころ、その子弟中から関紫蘭、翁元春、唐薀玉等の才媛を出してゐる。関女史は、中川紀元氏の言をかつていへば、『牡丹にも譬ふべき稀世の麗人』である。彼女の芸術は『自由独特であり、新鋭、直截である』わが文化学院に二年あまりゐ、二科に

入選したこともある。唐女史も関氏と同じころ東京に留学し、石井柏亭氏の指導をうけた。今は仏国にいつてゐる。

陳抱一氏は、王道源氏とゝもに上海芸術専科学校を経営して、洋画運動の最尖端に立つてゐる。許太谷氏は現に武昌芸術専科学校にゐるが、上海にあつたころは、陳、胡二氏とゝもに芸術社を組織して、上海美術専門学校の一派と対抗してゐた。

周勤豪氏は、潮州の人、上海美術専門学校長劉海粟氏の妹婿だが、同事者といふのではない。上海に初めて芸術大学を興して失敗し、つゞいて東方芸術研究所を設けて、また失敗した。原因は左翼画家と見られたゝめだと伝へてゐる。厳智開氏は、清末の教育家厳修先生の子で、現に天津美術館長。汪亜塵氏は、昨年の秋、仏国から帰つて、現に新華美術学校長。

劉海粟氏は、常熟の人、上海図画学校の卒業生で、民国元年に美術学校を起して現にその校長である。歳は三十五、六に過ぎないだらうが事業家肌のやり手で、上記の人々に対して一敵国をなしてゐる観がある。洋画は規則的階梯をふんで学んだのではない。もつとも近年仏蘭西に留学して、南京の徐悲鴻、杭州の李超士、同じく林風眠氏等と共に仏国派を形づくらんとしてゐる。強いタツチ、強い色を用ひるのが、これ等の人々の特色。張聿光といふ洋画の大先輩がある。劉海粟氏等を出した上海図画学校の創始者であるとゝもに、洋画の創始者だ。この人は、師承するところなく、一意コツピーによつて独習したので、その業績を知るものからは、今も相当な敬意を払はれてゐる。

（東京芸術大学附属図書館所蔵「諸新聞切り抜き」所収昭和6年3月15日付東京□□〔毎日カ〕新聞。挿画の陳抱一筆関紫蘭像省略）

(4)中国東北部の留学生

中国東北部とはいわゆる満州（遼寧省、吉林省、黒竜江省、内蒙古自治区）を指す。日露戦争の勝利により、日本はロシアから遼東半島租借地（関東州）および東清鉄道長春以南の鉄道とその附属地を引き継ぎ、1906年には関東都督府（のち関東庁）を開設。以後積極的にその経営に乗り出した。1932年から45年まではこの地域に大日本帝国の傀儡国家「満州（洲）国」が存在した。この地域では日本が積極的な同化教育を推進し、次々と学校を建て、日本人教習を送り、留学生を日本へ呼び寄せるなどしたから、留学生の境遇にも他の中国人留学生とは異なるところがあったと考えられる。恐らく日本人と接する機会が多く、日本語および日本の情報に通じた者が多かったことだろう。この地域の学校に赴任した東京美術学校卒業生（日本人）は大正９年２人、昭和３年４人、同９年10人、同15年20人と、終戦の頃まで増加の一途を辿った。教員ではなく画家として活躍した卒業生もいる。その一人、伊藤順三（号松嶺。大正２年日本画科卒。在学中白馬会でも修業）は大正12年渡満して満州日報社、満鉄広報課などに勤務しつつ洋画展覧会や漫画展覧会を開き名を知られた。そして、この地域から14人の中国人が東京美術学校に入学している。そのうち６人は官・公費留学生であった。

「満州国」の留学生に関しては次の通牒をもって特別配慮の指示がなされた。

○官専六六号　昭和十一年三月三十日　文部次官

東京美術学校長殿

満洲国及中華民国留学生教育ニ関スル件

標記ノ件ニ関シ外務省ヨリ別紙写ノ通申越有之タルニ付テハ委曲右ニテ御承知ノ上満支留学生教育ニ関シ将来一層留意相成万遺憾ナキ様致度此段通牒ニ及フ

（写）文化一機密第一四四号　昭和十一年二月二十七日　外務次官　重光葵

関東都督府中学校職員（佐々木晃一氏提供）

佐々木大岳（後列左から６人目）は明治34年東京美術学校卒。本名惣三郎。明治43年から大正４年までこの中学校に在任し、旅順高等女学校でも教えた。

文部次官　三辺長治殿

満洲国及中華民国留学生教育ニ関スル件

中華民国留学生ノ教育ニ関シテハ従来貴省及各学校当事者ノ尠カラサル御配慮ニ依リ其ノ効ヲ収メ居リ又満洲国ノ独立以来満支両国学生ノ教育ニ就キ更ニ一層御注意ノコトト存スル処中華民国留学生中ニハ満洲国留学生ニ対シ満洲国ノ建国ニ関シ軽侮ニ類スル言辞ヲ弄シ同国学生ノ感情ヲ挑発スルカ如キコト無キニシモアラサルヘキニ付斯ル言動無之様予メ満支留学生教育担当者ニ対シ留学生教育上ノ注意ヲ与ヘ置クコトハ極メテ必要ナリト存セラルニ付右ニ御異議ナクハ留学生教育ノ注意迄ニ関係各学校当事者ニ中華民国留学生取扱上留学生ヲシテ常ニ留学ノ本旨ヲ体シ学ヲ励ミ徳ヲ養ハシメ苟モ満洲国ノ建国ニ対シ兎角ノ言辞ヲ弄セシメサル様指示方可然御取計相成様致度此段御依頼申進ス

○〔文部次官より学校長宛通達欠損〕

文化一普通命第四五四七号　昭和十一年十一月二十五日　外務次官　堀内謙介

文部次官　河原春作殿

満洲国留学生ノ指導訓育ニ関スル件

本件ニ関シ今般駐日満洲国謝特命全権大使ヨリ別紙写ノ通依頼越アリタルニ付テハ委細右ニテ御承知ノ上可然御取計相成度此段申進ス

(写)以書翰啓上致候　陳者本国留日学生ノ指導訓育ニ関シテハ常ニ甚大ナル御高助ヲ賜リ感謝ノ至リニ奉存候　今般本国側ニ於テハ更ニ其ノ指導訓育ニ万全ヲ期シ度意向ヲ以テ其文教方針ニ基キ左記希望事項ヲ決定致候ニ就テハ日満関係ニ鑑ミ本国ノ教育方針ヲ援助サルル意味ヲ以テ各学校ニ於テ遵守セラレ候様貴国関係各省ニ対シ御斡旋賜リ度御依頼致候　右申進旁々本使ハ茲ニ重ネテ閣下ニ向テ敬意ヲ表シ候　敬具

記

一、爾今駐日満洲国大使館下附ノ入学紹介書ヲ有セザル満洲国人ニ対シテハ入学ヲ許可セラレザルコト

二、満洲国留学生ニシテ留学ノ許可ヲ取消サレタルモノニハ退学ヲ命ゼラレタキコト

但シ駐日満洲国大使館ハ学校側ト事前ニ協議スルコトトス

三、満洲国留学生ノ教育ニ関シテハ日本人学生ト同様ノ取扱ヒヲナシ特ニ其ノ訓育ニ留意セラレタキコト

四、満洲国留学生ニ対シテハ特ニ学校教練ヲ必須トシテ課スルヨウ取計ハレタキコト

以上

康徳三年十一月十八日　満洲国駐箚日本国特命全権大使　謝介石

日本国外務大臣　有田八郎閣下

（「自明治二十年　文部省通達書類　東京美術学校」）

満州では美術活動にも同化政策が反映し、特に「満州国」成立後はそれが顕著になったようだ。「満州国」における美術活動については飯野正仁著『〈満州美術〉年表』（1998年、私家版）の研究がある。それによれば、日清戦争時における浅井忠、黒田清輝、久保田米僊らの従軍渡満という特別の事例の外に1906年から1931年頃までに石川欽一郎、京都市立美術工芸学校教員・生徒、辻永、橋本関雪、鶴田吾郎、石井柏亭、前田青邨、金山平三、堂本印象、鹿子木孟郎、俣野第四郎、平福百穂、太田喜二郎、福田平八郎、岡田三郎助、和田三造、柳瀬正夢、岸田劉生その他画家の渡満や満州人画家劉栄夫の日本における活動があり、その間に平嶋信の大連一中・南満州工業専門学校・関東州庁勤務や鶴田吾郎の大連洋画研究所開設（1918年）、山脇信徳の奉天中学校勤務（1922～25年）などのように長く満州に滞在する者も増え、作品展も多く開催されるようになり、日本型の美術活動が移植されていった。

満州における芸術振興に早くから力を入れていたのは満州鉄道（満鉄）であった。満鉄は1923（大正12）年に奉天で東西画展覧会を開催し、次いで翌24年にも絵画展を開いた。その模様を同年４月16日の『二六新報』が、

満洲に美術展　満鉄主催で開く

満洲鉄道では一種の社会事業として無味荒涼な満洲に在駐する邦人の心を和ぐる手段として先年来美術芸術方面の発展について腐心してゐたが昨年奉天公会堂に東西画の展覧会を開催して好成績を収めたので更に本月十九、二十、二十一の三日間東西両洋、絵画展覧会を公主嶺において開催する事になつた。満

洲洋画家の白眉三井審査員を同地に派し場所の選定準備出品の勧誘等をなさした。これを聞き伝へる公主嶺、長春、開原方面における満鉄社員中の美術展に憧憬してゐる連中は昨今遽に画筆の塵を払ひ美術熱が漸次に昂つて行きつつある。

と報じている。同じ年に満鉄の勧めにより太平洋画会が満州巡回展を開いた。これを同年4月17日の『東京毎夕新聞』が、

太平洋画会が満州巡回展　五月中旬から
太平洋画会は春の展覧会を終ると同時に満鉄から大連と奉天で東京その儘の展覧会を開いてはとのすすめに依り五月中旬に先づ大連を振り出しにして太平洋画会満州巡回展を開催するに決し目下作品発送の準備中であると

と報じている。

満鉄が1929（昭和4）年に開催した中日現代美術展は、「奉天満鉄公所主催の下に、十二月三日午後二時奉天城内宮殿に於て開会式を挙行し、名誉会長張学良氏以下日支名士多数出席したり、出品点数は日本側二百十二点、支那側三百三十九点、其の外補編として支那側名士所蔵の珍品百七十一点を陳列し、会期は三日間なりき。」(『東京美術学校校友会月報』第28巻第7号、昭和5年1月）と報じられており、その出品点数の多さからみて、相当規模の大きいものだったと考えられる。

1932年の「満州国」成立後は日本政府自ら、諸外国の批判をかわすためもあって、急遽文化政策を推進することになり、その推進機関として日満両国の援助による満日文化協会が翌33年に組織された。これは醇親王を総裁に戴き、会長羅振玉、副会長岡部長景（外務省文化事業部長）・宝熙、以下日満両国人から成る組織であって、各種展覧会、古跡調査の援助、出版などの事業に力を入れた。特に展覧会は同化政策上最も効果的であるとして幾度も開催したが、そのなかで37（康徳4、昭和12）年5月に開催した満州国皇帝訪日記念の公募展・宣詔記念美術展覧会は美術の同化政策推進にはずみをつける効果をもたらした。開催にあたっては岡部長景と正木直彦が力を貸し、日本の官展、およびその形式を移した朝鮮美術展覧会を参考にした章程が作られ、藤島武二、松林桂月、安井曽太郎が相談役に選ば

れた。そして、これが契機となって国営公募展の計画が生まれ、翌38年には満州国民生部主催の満州国美術展覧会（国展）が開設されて次のように継続して開催された。

1938（康徳5）年	第1回満州国美術展覧会	相談役	前田青邨、藤島武二
1939（〃　6）年	第2回　〃	〃	野田九浦、梅原龍三郎
1940（〃　7）年	第3回　〃	〃	窯本一洋、青山義雄
1941（〃　8）年	第4回　〃	主査	小林古径、石井柏亭
1942（〃　9）年	第5回満州国美術工芸書道展覧会（改称）	審査委員	藤田嗣治、須田国太郎、福田平八郎
1943（〃　10）年	第6回　〃	〃	山口蓬春、安井曽太郎、新海竹蔵
1944（〃　11）年	第7回　〃	〃	〃

このような美術上の同化政策が進むなかで、東京美術学校もその一翼を担うこととなった。満鉄主催の美術展覧会や古美術調査にたびたび教官（岡田三郎助、羽下修三、和田三造等）を派遣し、満州国や満鉄関連の依嘱製作を行なったりしている。教官のなかでも特に岡田三郎助は、1928（昭和3）年に満鉄の依頼により満鉄沿線地の工芸および美術等の研究に出張し、36年には満州国における古美術および美術教育施設一般の調査に出張（和田三造同行）、その年に新築の満州国国務院大ホールの壁間を飾る油絵「王道楽土」を描き上げた。画面の中央にそれぞれ中国、満州、日本、朝鮮、蒙古の民族衣装を着けた少女が手をつないでラインダンスをしている姿を描いて「五民族融合」の理想を表し、画面右手、楡の木の下に農夫と漁夫、産物のリンゴ、ブドウ、松下江のケツ魚を描いて「五穀豊穣」を表し、背景に満州国の官衙や工場、手前にはコウリャンを描いて国勢を表したこの絵は、当時は非常にもてはやされた。油画教官では外に藤島武二も上記のように宣詔記念展や国展に協力している。

「満州国」における美術活動の盛んなさまは前出『〈満州美術〉年表』を始めと

する近年の諸研究によって把握できるようになったが、諸種の美術団体や展覧会はいずれも日本人が大勢を占め、そのなかで東京美術学校出身の林丙東、萬金声、李炳三およびその他僅かの中国人がやや頭角を顕しているのみである。そこに「五族協和」を謳いながら実は日本人中心という傀儡国家満州国の姿が露呈している。

戦時下の1941年から45年まで、新京特別市が川端龍子と謀って創設した新京美術院東京分室が存在したことが知られている。「大東亜共栄圏」構想を信奉し、満州国の新芸術興隆を夢見ていた龍子は、中等学校教育を受けた在満男子（満系、日系とも）から研究生を選抜して東京分室において教育した。研究生のなかには王盛烈その他美術分野で活躍した人も少なくないが、龍子の計画は挫折し、敗戦とともに同院は消滅している。これは龍子の私塾のような性格のもので、教師のなかに横川毅一郎や長沼孝三のような東京美術学校出身者はいたものの、美校とは無関係の施設であった。

第５章　朝鮮人留学生

朝鮮人の東京美術学校留学の背景には日本の植民地政策とそれに伴う日本人美術家の渡鮮・美術活動、朝鮮美術展覧会（鮮展）の開設などが決定的要因として働いている。こうした背景をまず通観してみたい。

1．朝鮮における日本人美術家の活動（朝鮮美術展覧会開設以前）

1900年代、鮮展開設以前の朝鮮における美術活動としては、仏国公使館における美術展覧会（1906）、京城書画美術院、書画美術会・講習所開設（1911）、書画美術協会展（1913）、洋画研究会の高麗画会結成（1919）などがあげられるが、これら朝鮮人による活動は極めて微弱なもので、「当時の朝鮮美術は言わば王朝美術の延長線上にあり、沈滞状態そのものだった」（李仲煕「『朝鮮美術展覧会』の創設について」）と言われる。1890年代以後、４人の西洋人美術家が相次いでソウルを訪れたが、それが特に朝鮮美術を刺激したという形跡もない。やはり日本人美術家が多く訪れるようになったことが新しい動きを呼び起こす刺激になったと考えられる。

近代日本の美術家のなかで、西郷孤月は最も早い時期に朝鮮旅行を試みた一人である。東京美術学校絵画科研究科在学中の明治28（1895）年４月、日清戦争の大戦争画を描くために自費従軍して清国に渡ったが、戦争が終結して実況見聞ができなかったため断念し、同年６月から12月にかけて朝鮮で画嚢を肥やした。「朝鮮風俗」（東京芸術大学大学美術館蔵）はその成果の一つである。なお、日清戦争の際は戦地実況描写のため小山正太郎その他の洋画家も渡鮮している。

日露戦争の際は従軍画家として小杉未醒、都鳥英喜、石川欽一郎、東城鉦太郎その他の洋画家が朝鮮の地を踏んだ。また、日本画では丹青会（明治33年、東京美術学校関係者が組織）がソウルで展覧会を開いている。それは日本海大海戦のあった1905（明治38）年５月のことだが、下記の記事によれば大成功を収めたようである。

○丹青会の韓国絵画展覧会　先頃丹青会員の天草神来、村崎雅章、片野猛雄の諸氏は、東京大隈伯其他多数大家の賛助を得て渡韓し、韓国駐箚軍司令官陸軍大将男爵長谷川好道、同軍経理部長遠藤慎司、林公使、三増領事、萩原書記官、田中郵便局長、小田柿捨次郎、目賀田種太郎の諸氏、其他多数なる貴顕紳士の賛助を仰ぎ、五月七日（日曜）より同十四日（日曜）迄八日間京城泥峴（南山麓なる日本人居留地）日本人倶楽部に於て開会し、広く同好諸氏の観覧に供せらる、開会以来非常の人気にて、毎日午前九時より午後十時迄（夜間は電灯を用ゆ）往来出入織るが如し、出品は五百余点に達し、諸家の傑作なれば、孰れも賞讃に値ゐせざるなく、官民亦恰好の美術館を得たるを喜び、夫人同伴若くは児女携帯にて、数時間を此間に消すもの多し。韓国側にては宮内大臣閔泳哲氏を首として、幾多の来観者あり、閔氏は頗る美術眼を有するものと見へ、其鑑識亦称するに足れりと云へり。玄関を昇り左右の壁より隙間なく、大小の絵画を貼附しあり、山水花鳥の極めて美麗なるものより、風景人物の大幅に至るまで、一室二室と所狭きまで陳列せられたれども全数の一二割は残りつゝありて、例年上野にて開く展覧会以上の盛況に見受けられたり。今回の展覧会中、大幅大作にして、重もなる出品物左の如し（増井君報）

川端玉章氏の秋景山水、雪景、月下の狗児《くじ》　△橋本雅邦氏の松樹の図　△荒木寛畝氏の月に梅、玄鶴　△天津〔草〕神来氏の華厳の瀑、聖僧日蓮、山水花鳥　△村崎雅章氏の雌雄孔雀　△小山友卿氏の猛虎　△伊藤龍涯氏の元禄美人　△豊岡東江氏の群雁　△本多天城氏の龍、芦雁　△野口駿尾氏の薬師詣　△渡辺菜渚氏の花鳥　△中原芳煙氏の花鳥動物　△川村紫山氏の人物山水

（『東京美術学校校友会月報』第３巻第９号、明治38年７月）

この丹青会展覧会は朝鮮通の天草神来の斡旋により、在鮮日本人に作品を販売することを主目的に開いたもので、絵がよく売れたため釜山（６月）、台北（８月）へも巡回した。また、翌年には会員外の作品も集めて釜山、京城、平壌、鎮南浦、さらに安東県、台湾でも開いた。いずれも盛況だったようで、安東県での展覧会は「清国人の好奇心を惹き、非常の好況なる由」と『美術新報』第５巻第７号（明治39年５月）が報じている。天草神来は一時東京美術学校助教授を勤め、1902年からしばしば朝鮮へ行き、1907年には同地へ移住して1915年まで京城で制作・発

表活動を続けた。1913年に徳寿宮徳弘殿造営に従事し、御座の間の壁画を描くなど、朝鮮で大いに活躍した。

丹青会展の盛況が報じられたためか、1905年頃から日本画家（多くは無名の南画家）が朝鮮を游歴し、ときには皇族の御前揮毫に招かれたりするようになった。荒木十畝はこの時期に朝鮮旅行をして「韓国見聞談」を『美術新報』第4巻第20号（明治38年8月）に寄稿したが、それは画家による美術界への最初の朝鮮紹介であった。なお、1906年には東京美術学校の卒業生児島元三郎が美術教師として初めて朝鮮の学校に赴任し、その3年後には日吉守も赴任する。一方、東京美術学校には朴鎮栄（1908年）、高羲東（1909年）ら最初の朝鮮人留学生が入学する。

1910年の韓国併合後は渡鮮美術家の数も増え、それまで従軍画家を除いて殆ど日本画家のみであったのが洋画家も混じるようになった。洋画家では1911年渡鮮の山本梅涯あたりが最初らしい（前掲李論文）。その翌年にはもと白馬会の画家安藤仲太郎が渡鮮し、純宗の肖像画を描いた。1910年代に渡鮮した美術家としては外に渡辺香涯（1912〜13年）、藤島武二（1913年）、辻永（1914年）、高木背水（1913年頃〜25年）、前田青邨（1915年）、平福百穂（1916年）、福井江亭（1917年）、小堀鞆音（1918年）、鈴木雪哉（同）、小林万吾（同）、石井柏亭（同）らがいる。渡辺、辻、高木、平福、小林、石井らは在鮮中に個展を開き、福井は李王殿下の御前揮毫に招かれている。その間、1915年には日本人による「朝鮮美術協会」が展覧会を開いたという。

ところで、藤島武二が早い時期に朝鮮旅行を試みたことは注目すべきである。柳宗悦の朝鮮旅行より3年早い。後出表①の旅行期間は出張届に記されているもので、実際は11月25日出発、翌年1月5日帰京である。1ヶ月以上も東京美術学校の職務を休んで出掛けたのは、文展第二科設置運動へ加担したため西洋画科内で微妙な立場に立たされたことや、制作上の煩悶によるものと言われるが、それはさておき、彼は朝鮮の風物や人間に大変好感を抱いて帰京し、殆ど礼賛に近い「朝鮮観光所感」（『美術新報』第13巻第5号、大正3年3月。スケッチ3枚と写真2枚掲載）を発表。イタリアを思わせる壮大、深遠にして色彩豊かな朝鮮の風物を賞賛して美術家の関心を促すとともに、朝鮮芸術について次のように言っている。

朝鮮の芸術も今は殆んど見るべきものはない様です、古来国家の滅亡の原因を、芸術罪《〔ママ〕》に帰した論者もある様ですが、其反証として朝鮮は実例を示して居ます。古代の朝鮮の芸術と云ふものは、非常に立派なものであつて、最も優秀なる芸術として、世界に誇つてる日本芸術の母とも云ふことが出来た位である。例へば、彼の有名なる法隆寺の金堂の壁画や、阿佐太子の筆と称する聖徳太子の御像や、其他正倉院の御物や古社寺の遺宝の中にも、当時日本に渡来した朝鮮人の手になつたもの、又は其感化を受けた日本人の手になつたものも多いであらうと思ふ、又た直接に朝鮮から伝来したものも多からうと思ひます。之で以て見ても、日本芸術が、朝鮮の芸術の感化を受けたことが想察せられます、又如何に朝鮮の芸術と云ふものが進歩して居たかゞ、之に依つても窺ふことが出来ます。

又、朝鮮芸術の最も高潮に達した時代は、朝鮮歴史の中で、最も活気を呈した三国時代であつて、其後新羅統一以来、高麗、李朝を経て、次第に国家が衰運に傾くに随つて、芸術も漸次凋落して、遂に今日の状態に陥つたものであります。高麗朝の遺物としては、世界に向つて誇るに足るべき、最も立派なる陶磁器に於て、朝鮮人の芸術的才能を示して居ます。又李朝に入つては、儒教を尚んで、宗教や芸術は大打撃を受けたに拘らず、李朝以来の建築にも、立派な朝鮮人独特の芸術的様式が残つて居て、此点にも、朝鮮人の芸術的才能が現はれて居ます。

朝鮮は古代の歴史に徴しても、いつも印度、支那の文化の影響を受けつゝ、朝鮮人独特の技能を発揮して居ます。人種の上から見ても、決して劣等人種ではない、若し誘導啓発の道さへ宜しきを得たならば、朝鮮芸術の復興と云ふことも、決して架空の望ではあるまいと思ふ。斯の如く朝鮮人は芸術的才能を有つた人種であるから、政策としても、法律思想などを鼓吹する代りに、芸術的趣味を奨励することは、最も当を得たものであらうと思ひます。

これを発表した当時は、西洋画科には高羲東、金観鎬、金瓚永ら朝鮮人青年3人が在学していた。最後の数行は彼らの存在を念頭に置いた言葉とも受け取れる。藤島がこのように朝鮮に好感と同情を抱いたことは、その後の西洋画科の朝鮮人留学生受入れに何らかの意味を持ったのではなかろうか。

なお、韓国併合の頃から鮮展開設に至るまでの時期の日本人による美術活動については、日吉守著「朝鮮画壇の初期」に詳しく記されている。日吉は明治42年東京美術学校図案科卒業後、校長正木直彦の推薦で京城中学に赴任し、以来30年余り在任して、その間鮮展開設事務に携わり、同窓の遠田運雄とともに鮮展洋画部門の主要作家となった人である。彼によると、赴任当時京城で知られた画家といえば天草神来だけで、その後山本梅涯が京城に来て非常な人気を呼んだ。梅涯ははじめ日本画を描き、外国で洋画を習った人で、京城ホテルのなかに洋画研究所を開き、京城の画界を牛耳っていた。そこへ高木背水が平壌からやって来て定住（大正4年）した。背水は白馬会洋画研究所で学び、一時東京美術学校西洋画科に在籍したのちアメリカ、イギリスで修行した画家で、「当時四十歳余りだつたと思ふが、却々の仕事師で、絵も上手だつたが、宣伝もうまくて、弟子も非常に多く、またゝく間に、すつかり京城に根を下」してしまい、梅涯派と対立するようになったという。大正5年には始政5周年記念共進会が開かれ、美術館に在鮮作家たちが出品。その頃和田一海という多少絵を描き美術雑誌を2、3号発行した人もいた。その後（大正8年）、背水の主唱で朝鮮洋画同志会が組織され、日吉や丸野豊（明治38年東京美術学校卒）、加藤卓爾（同42年同卒）その他が参加し、京城日報の池辺鈞（同43年同卒）、鶴田吾郎、前川千帆、石田富造らの応援により2、3回展覧会を開き、また、高木章（逓信局勤務）を中心とする京城（ソウル）画会も生まれて、やはり2、3回展覧会を開いた。伊藤秋畝（写真館経営）を中心とする虹原社という会もあったという。

こうした日本人美術家たちの活動に加えて前述のような内地からの渡鮮者も増え、また、留学青年たちも帰郷して展覧会や後進の指導を始めたことにより、次第に美術活動が盛んになってきた。その結果、進取的な朝鮮人青年たちの間に東京美術学校留学を志望する者が増加していったものと思われる。

2. 朝鮮と東京美術学校

現存する記録文書の上から見た限りでは、東京美術学校と朝鮮との関係は明治期にあってはまだ極めて疎であって、嘱託関野貞によるたびたびの朝鮮出張を除けば明治37年から45年の間に嘱託上原六四郎の京城出張（41年7～9月）と教授桜岡三四郎の京城・慶尚・平安道出張（45年夏。朝鮮固有の鋳造物および製作材料実地調査）の2件を数えるのみである。大正期に入ると次の表に明らかなように、教官の渡鮮件数が急に増え、関係が密になっていった。

表④　東京美術学校教員の朝鮮旅行（1912～1940）

出発～帰校年月日	旅行者	目的
大正 1.　9.12～約80日間	小場恒吉	学術研究（壁画模写）のため
2.　8.　～9.	小場恒吉	東京帝国大学嘱託壁画模写のため
11.23～30日間	藤島武二	学術研究のため
3.　9.1～90日間	小場恒吉	朝鮮総督府依託平安道壁画模写のため
5.　9.16～2ヶ月間	関野　貞	朝鮮総督府嘱託による
6.　6.11～？	福井江亭	美術上調査のため（中国を含む）
6.6～7.20	関野　貞	朝鮮総督府依託古蹟調査のため
7.　4.25～？	小堀鞆音	学術研究（風俗研究）のため
8.　6.27～？	岡田秋嶺	朝鮮総督府へ出張のため
9.　10.11～10.30頃	関野　貞	朝鮮総督府嘱託による
10.　10.3～当分の間	関野　貞	同上
11.　4.26～6.16	関野　貞	同上
5.22～6.14	川合玉堂	朝鮮総督府嘱託による鮮展審査等のため
5.	岡田三郎助	同上
9.10～10.10	今　和次郎	朝鮮総督府依嘱による朝鮮の地方住宅視察のため
12.　4.21～5.11	今　和次郎	早稲田大学の命による
5.4～5.24	和田英作	朝鮮総督府依託鮮展審査員として
8.13～？	六角紫水	学術研究（李王家博物館陳列品観覧）のため
13.　5.22～7.1	長原孝太郎	学術研究（鮮展審査等）のため
5.	大村西崖	朝鮮経由で中国旅行、李王家図書館等見学
7.16～？	白浜　徴	京畿道主催学校教員講習会（7. 21～～27）講師として
9.29～11.2	関野　貞	朝鮮総督府依託古蹟調査のため
14.　6.5～11.25	小場恒吉	学術研究（出土品調査）のため
8.3～8.23	六角紫水	朝鮮総督府依託楽浪漆器整理のため

	9.19～10.23	関野　貞	朝鮮総督府嘱託による
15.	4.8～5.1	関野　貞	朝鮮総督府依託古蹟調査委員として
	5.5～5.28	結城素明	朝鮮総督府鮮展審査委員として
	7.19～8.7	松田義之	全羅北道教育会主催図画講習会講師として
昭和 2.	5.15～6.1	結城素明	朝鮮総督府委託鮮展審査委員として
5.		今泉雄作	同上
	10.28～12.7	正木直彦	朝鮮・中国視察旅行
		北浦大介	同上
3.	4.26～5.20	田辺　至	朝鮮総督府依託鮮展審査委員として
	8.28～9.11	和田季雄	朝鮮各地旅行
		清水南山	同上
		渡辺香涯	同上
4.	3.18～4.5	六角紫水	朝鮮総督府依託楽浪漆器整理のため
	〃～4.1	小場恒吉	同上
		田辺孝次	学術研究のため
	4.2～5.6	香取秀真	同上
	8.19～9.28	田辺孝次	朝鮮総督府依託鮮展審査委員として
		田辺　至	同上
	10.9～11.14	小場恒吉	朝鮮総督府依託楽浪漆器整理のため
5.	4.27～？	小林万吾	朝鮮総督府依託鮮展審査委員として
	5.3～約2ヶ月間	小場恒吉	朝鮮総督府依託古蹟調査のため
6.	5.3～	小場恒吉	同上
	？～？	小林万吾	朝鮮総督府依託鮮展審査委員として
7.	4.1～4.25	羽下修三	学術研究のため
	5.8～60日間	小場恒吉	朝鮮総督府依託古蹟調査のため
	5.18～5.29	小林万吾	学術研究（鮮展審査等）のため
	5.18～5.31	田辺孝次	同上
	9.5～11.11	小場恒吉	朝鮮総督府依託古蹟調査のため
8.	5.1～5.20	松岡映丘	学術研究（鮮展審査等）のため
	5.3～5.18	田辺孝次	同上
	5.27～7.15	小場恒吉	朝鮮総督府依託古蹟調査のため
	8.30～11.15	小場恒吉	同上
	9.25～10.7	田辺孝次	学術研究のため
9.	4.28～7.16	小場恒吉	朝鮮総督府依託古蹟調査のため

	5.10～5.25	田辺孝次	学術研究（鮮展審査等）のため
	9.1～11.14	小場恒吉	朝鮮総督府依託古蹟調査のため
	9.6～9.24	田辺孝次	学術研究のため
	10.29～11.6	比田井天来	旅行
10.	5.8～5.17	藤島武二	学術研究（鮮展審査等）のため
	5.9～5.22	田辺孝次	同上
	7.26～8.18	岡田三郎助	朝鮮風土研究のため
	8.1～11.20	小場恒吉	朝鮮総督府依託古蹟調査のため
	9.～？	平塚運一	慶州・扶余・京城・平壌写生旅行
	9.25～10.6	田辺孝次	学術研究のため
	11.16～12.4	関野　貞	同上
11.	4.26～5.23	小場恒吉	博物館事務会議のため
	5.6～5.21	田辺孝次	学術研究（鮮展審査等）のため
	7.11～7.20	金沢庸治	古離宮見学のため京城へ旅行
	8.20～11.10	小場恒吉	朝鮮総督府依託古蹟調査のため
	9.24～10.7	田辺孝次	学術研究のため
12.	4.26～6.21	小場恒吉	博物館事務会議（総督府宝物古蹟名勝天然記念物保存会第3回総会出席）のため
	5.4～5.20	田辺　至	学術研究（鮮展審査等）のため
	？～？	津田信夫	同上
	7.10～8.3	伊原宇三郎	総督府学務局教育課教育会および緑陰社主催洋画講習会講師として
	8.31～11.30	小場恒吉	朝鮮総督府依託古蹟調査のため
13.	5.1～7.25	小場恒吉	同上
	5.25～6.10	北浦大介	李王職の命による
	5.24～6.20	伊原宇三郎	学術研究（鮮展審査等）のため
		矢澤弦月	同上
	5.21～6.20	高村豊周	同上
	7.20～7.31	朝倉文夫	朝鮮総督府学務局の用務による
	10.1.～11.19	小場恒吉	朝鮮総督府学務局の命による
14.	4.4～4.20	山崎覚太郎	学術研究（朝鮮輸出工芸協会指導）のため
	5.13～6.12	正木篤三	学術研究のため
	5.24～？	伊原宇三郎	学術研究（鮮展審査等）のため

	5.25～6.5	高村豊周	同上
	5.24～6.28	矢澤弦月	同上
	10.6～10.20	北浦大介	学事視察（李王家美術館用務）のため
	11.3～11.29	小場恒吉	古蹟名勝天然記念物保存会第5回総会のため
15.	4.21～4.30	岡田捷五郎	学術研究のため
	5.21～？	建畠大夢	学術研究（鮮展審査等）のため
	5.21～6.10	高村豊周	同上
	5.22～6.14	伊原宇三郎	同上
	5.22～6.6	矢澤弦月	同上
	5.27～6.9	北浦大介	学事視察（李王家美術館用務）のため

出張回数の多さが目立つのは関野貞と小場恒吉である。関野（明治29年奈良県技師。同34年工科大学助教授。大正9年～昭和3年東京帝国大学教授）は東京美術学校で長年月にわたり建築学を教えた（嘱託明治29年・同40年～大正7年、講師同9年～昭和10年歿）。小場は明治36年東京美術学校図案科を卒業し、母校に長く勤務した（明治41年助手、大正2年～同5年助教授、同14年講師～昭和21年教授～同24年東京芸術大学教授～同27年）。この二人の出張は朝鮮総督府の命によるものであった。

関野は官命により明治35年韓国、同39年清国に出張して以来、東洋建築史の研究に着手したが、その後の朝鮮での活動について言うと、彼は明治42年9月に谷井済一、栗山俊一らとともに韓国政府から古建築物の調査を嘱託された。翌43年、韓国併合によりその業務は総督府の管轄下に置かれた上、「其範囲ヲ拡張シ歴史ノ証徴及ヒ美術ノ模範トナルヘキモノハ悉ク之ヲ調査」するという新たな方針が打ち出されたため、さらに積極的に調査を進めることとなった（『朝鮮古蹟図譜一』緒言）。また、大正4年には総督府博物館が開設され、翌年から朝鮮全体の古蹟調査が実施されて、関野は黒板勝美、今西龍、鳥居龍蔵、小田省吾、谷井済一、原田淑人、浜田耕作、梅原末治、藤田亮策らとともに委員として事業に参加した。この事業は総督府の権威・資金を後ろ楯とするもので、成果は『朝鮮古蹟図譜』（全15冊）、『楽浪郡時代之遺蹟』、『高句麗時代之遺蹟』、『朝鮮美術史』などに発表されたが、特に関野は明治36年以来『美術新報』その他に遺跡調査関係の論説をよく寄稿したので、朝鮮の古代美術は美術界にも広く知られるに至った。

なお、総督府の古蹟調査事業はのちに外郭団体の朝鮮古蹟研究会(昭和6年成立)に引き継がれた。同会の事務所は総督府博物館に置かれ、平壌研究所(平壌府立博物館内)・慶州研究所(慶州博物館内)・百済研究所(扶余の陳列館内)の3研究所がこれに附属し、終戦に至るまでの間、それぞれ古墳や古寺院跡の発掘調査を進め、成果をまとめて『古蹟調査報告』を刊行した。

次に、小場恒吉は日本の文様史の研究家であり、模写の達人であって、大正2年1月、作品「藤原式繧繝彩色手箱」の美術新報社第1回賞美章受賞によって力量が世に認められた。彼の古蹟調査への参加は、大正元年の秋から冬にかけて朝鮮江西郡の高句麗古墳の壁画を模写したことに始まる。この壁画は、かつて明治38年に兵役で朝鮮江西郡にいた東京美術学校日本画科生徒太田天洋が発見したもので、関野が本格的調査をすることになり、そこで小場と太田が模写手に採用されたのである。彼らが非常な困難を克服して完成した多数の模写は李王家博物館に収められた。以後、小場は毎年数ヶ月は朝鮮に滞在して模写に従事するようになった。その模写が出版物に掲載されることによって、壁画の素晴らしさは初めて一般の知るところとなったのである。彼は大正5年、上述の総督府博物館を根拠地とする大規模な古蹟調査が始まるや、助教授の職を捨てて同博物館の嘱託(大正10年より総督府学務局古蹟調査課勤務)となった。前出の表④に大正5年から同13年まで小場の名がないのはそのためである。

このように、関野と小場は古蹟調査を通じて特別に朝鮮と親密であった。外に古蹟調査関係では六角紫水が発掘漆器の調査を嘱託されて時折り朝鮮へ行っている。彼は楽浪漆器の技法を研究し、それに基づく試作品を発表するなどして技法の復活に情熱を燃やした。また、表④には登場しないが、忘れてはならない人に榧本亀次郎(杜人)や田中豊蔵がいる。榧本は大正14年に正木直彦の推挙により東京美術学校文庫掛となって東洋考古学の研究を進め、昭和5年に小場恒吉の推薦で総督府に職を得、以後終戦まで小場や京城帝国大学の藤田亮策の指導を受けながら遺跡の発掘に従事して多数の考古学論文を発表した。田中は京城帝国大学教員で東京美術学校講師を兼ねていた。

古蹟調査関連以外で目立つのは鮮展審査のための出張である。特に出張回数が多いのは田辺孝次で、彼は鮮展工芸品部門設置以後5回も続けて審査に派遣されているが、彼には外の用務もあった。例えば昭和8年の出張は鮮展審査の外に、同年10月、李王家徳寿宮を公開し、石造殿を常設美術館として近代日本の美術品を蒐集・陳列して「半島芸術の師表たらしめんとす」（記録文書）ることになったため、その用務も帯びていた。なお、その際蒐集した作品を朝鮮へ送るに先立って、李王の希望により同年９月13日に東京美術学校の講堂と陳列館に並べてご覧に入れている。この美術館は、黒板勝美、和田英作、正木直彦、工藤荘平、杉栄三郎らが委員として運営にあたったが、和田の東京美術学校長辞任（昭和11年）後は後任校長が委員を引き継いでおり、種々の面で東京美術学校と関係があった。田辺孝次はその実務担当者だったのである。

岡田三郎助は第１回鮮展の審査に派遣されたが、その折りに朝鮮の工芸品に魅せられ、蒐集に奔走した。のちに自ら主宰する本郷絵画研究所の第４回展（昭和４年）において、参考陳列として李朝木工家具の展示をしている。それは好事家の蔵品数百点を一堂に集めた大規模な展覧会であったため、大いに世の関心を集めた（小場恒吉「朝鮮木工家具に就いて」『東京美術学校校友会月報』第27巻第８号、昭和４年３月）。

以上の外は写生や見学のための旅行が多い。福井江亭の「美術上調査のため」とある出張も漫遊旅行である。別に立派なことではないが、彼は京城滞在中昌徳宮に召され、李王ならびに高官十数名の前で揮毫した際、竹の絵を落款に至るまで上下逆さ向きに描いて見せて李王を驚かせたと伝えられている（同上月報第７巻第１号、大正７年１月）。

昭和２年の正木直彦校長の朝鮮・中国旅行については正木の『十三松堂日記』や『回顧七十年』に詳しく記されている。有名なエピソードのある「金錯狩猟文銅筒」（重文。東京芸術大学大学美術館蔵）の入手はこの旅行のときのことであった。表には記載されていないが、正木は校長辞任後も３回朝鮮を訪れている。すなわち、昭和９年９月、岡部長景、岩村成充、坂西利八郎らとともに新京における日満聯合美術展覧会開会式に列席するため、息子正木篤三を伴って出発し、京城と平壌に一時滞在してから新京に向かった。次いで同13年５月、李王家美術館開館式に列席するため、妻の郁子と篤三、および鮮展審査に行く和田英作、伊原宇三郎、矢澤弦月、橋本関雪らとともに京城へ赴き、平壌も訪れた。また、同年11月には総督府における国宝天然記念物保存委員会総会に列席するため京城を訪れた。正木は朝鮮の古美術に深い関心を持っていたから、渡鮮の都度熱心に見学したが、そうした折りに京城では李漢福（大正12年東京美術学校卒）や浅川伯教が、平壌では小場恒吉が案内役をつとめた。

3. 朝鮮美術展覧会（鮮展）と東京美術学校

(1)鮮展創設

1910（明治43）年の韓国併合以後、日本政府は武断政治をもって朝鮮を支配したが、1919（大正８）年に朝鮮全土に起こった激しい抵抗運動、３・１運動を契機に政策転換を余儀なくされ、同年斎藤実が朝鮮総督に就任して「文化政治」を施行し始めた。その「文化政治」の一環として1922（大正11）年から総督府主催の朝鮮美術展覧会（鮮展）が開催され、これが1944（昭和19）年の第23回まで続き、朝鮮の近代美術の進展に決定的影響を及ぼした。

美術を応用した「文化政治」には鮮展の外に、第１回鮮展開催の頃着手された総督府新庁舎の壁画制作がある。下記の記事はそのいきさつを伝えたものである。

> 非難を和げる新庁舎の壁画
> 　『威圧其もの』と評判される総督府の大工事に斎藤さんの悩み
> 　力を入れる和田三造画伯
>
> 大院君が建てた代表的朝鮮の建築として有名な京城景福宮の五彩燦爛たる宮廷のまん中に、故寺内総督以来計画の朝鮮総督府新庁舎はいまや盛んに営まれて居る、大正十四年には竣成の予定で、既に外部は大部分出来上つたが朝鮮建築の極致を現した宮殿に対して巍峨たる純洋式雪白の石造殿が威圧其ものゝ如き感を懐かせ『いくら威厳が必要だとて是では嘸かし非難も多からう』とは愈出来上つた頃の世評を憂ふる識者の言である。実際に手を下し始めたのは斎藤総督で所謂文化政治を標榜する総督の頭には此建築が余程難儀なものになつたらしく『外部建築は致方もないがせめて内部の設計だけは誠実と真情の溢れる快よい気持のものとせねばならぬ』と思ひ付いたのだろう、即ち昨年洋画家和田三造氏に相談を持ちかけた、そこで和田氏は昨年と今年の春の両度渡鮮して実際を調べたが『斯うした重要な建築物に対して我々美術家を相手とするに至つた斎藤総督や水野総監には、理解もあり誠意もある、我々も大いに努力しようとして居る』氏は非常な情熱を以て、斎藤五百枝其他数画家の手助けを受け

つゝ目下大仕掛けの設計図を作つて居るが二百二十坪からある大広間には高さ四間、壁面二百坪に余る金剛名峰の大壁画を描く予定で、夫を日本画式で行くか洋画によるかそんなことの研究もして居る、『全然引受けたといふ訳でもないが、却々の大仕事であり且は自分の芸術にも重大な関係があるから果してどうか、若し嫌になれば立所に中止する心組で居る、建築表面の洋式形態に因はれず私の信ずる所を行ふまでゞある、私達が海外に旅行した時、何処かでたつた一枚の日本画を見た、其処に生じて来る懐かしさと融合の心持はどんなであらう、私達の芸術を通じて、あの日本人が見てさへ不快を禁じ得ない建物に、鮮人にも誰にも幾分なりと親しさを持たすことが出来たならば、と思ふ所に私の主張があるわけである、多くの部屋の中御真影安置所の建築は是亦目下製図中だが何もない洋風の壁面に柱を建て、なげしを入れ更に其上に大きい組木をする天井の装飾から出入扉の装飾、御真影を納める古風式御厨子の□《〔不明〕》立等総てに於て従来の型を破る積りである』

（大正11年６月26日『東京朝日新聞』）

朝鮮民族の誇りである歴史的建造物の前に総督府庁舎を建設することには日本の識者のなかにも反対する者があった。和田三造が芸術家の立場でいかに努力しようとも、為政者の野蛮な行為を覆い隠すことはできなかったであろう。

鮮展はこの壁画制作とは比較にならぬほど影響力が大きく、人手も要する企画であったが、その第１回展から主催者の予想を越える盛況を示した。そのことは下記の総督府学務局長柴田善三郎の文からも窺える。

最も憂慮された出品の点数も予想以上の多数に上つた。即ち第一部東洋画百九十七点。第二部西洋画百十四点。同彫刻十一点、第三部書八十三点であつた。内入選は第一部八十一点、第二部九十点、第三部四十六点である。受鑑査総点数四百〇五、入選総点数二百十七である。此の外に規定により鑑査外となつたものが数点ある。

入場者の数を調べると、招待者優待券所持者及観覧券を本会より配布した人々の入場を控除し、会期中に二万八千十五名を算し、特に李王並李王妃両殿下を始め、李堈公殿下、李鍝公殿下等の台覧もあつて、先づ以つて盛況であり、本会を催した趣旨も一般に周知せられた事と思はるゝのである。

本会の陳列品は斯道奨励の思召を以て宮内省・李王家等より御買上の光栄に浴したのであるが、総点数二百十七点の中、第一部三十八点、第二部三十三点、第三部十三点、計八十三点の売約が出来た。即ち非売品六十二点を除けば大半は夫々売約になつたのである。社会に於ける識者諸君が斯道奨励のため本会の陳列品を競ふて買上げられし事は、唯主催者たる余一人の喜びのみではない。

若し夫れ斯くの如くして年々に朝鮮の美術が伸展するを得、社会文化向上に貢献し得るならば、本会を催すに至つた目的を達成し得べく、単り朝鮮に於ける人々の幸福のみでないと思ふのである。

（「朝鮮美術展覧会に就て」『朝鮮』第88号、大正11年7月）

総督府の計画は成功し、その後も鮮展は順調に回を重ねた。

植民地朝鮮に敢えてこのような官設展覧会を設けた動機について、当事者水野錬太郎（大正8年政務総監に就任）は次のように語っている。

別に大した動機といふこともないのであるが、当時朝鮮人の人心が、騒擾後何となく荒《すさ》んで居つたから、これを緩和する一方法として、美術思想を養成する為に朝鮮総督府美術展覧会を創設したのである。それは恰も文部省の展覧会、すなはち所謂文展、帝展と同じく、官設の美術展覧会であるが、大正十年の末頃からその準備に着手して、翌大正十一年に第一回の展覧会を開催した。爾来今日にいたるまで毎年継続し、朝鮮美術界の向上発達に貢献しつゝあるのである。余が此の企てを為したのは、次のやうな動機からであつた。

朝鮮人はとかく政治好きであり、理窟好きである。何かといふと、直きに政治談を為し、殆んど他に趣味も余裕も無いかの如くである。余が嘗て高等普通学校を参観した時に、其の四年生に対して、君等の将来の希望は何であるか、といふことを質問したところが、全級の殆んどすべてが、法科若くは政治科に入つて、法律、政治、経済等の学科を学びたいと言ふのであつた。それほど朝鮮人は政治の好きな国民である。

ところが或る時、余は青年朝鮮画家の主催に係る、書画展覧会に行つたことがある。見るとなかなか書も巧みであり、画も相当立派に出来て居るのを見た。

そこで此の方面の奨励に、少しく意を須ひたならば、美術家として立派な者も出来るであらうし、また朝鮮人の無趣味な政治論などを、さういふ方面に向けることが、出来るであらうと考へたのである。茲に於て余は朝鮮に医科、法科、専門学校の外に、美術学校や、音楽学校といふものを設けて、その方に人心を向はしめて、所謂趣味教育、情操教育を施さうと企てたのであるが、予算の関係上それは実現するに至らなかつた。しかしながら美術展覧会を開設するといふ事は、あまり経費を要することでもないから、先づ第一着手として之を興さうと考へたのである。

そこで大正十年の秋、朝鮮人の中からは李完用、朴泳孝等の名士を挙げ、或は画家の中では金圭鎮、李道栄といふやうな人を選び、内地人の中からも、其の方面に関係ある人々を委員とし、総督府参事官の和田一郎氏を主任として、朝鮮美術展覧会開催の準備を進めることになつた。朝鮮の人士及び内地人の関係者も、全然これに賛同されたので、茲に内地の帝展に劣らないやうな美術展覧会を開かうといふことに、意見が一致したのである。

斯くして其の翌大正十一年の春、いよいよ第一回の展覧会を開くことになつた。朝鮮に於て初めての試みであつたが、応募者もなか々々多数に上り、入選する者も相当にあつたのである。

一度び此の官設美術展覧会が創まつてから、朝鮮の画家に対しては、非常な奨励を与へることになつて、青年画家が陸続と輩出するやうになつた。従来朝鮮に於ては、画家といふものは社会から軽蔑されて、殆んど看板書きか、提灯屋の職人と同様に考へられて、社会上あまり重んぜられて居なかつたのであるが、此の展覧会の開設に依つて、朝鮮美術界の実態といふものが、広く世間に認識せられると共に、自ら画家の品位も高まり、また其の作品の価値も非常に向上して来たのである。

斯の如く美術の奨励に依つて、直接関係者の技倆品位の向上を促すと共に、一般朝鮮人の美術に対する関心を高め、高尚なる趣味を養ひ得たといふことは、或る意味に於ては、文化政治の好模範であると思はれるのである。勿論現状に於ては、朝鮮画家の実力は内地の画家に比すれば劣る所があり、非常な大作は見ることが出来ないのであるけれども、今後適切なる奨励と相俟つて、漸次その方面に就て成功を為す者が、輩出することゝ思ふのである。

今にして思ふに当時の此の企ては、必ずしも故なき事ではなかつたと信じて、余は今日に於て其の成功を悦んで居る次第である。

（『朝鮮統治秘話』昭和12年、「朝鮮行政」編輯総局）

水野は、騒擾（3・1運動）後の荒んだ人心を緩和することが鮮展開設の第一の動機であったことを明言している。水野の下で開設事務主任をつとめた和田一郎も「従来の朝鮮にては、とかく文学、美術と云ふ情操方面が社会から閑却されて居つた故、其の結果は自然に人心が荒《す》さむ傾向があつたので、其の欠陥を除き、美術を以て人心に趣味を涵養し、潤ひを与へて社会を和げる一助となすと共に、一面に於ては之によつて半島美術の進歩を図る端緒をつくりたい為であつた。」（「美術思想の普及と鮮展進歩の跡――第六回鮮展を観て――」『朝鮮及満洲』第235号、昭和2年6月）と言い、人心懐柔が主な動機であったとしている。

次に、水野の発言によれば、第二の動機とも言うべきものは、朝鮮人青年たちの書画展を見て将来性を感じたことにあった。その書画展とは1921年4月ソウル、中央高等普通学校で開催の第1回書画協会展である。書画協会は東京美術学校を卒業した高羲東の主唱により1918年に朝鮮書画界の重鎮と新進書画家によって組織された朝鮮最初の美術団体である。その画期的な意味を持つ第1回展を水野は見たのである。この展覧会の盛況について、金殷鎬は「韓国書画の百年」28（『統一日報』1976年12月11日）のなかで当時の新聞記事の引用として「書画協会の展覧会は、一日午前十時から開かれたが、定刻前から観客は潮の如く押し寄せ、会場は大混雑を呈し、会員たちはその案内にてんてこまい。総出品数は百数点以上に及び、うち七十点は画であり、書は約三十点。画のうちには羅蕙錫・高羲東・和田英作らの洋画が八、九点あり、その外はすべて朝鮮古来の彩色画と墨画」であったことを伝えている。和田英作の出品は教え子の壮挙を応援してのことだろうか。また、「初日には朝鮮総督府の政務総監が見て行き、次の日には、雨中にもかかわらず、李王家の李鍝公が観覧された」という引用記事によって初日に水野が訪れたことが裏付けられる。さらに、金殷鎬は同年10月刊行の『書画協会報』創刊号に水野の祝辞が載っていることや同会報所載の会員名簿の紹介もしているが、会員名簿には高羲東、金観鎬、金瓚永ら東京美術学校卒業生のみならず李漢福、李済昶、張勃ら在校中の生徒の名もある。彼らや女子美術学校出身の羅蕙錫の登場は朝鮮の美術界に新風到来を告げるものだったに違いない。

水野はこの展覧会を見たことがきっかけとなって美術の奨励に力を入れることになったと明言している。したがって、人心懐柔を図って植民地支配を円滑に推進することが根本の狙いだったにせよ、水野は朝鮮人美術家の自発的な活動をより活発化させようと企図していたと受取れる。そうした企図に基づいて、鮮展開設にあたっては帝展の制度を援用しながらも、東洋画や書が主流の朝鮮美術界の現状に鑑み、出品区分を第１部（東洋画・四君子)、第２部（西洋画・彫刻)、第３部（書）としたのであって、そこには嘗て韓国人評論家が糾弾したような一方的に日本美術を移植して朝鮮美術を弾圧しようという意図などはなかったと解釈される。

鮮展開設の告示には「新羅高麗時代に著しく発達せる朝鮮美術は、其の後衰退して民衆は久しく之を楽しむの幸福を失ひたりき。然るに最近再興の萌芽を現はすに至れるを以て」云々（大正11年２月発行『朝鮮』第85号所載「彙報」）と記されている。古代朝鮮の美術の素晴らしさは古蹟調査事業によって明らかになった、そうした芸術的才能に富む民族でありながら現今の朝鮮美術は衰退の極に陥っている、というのが当時の日本人の一般的認識となっていた。総督府はこうした一般的認識をふまえて、「再興の萌芽」が現われたことを根拠に奨励に乗り出すことを公表したのである。「萌芽」とは、上の水野発言からすれば書画協会展に相当するが、下記の報道にも新進作家の活躍に対する強い期待が感じ取れる。

朝鮮に帝展式の大美術展覧会

総督府の催しで毎年開く　委員長に玉堂と黒田子

文展が創まつて世間的に美術の隆昌を見た例に倣つて現下萎靡不振の朝鮮美術を向上発展せしむる為に総督府では六月一日から三週間其の商品陳列館で大美術展覧会を開くことになり今後年々の行事とするさうである

朝鮮の美術は今日の処大いに見るべきものがないのみならず先年安心田、趙錫晋の両大家が続いて世を去つた　以来一層寂寥となつたけれど若い美術学生で東京美術学校に来学し洋画の金漢《〔観〕》鎬氏其他既に業を卒へて帰つたものや日本画の李漢福氏の如き在学中の良材もある上に安心田の衣鉢を紹いだ李青田氏ら有望の新進もあるから出品は相当に賑ふであらう　部別は東洋画西洋画彫刻の外に書の部があつて東洋画では曽て宮内省に作品献上の光栄を得たことのある李道栄氏が審査員に決したが委員長は川合玉堂氏が総督府の嘱を受け洋画と彫刻は黒田清輝氏が委員長となつて共に五月二十日頃同地に出発することになつた　而して書道は名筆の聞え高き李完用侯が委員長に決定して居る

（大正11年4月22日『国民新聞』）

東京美術学校の朝鮮人留学生は、後出の名簿に明らかなように、1908（明治41）年から鮮展開設までに16人（官費生6人）を数える。そのうち、高羲東はすでに朝鮮で上記の新運動を開始しており、金観鎬は最優秀成績で卒業し、文展入選を果たして（1916年）朝鮮に帰った。また、在校中の有望な青年が幾人もおり、総督府の給費生も2人いた。こうした状況が朝鮮美術再興の兆しと見做され、世の期待も寄せられていたのであった。

以上のことから、鮮展は本来朝鮮美術の再興を目標に発足したものであり、朝鮮人青年美術家の活動を奨励することに主眼を置いていたと結論付けるころができる。こうした理想が前面に押し出されていたからこそ、内地の大家たちも審査の招聘に応じたのだろう。ただし、まだ美術家の層の薄い朝鮮で帝展に相応しい体裁を整えようとすれば、大半が内地の基準では二流、三流ないし余技的段階の在鮮日本人美術家の出品に頼らざるを得ず、結果的にそれらが朝鮮人の出品を凌

西洋画科卒業記念　大正4年3月29日
第2列右より長原孝太郎、岡田三郎助、黒田清輝、和田英作、藤島武二、中村勝治郎。
第3列右より3人おいて高羲東、藩寿恒。

ぐかたちとなったようだ。その結果を以て、鮮展は在鮮日本人に発表の場を提供するために設けられたなどと言うのは本末転倒の論である。日本人のみを優遇して新たに騒擾の火種を作るのは「文化政治」施行の趣旨とも矛盾すると言えよう。

付記すれば、鮮展開設の告示を読む限りではそれが単なる美術奨励策であるかのような印象を受けるが、勿論そうではない。あくまでも統治政策の一環なのであって、究極の目標は人心を懐柔することと、朝鮮・日本両民族の共存融和を前提とした植民地文化のレベルアップによって統治の文化性ないし妥当性を内外に印象づけることにあったと考えられる。

ところで、近年ソウルの国立現代美術館では「近代を見る眼」と題する大規模な韓国近代洋画展が開かれた。それは李美那著「韓国近代美術史研究をめぐる状況と『近代を見る眼』展の特徴について」が指摘しているように、近年韓国において近代美術史研究が発展段階に入ったことを示す意義深い展覧会であった。それを機に鮮展そのものについても作品・文献等の資料蒐集が進み始めた。夥しい鮮展出品作のなかには数々の秀作も含まれていたに違いなく、鮮展論が空論に終始しないためにはそれらが一点でも多く発見されることが特に必要である。文献資料の収集も、今後は日韓双方で極力進めなければならない。従来は資料が少ないため憶測でものを言う傾向がなきにしもあらずであった。例えば鮮展開設の経緯を論じるにしても、主として参考にされたのは『高木背水伝』であって、同書によるとあたかも背水個人の熱意が鮮展開設を実現させたかのように見えるが、確かに彼は在鮮日本人美術家の中心的存在であって、熱心に開設運動を行い、また、出品勧誘の際はその人脈が大いに役立ったであろうから、功労者には違いないにせよ、外にも功労者はいる。下記の回想記を残した小場恒吉（前出）などもその一人であったと言えよう。

> 朝鮮での〔岡田三郎助の〕追憶。大正十一年初夏の侯であつたと思ふ。斎藤朝鮮総督、水野政務総監の発意により第一回朝鮮美術展覧会が朝鮮総督府学務局の企てとして京城に開かれた。一般向きのする美術のこと丈けに朝野内鮮人の期待も大きかつた。時の局長は柴田善三郎氏であつたが、政治のことと違つて全く別方面の美術界のこととて、可なりに苦辛された様に見受けられた。丁度私も学務局の一員であつた為めに屡々相談をうけたが、とも角審査員には大物

をもつてくるに如くはないと云ふ事になつて、日本画〔東洋画〕には川合玉堂先生、洋画には岡田三郎助先生と決定したので其結果たるや上々吉、鑑別も陳列も審査も訳けもなく済んだことは云ふまでもなかつた。当時予は当局と出品者との仲間に介立して善処すべく力め、従つて両先生と接触する機会も多かつた。審査が終つての翌朝直ぐ両先生の御案内役として開城、平壌方面の名勝旧蹟の写生旅行に出かけた。京城に滞在中は勿論、旅中到る処で岡田先生は寸閑さへあれば陶器はもとより、木工品、刺繍、さては小刀のやうな小品に至るまで朝鮮工芸品の狩り集めに忙殺され時々日課に狂ひを生ずることさへあつた。東京へ帰られてからも屢々書信を以て何くれとなく御注文をよせられた程熱心であつた。〔下略〕

（「追憶の二三」小場恒吉。巻末参考文献参照）

鮮展は後述のように内地派遣委員と在鮮委員（朝鮮人、日本人）が審査にあたり、派遣委員の人選・交渉は東京美術学校長兼帝国美術院幹事（のちに院長）の正木直彦に委ねられたが、小場は総督府学務局と正木を繋ぐパイプ役をつとめた。その履歴書（東京芸術大学蔵）には第1回展で審査委員会委員、第2、3、4回展で評議員を嘱託されたことが記されている。作品審査にはあたらなかったようだが、鮮展創設の際もその後の運営においても深く関与したと考えられるのである。

(2)派遣審査員の人選

正木直彦は鮮展開設にあたって事前に相談を受けたと思われるが、彼の『十三松堂日記』は大正3年から同12年8月までの分が欠落しており、開設時の様子は不明である。13年の分から次のような記述があり、派遣審査員の人選をめぐる交渉の様子が窺われる。

二月十六日……今日午前中朝鮮総督府財務局長来校　本年朝鮮展覧会審査員の選定を例によりて予に委託して去れり

二月十九日……朝鮮総督府財務局長和田一郎氏来訪　朝鮮展覧会審査員の件催促の為也

二月二十八日…朝鮮総督府財務局長和田一郎氏来訪あり　朝鮮展覧会の事也

藤島氏審査員として出張を承諾す

三月十四日……朝鮮総督府和田一郎氏来訪　朝鮮展覧会審査員承諾を得たる旨を報告し謝意を表したり

五月二十二日…和田朝鮮総督府財務局長来訪　藤島武二氏朝鮮展審査官を病気の為辞退したるにより更に長原孝太郎氏に代り行かんことを依頼に付其運をなしたり

第１回展の際は、人選について予め主催者側の意向表明があったことが下記の文書から分かる。

大正十一年三月十五日　　　　　　朝鮮総督府政務総監　水野錬太郎〔印〕

東京美術学校長　真《〔正〕》木直彦殿

美術展覧会審査員嘱託ノ件

本府ニ於テ六月一日ヨリ三週間ノ予定ヲ以テ美術展覧会開催致候ニ付テハ貴校教授黒田清輝、川合芳三郎両氏ヲ右審査員ニ嘱託致候処御差支無之候哉　此段及照会候也

追而本件ハ差急リタル事情モ有之候ニ付折返何分ノ御回報煩度此段申添候也

正木はこの照会に対して了解の返答をしたが、黒田に支障が生じたため同じく東京美術学校教授にして官展の大御所である岡田三郎助と川合玉堂の二人を派遣した。第２回展の際は正木が人選にあたり、藤島武二と結城素明を派遣することにしたが、両者とも支障が生じたため、急遽和田英作と小室翠雲を派遣した。これより人選は正木に一任され、その尽力に対して総督府政務総監が礼状兼鮮展概況報告を送るのが慣わしとなった。

主催者側と正木との間で取り交わされた文書は必ずしも完全には残されていないが、より完全と思われる昭和３年の分を次に掲げる。

○拝啓　益々御清適奉賀候　陳者当朝鮮美術展覧会ニ就キテハ毎回格別ナル御配慮ニ預リ感謝ノ至リニ不堪候　本年モ愈々別紙予定ニ依リ開催ノ事ト相成候ニ付御迷惑ナカラ東洋画、西洋画、書及四君子ノ三部ニ各一人宛審査員委嘱人選

方御願致度　尚右ニ関シ近々中当局ヨリ委員一名上京ノ上詳細御相談申上ルコトニ致度　何分ノ儀可然御取計相成度

右御依頼申上候

昭和三年三月八日　　　朝鮮総督府学務局〔印〕

東京美術学校長　正木直彦殿

〔別紙〕第七回鮮展行事

月	日	曜	事項
四	二〇	金	願書〆切
	二一	土	事務所移転、会場設備開始
	二二	日	会場設備
	二三	月	〃
	二四	火	〃
	二五	水	〃
	二六	木	〃
	二七	金	作品搬入
	二八	土	〃
	二九	日	〃　審査員入場
	三〇	月	鑑査及審査
五	一	火	鑑査及審査
	二	水	〃　審査員招待（総督）
	三	木	作品陳列
	四	金	〃
	五	土	〃　入選及特選発表
	六	日	〃
	七	月	〃
	八	火	記者内見並招待幹事書記（審査委員長）
	九	水	招待日
	一〇	木	閉会　審査員招待（総督）

○朝鮮美術展覧会審査員ノ件ニ関シ矢澤田辺両氏へ書状案〔昭和３年３月17日発送〕

拝啓　益御清適賀上候　陳者年々朝鮮総督府美術展覧会ノ審査員人選ニ就テハ従来同府ヨリ本校長ニ依頼セラルヽ慣例ニ相成居リ本年モ其人選ノ依頼有之候ヲ以テ正木校長ハ貴下ヲ東洋画部審査員ニ推薦シ本件ニ関シ上京サレタル同府嘱託重村義一氏迄内談致置カレ候　右ニ付重村氏ハ来十九日（月曜）午前中（九時頃）貴宅ヲ訪問サレ直接貴下ノ御意向ヲ伺フ手筈ニ相成居候間予メ御承知置被下度　当日ハ御用事差繰ラレ重村氏ト面談アリテ事情御聴取ノ上成ルベク

ハ審査員ノ任務御快諾被下候様願度　左スレバ正木校長モ推薦サレタル面目相立候事ニテ甚ダ欣幸ニ存ゼラルヽ次第ニ御座候　右校長ノ命ニ依リ通報旁々此段得貴意候　敬具

年　月　日　　　　　　　　　　　　　　本校庶務掛

矢澤貞則殿　　　世田ケ谷町太子堂三三九

田辺　至殿　　　滝野川町一〇〇

田辺氏ノ分ハ西洋画部審査員及十九日午後ニ於テスルコト

右両氏トモ引受内諾ノ旨面談承知ス〔芹沢印〕

○朝鮮美術展覧会審査員推薦ノ件回答案〔昭和3年3月26日発送〕

貴府御主催美術展覧会ノ審査員人選方ニ就テ本月八日御依頼相成尚其後ニ於テ貴府嘱託重村義一氏上京本件ニ関スル詳細拝承致候　右ニ付東洋画部ニ元東京女子高等師範学校教授タリシ矢澤貞則（号弦月）ヲ西洋画部ニ本校助教授田辺至ヲ各審査員トシテ推薦致度本人ニ於テモ夫々内諾済ニ有之候　重村氏モ略々此事情ヲ了シテ帰任サレタル故既ニ御聴ニ達シ候事ト存候ガ改メテ此段回答申上候也

年　月　日　　　　　　　　　　　　　　　学校長

朝鮮総督府学務局長宛

追テ書及四君子部ノ審査員ニハ適当ナル見込者無之ニ付昨年審査員ト為リタル今泉雄作氏ト協議ナサルヽ様重村氏ヘ申進置候　又前記田辺氏ハ現在本校助教授ナルニ付一応文部省ヘモ貴府ヨリ御交渉相成置カレ度候

○〔昭和3年4月9日受付文書〕

拝啓　愈々御清福ノ段奉賀候　陳者本府主催美術展覧会審査員委嘱方御依頼致候処早速御高配下サレ御蔭様ニ依リ右審査員モ略全員確定致シ各員ニ対シテハ夫々御礼旁々依頼発送致シ候間御諒承下サレ度　右御礼旁々得貴意度如斯ニ御座候　敬具

二伸

御来示ニヨル田辺至氏依嘱方ニ付テハ文部省ヘモ交渉致シ置候間御了知下サレ度候

昭和三年四月六日　　　　　　　　　　朝鮮総督府学務局長　李軫鎬

東京美術学校長　正木直彦殿

正木校長時代の東京美術学校の実技教員の主体はすなわち官展の主要作家であった。鮮展派遣審査員の人選が正木に委ねられた結果、第1部と第2部の審査員には主として官展主要作家にして東京美術学校教員の職にある人が抜擢された。ただし、正木は第9回展からは在野団体の重鎮も抜擢するようになった。第3部の人選はやや事情が異なる。書という分野は東京美術学校においても官展においても除外されていたから、本来ならば正木の管轄外であった。しかし、その派遣審査員たちと正木との関係をみると、田口米舫は正木の主宰する国華倶楽部の幹事、今泉雄作は親しい友人、杉渓六橋は自分が推薦したことを『十三松堂日記』に記しており、長尾雨山は知人（むしろ今泉に近しい）、加藤旭嶺（本名登太郎）は未詳、というように、殆どが正木周辺の能書家であり、正木が個人の立場で最良の人を選んだとみてよいだろう。第3部が工芸品ないし彫塑・工芸品の部門に変更された後は、東京美術学校教員を主体に人選を行なっている。

正木は昭和7年に校長を辞任したが、帝国美術院長在任中（同6～10年）はやは

昭和2年頃の蹴球部員（『東京美術学校校友会月報』第26巻第7号より転載）
前列右より金応杓、金応璡、吉鎮燮、李馬銅、岩松惇（八島太郎）、韓三鉉。
後列右より鮮于膽、朴魯弘、山田直次、葉仲豪、和田季雄。

り彼が人選にあたった。下記の書簡はその間の事情を物語る。

拝啓　愈御清穆の段奉慶賀候　陳者朝鮮美術展覧会も逐年隆昌に赴き候事偏へに御高配の賜と感佩罷在候　本年も別紙行事表に依り開催の事と相成り予て審査委員の推薦方に関し正木帝国美術院長宛御依頼申上候処本日同院長より御推薦に接し申候に就ては貴校松岡輝夫、田辺孝次の両教授を審査委員として御承認の上派遣方可然御取計相煩度此段御依頼迄得貴意候　敬具

〔昭和八年〕四月十二日　〔朝鮮総督府学務局長〕林茂樹

〔東京美術学校長〕和田英作殿

昭和10年、正木が公務を退いた後の人選は、下記の文書が示すように引続き東京美術学校長の手に委ねられた。

謹啓　時下浅春の砌益御康寧に被為渉奉賀候　陳者本府主宰朝鮮美術展覧会も以御蔭逐年隆盛に赴き居候処本年も来る五月十六日より三週間の予定を以て其の第十六回展覧会を開催することと相成居候　就ては之が審査員は従来貴東京美術学校長を煩し御推薦相願居候に付御迷惑の儀万々恐縮に不堪次第に候へ共今回も亦右審査員御推薦相願度存念に有之候　就ては来月上旬当局高尾学務課長をして拝趨の上本件に関し御願致さしむべきに付同人より詳細御聴取の上宜敷御配慮相仰度御願申上候　右御依頼旁得貴意申度如斯御座候　敬具

昭和十二年二月二十三日　朝鮮総督府学務局長　富永文一

東京美術学校長　芝田徹心閣下

(3)鮮展派遣審査員

次に掲げるのは鮮展に日本から派遣された審査員の一覧表である。東京美術学校の「昭和十五年職員関係書類」所載朝鮮総督府送付「朝鮮美術展覧会審査員調」および各年度の鮮展図録（第15回展まで刊行された）、雑誌『朝鮮』等により作成。第18、19回展については金恵信氏のご教示による。（　）は審査委員嘱託年における肩書を示す。審査委員会は日本から派遣された審査員と在鮮審査員（朝鮮人・日本人）によって構成された。資料欠損によりその全員の名を把握できないでい

表⑤　派遣審査員一覧

部門 回・年	第1部 東洋画・四君子	第2部 西洋画・彫刻	第3部 書
第1回 1922 大正11年	川合玉堂 （帝国美術院会員・東京美術学校教授）	岡田三郎助 （帝国美術院会員・東京美術学校教授）	
第2回 1923 大正12年	小室翠雲（元帝展審査員）	和田英作 （帝国美術院会員・東京美術学校教授）	田口米舫
部門 回・年	第1部 東洋画	第2部 西洋画・彫刻	第3部 書・四君子
第3回 1924 大正13年	同上（帝国美術院会員）	長原孝太郎 （帝展審査員・東京美術学校教授）	田口米舫
第4回 1925 大正14年	平福百穂（帝展審査員）	南薫造（帝展審査員） 辻永（帝展委員）	同上
第5回 1926 大正15年	結城素明 （帝国美術院会員・東京美術学校教授）	南薫造（同前） 辻永（帝展審査員）	同上
第6回 1927 昭和2年	同上（同上）	辻永（帝展委員）	今泉雄作（帝室博物館評議員・東京美術学校講師・元文展審査員）
第7回 1928 昭和3年	矢澤弦月（帝展審査員）	田辺至（元帝展委員・東京美術学校助教授）	加藤旭嶺（京都の書家）
第8回 1929 昭和4年	松林桂月（帝展審査員）	田辺至（帝展審査員・東京美術学校教授）	長尾雨山（漢学・書画家）
第9回 1930 昭和5年	飛田周山（元帝展委員）	小林万吾（帝展審査員・東京美術学校教授） 石井柏亭（二科会重鎮）	同上（同上）
第10回 1931 昭和6年	川崎小虎（帝展審査員） 池上秀畝（元帝展委員）	小林万吾（同前） 山下新太郎（二科会重鎮）	杉渓六橋（子爵・南画家）

部門 / 回・年	第1部 東洋画	第2部 西洋画	第3部 工芸品
第11回 1932 昭和7年	川崎小虎(元帝展審査員) 池上秀畝（同前）	小林万吾(元帝展審査員･東京美術学校教授) 中沢弘光（帝国美術院会員）	田辺孝次（東京美術学校教授）
第12回 1933 昭和8年	松岡映丘（帝国美術院会員･東京美術学校教授) 速水御舟（院展重鎮）	満谷国四郎（帝国美術院会員） 有島生馬（二科会重鎮）	同上（同上）
第13回 1934 昭和9年	川村曼舟（帝国美術院会員） 広島晃甫（帝展審査員）	白滝幾之助（元帝展審査員） 山本鼎（春陽会）	同上（同上）
部門 / 回・年	第1部 東洋画	第2部 西洋画	第3部 彫塑・工芸
第14回 1935 昭和10年	前田青邨（院展重鎮・帝国美術院会員） 野田九浦(元帝展審査員)	藤島武二（帝国美術院会員･東京美術学校教授) 小杉未醒（春陽会・帝国美術院会員）	同上（同上）
第15回 1936 昭和11年	前田青邨（同前） 児玉希望(元帝展審査員)	南薫造（帝国美術院会員･東京美術学校教授) 安井曽太郎(帝国美術院会員）	同上（同上）
第16回 1937 昭和12年	荒木十畝（帝国美術院会員）	田辺至（新文展審査員・東京美術学校教授）	津田信夫（帝国美術院会員･東京美術学校教授）
第17回 1938 昭和13年	橋本関雪（帝国芸術院会員） 矢澤弦月（元新文展審査員･東京美術学校講師)	和田英作（帝国芸術院会員・東京美術学校名誉教授） 伊原宇三郎（新文展審査員・東京美術学校助教授）	高村豊周（新文展無鑑査・東京美術学校教授）
第18回 1939 昭和14年	矢澤弦月（同前） 入江波光（京都市立絵画専門学校教授）	中沢弘光（帝国芸術院会員） 伊原宇三郎（新文展無鑑査・東京美術学校助教授）	同上（同上）
第19回 1940 昭和15年	矢澤弦月（同前）	伊原宇三郎（同前）	建畠大夢（帝国芸術院会員･東京美術学校教授) 高村豊周（同前）

第20回 1941 昭和16年	結城素明（帝国芸術院会員・東京美術学校教授）	田辺至（新文展無鑑査・東京美術学校教授）	関野聖雲（元新文展無鑑査・東京美術学校教授） 六角紫水（新文展審査員・東京美術学校教授）
第21回 1942 昭和17年	川崎小虎（新文展審査員・東京美術学校講師）	南薫造（帝国芸術院会員・東京美術学校教授）	内藤伸（帝国芸術院会員） 清水南山（帝国芸術院会員・東京美術学校教授）
第22回 1943 昭和18年	山口蓬春（新文展審査員）	石井柏亭（帝国芸術院会員）	羽下修三（東京美術学校助教授） 松田権六（新文展審査員・東京美術学校教授）
第23回 1944 昭和19年	寺内万治郎（新文展審査員・東京美術学校講師）	日名子実三（元帝展無鑑査・国風彫塑会）	六角紫水（帝国芸術院会員・東京美術学校教授）

第1回朝鮮美術展覧会審査委員（『朝鮮』第88号、大正11年7月より転載）

前列右より丁大有、男爵朴箕陽、川合玉堂、侯爵朴泳孝、柴田学務局長、侯爵李完用、岡田三郎助、和田参事官。

第2列右より小田編輯課長、鮎貝房之進、金敦熙、末松熊彦、高木背水。

第3列右より松村学務課長、除丙五、李道栄、小場恒吉、金圭鎮、張間参事官。

るが、第１回展では審査員13名中朝鮮人８名、第２回展では審査員11名中朝鮮人８名であった。

派遣審査員たちが用務終了後も暫く朝鮮に留まる例が多かったことは、表④を見ても明らかである。毎回主催者の肝煎で懇親会も開かれ、美術家たちとの交流が図られた。第１回展の審査に行った岡田三郎助と川合玉堂は講演をしており、その筆記が『朝鮮』第88号（大正11年７月）に掲載されている。岡田は朝鮮の古芸術に深い印象を与えられたこと、遠からぬうちにその芸術精神が復興するだろうこと等を述べたあと、鮮展について内地人出品者から苦情が出たというが、鮮展は朝鮮のために設けたもので、朝鮮人と内地人が共同的にやってゆかなければならないのだから、内地の展覧会と混同して個人主義的立場を通そうとしたりするのは遠慮して貰いたいということを言っている。また、玉堂は東洋画の歴史（主に日本の）と時代の刺激により絵の変化すべき所以について述べたあと、鮮展に触れ、朝鮮の風俗は内地より遙かに進んだもので、朝鮮には在来の文明があり、そこへ西洋や内地の文物が流入し、鮮展も開設されたのであるから、鮮展の絵は在来の絵でもなく、内地の絵でもなく、朝鮮の絵として地方色のあるものとなるべきであるとし、許百錬・宇野佐太郎・加藤卓爾・沈寅燮・李漢福・三戸俊郎らの出品作を評価している。ともに鮮展の独自性を強調している点が注目される。

派遣旅行の模様を逐一記録したものに矢澤弦月の日記（東京芸術大学大学美術館蔵）がある。大方はこれに似た旅程であったと思われるので、参考のため要約を掲載しておく。

昭和13年

３月16日　東京美術学校から鮮展東洋画部門の審査員を依頼されて承諾。同校事務員北浦大介と協議する。

26日　帝国ホテルにおける総督府学務局社会教育課長金大羽、同嘱託奥山仙三の審査員招宴に津田信夫、和田英作、高村豊周、伊原宇三郎とともに出席。

５月10日　丸ビルの朝満案内所で朝鮮案内のパンフレット、新満州案内等を購入。

18日　総督府へ手紙を出す。総督府より電報を受け取る。

20日　総督府へ到着日について返電。切符購入。

25日　夜11時発下関行きに乗車。正木直彦夫妻、正木篤三、和田英作、和田新、伊原宇三郎と同行。

26日　夜９時下関着。直ちに連絡船興安丸に乗る。橋本関雪合流。

27日　朝６時釜山着。駅長室で朝鮮鉄道全線パスを受け取り、急行あかつきの一等室展望車に入り、新聞記者に応対。６時50分発車。午後１時半京城着。鮮展参与松田正雄（黎光）、加藤松林、堅山坦、李象範、金殷鎬、社会教育課長金大羽、徳寿宮掛主任平田、京城日報社浅場、朝鮮新聞道田その他の出迎えを受ける。東洋画部門の参与たち、および加藤灌覚と朝鮮ホテルに入る。夕刻６時、東洋画５参与、西洋画参与（山田新一、遠田運雄、日吉守、三木弘）、彫刻・工芸参与（浅川伯教、五十嵐三次）主催の清香園における歓迎会に正木、和田、橋本、伊原、高村らと出席。日吉、正木の挨拶あり。古物商に立ち寄り帰宿。

28日　朝、総督府に正木および各審査員らとともに集合。社会教育課長挨拶。鑑査について打合せ。南総督、大野政務総監を表敬訪問ののち会場で作品の下見。昼食後分類。帰宿後夕刻総督官邸の招宴に行く。応接室に恩師寺崎広業の大幅「東坡」が懸かっているのを見る。南総督、正木の挨拶あり。食後、官邸所蔵画幅（月耕、道彦、楓湖、北海、金鳳、鉄園、頼璋〔来章カ〕、米華、文挙、峻南、桂谷、松年、玉堂等）拝見。夜、福原俊丸男爵に呼び出され、松葉亭にて10年振りに面談。宮本善吉、小室敏同席。

29日　鮮展出品者今田慶一郎（昭和９年東京美術学校日本画科卒、京城公立職業学校教員）来訪。鮮展事務所にて鑑査続行。午前中入選41点決定。午後特選６名、うち総督賞２名、徳寿宮賞１名選定。朝鮮取引所の李聖熙来訪。デパートで食事し喜楽館で映画を見て帰宿。

30日　光華門通り付近の朝鮮家屋を写生して会場に赴き陳列を手伝う。入選者発表に備えて審査員の言葉を起草。昼食後浅川の案内で近くの建物にある民芸品コレクションを見る。６時、一同李王職雅楽部に行き、朝鮮古来伝承の楽器を拝見し、奏楽を聴き、7時、花月本店における李王職篠田事務官の招宴に赴き（関雪はこの日京城を辞去したため不参加）、11時帰宿。夜半に空襲警報あり、全市消灯。

31日　早朝李王職事務官佐藤明道の紹介で木下多聞（明治41年東京美術学校彫刻科卒）来訪、狩野探幽の画の鑑定を請われる。偽物。正木篤三から電話で秘苑拝観に誘われ、備前屋の正木らの部屋に集合。昌徳宮に至り、属官の案内で仁政殿および苑内、昌慶苑の温室、遊園地、旧博物館、動物園を見、高村とともにバスで展覧会場へ行って陳列を整頓して帰宿。諸氏来訪。『朝鮮』記者倉本弘（総督府官房文書課報道係）より寄稿を依頼される。夕刻松田黎光、江口敬四郎（京城女子師範学校勤務）の案内で岸野寮に行き、10時帰宿。

6月1日　水原行きは雨にて中止。岡晴峰来訪。加藤灌覚は古墨持参。午後加藤松林、松田黎光、岡らと明治座で映画を見る。夕刻岸野寮における小宮山精一の招宴に臨み12時帰宿。

2日　加藤松林とともに水原へ行き写生。夕刻展覧会委員長大野総監の関係者招宴に臨む。総督府中枢院顧問・子爵尹徳栄、朝鮮商工会議所会頭賀田直次、京城帝大教授安倍能成、同田中豊蔵その他出席。9時帰宿。福原男爵に呼び出されて千代もとへ行き、座敷の襖に男爵とともに揮毫などして夜半に帰宿。

3日　特選の金基祖が韓鳳洙とともに来訪。加藤灌覚に古墨を贈られる。灌覚とともに加藤松林宅を訪問。画筆数本借用して帰宿。福原男爵の紹介で新築茶室の小襖に揮毫を頼まれた土井伊右衛門宅を小宮山と訪問。引舟の図を描き、画帖、色紙なども描いて夕刻府民館における新聞記者および審査員招待会に臨席。のち李聖熙と半島ホテルへ行き、夕食の馳走になり、ともに府民館公会堂で朝鮮の現代劇「愛に欺かれ心に生く」を見て11時帰宿。

4日　鮮展招待日。加藤灌覚にローマ法王愛用の果汁とロシア製ソーセージを贈られる。松田黎光とともに鮮展会場へ行き、買い上げ候補作12、3点選定。灌覚の案内で景福宮内と総督府博物館を見物。12時半高村豊周とタクシーで徳寿宮へ行き、李王家新築美術館開館式に参列。篠田長官の挨拶、南総督の謝辞、正木直彦の講話あり。収蔵品を巡覧して帰宿。諸氏来訪。天津楼の福原男爵を訪問。霞山房で画筆、絹、絵の具を購入。河合武夫、河合治三郎とともに松葉亭で歓談し11時帰宿。

5日　8時10分発奉天行き列車に乗る。加藤灌覚同行。正木篤三同車。9時半開城着。道庁の自動車の出迎えを受け、道庁に立ち寄り、案内を得て各地を見物し、4時50分発急行奉天行きに乗り、夜8時平壌着。鉄道ホテルに入る。

6日　朝8時、正木は安東省の高句麗丸都城址見学に出発。9時、加藤とともに府庁差し回しの自動車で平壌博物館（小野忠明案内）、箕子廟、妓生学校等見学。夜、金剛山を見物してきた高村豊周が教育課の金泰の案内でホテルに到着。

7日　高村は博物館見学に出発（平壌より満州を見物して大連より帰京予定）。午前10時15分発急行のぞみで京城に向かう。2時半着。教育課の官吏が日限延期のパスを持参。三中井デパートで中川紀元（個展開催予定）に出会い、ビールを飲みながら語る。加藤灌覚、松田黎光の訪問を受ける。福原男爵とともに10時発清津行きに乗車。

8日　午後4時半、露満国境に近い清津に到着。国際ホテルに入る。常磐花壇で福原、小宮山、石田貞次郎（木材商）らと飲みかつ談ず。

9日　経師屋が来て、持参した絹張りにドーサを引く。昼食後、尺五の渓流秋色図1点を揮毫。夕刻料理店都における小宮山、石田、福原による要人招宴に列席。福原とともに揮毫。

10日　尺五を4枚完成。夕刻小宮山、福原とドライブし、都で福原と合作数枚を描く。

11日　尺五を2点完成。その他種々揮毫。夕刻都の女将国香、勝太郎、福原、小宮山，石田、下山らと料亭桜亭へ行く。ホテルに帰って尺五3点揮毫。小宮山より千円、石田より750円の謝礼を受け取る。福原とともに9時50分発の汽車に乗る。

12日　午後2時15分京城着。加藤灌覚らの出迎えを受け、朝鮮ホテルに入る。福原とともに学務局長塩原時三郎を表敬訪問。松田黎光来訪。

絵の依頼の話。夕刻、奥山仙三、林、加藤と清香園へ行き、夜は岸野寮で福原、塩原と飲み、のち福原、三木弘と松葉亭へ行く。

13日　福原とともに7時50分発の列車で張致院へ向かう。11時9分着。宮本、岩崎の出迎えを受け、自動車で公州へ向かい、公州の町の有力者たちの出迎えを受ける。小憩後百済の旧都扶餘に向かう。松岡、田中、宮本ら案内として同乗。古蹟保存会の杉三郎の案内で保存会百済館および名所旧跡を見学して7時公州帰着、河野旅館に入る。福原とともに角屋における有志の招宴に臨み、福原と合作十数枚を揮毫し、夜半帰宿。

14日　公州公立中学校教諭軽部その他来訪。福原とともに公立高等女学校に行き、福原は講演、弦月は記念の画帖を描く。軽部の案内で百済古墳その他を見物し帰宿。有志のために福原と合作十数枚揮毫。扶餘へ行く正木直彦夫妻、篤三らと宿で寸時会う。午後4時頃、福原と自動車で張致院に向かい、4時50分発の列車に乗り、午後8時23分大邱着。福原と別れ、慶州行きガソリンカーに乗る。10時50分新羅の旧都慶州着。慶州博物館の大坂金太郎の出迎えを受け、柴田旅館に入る。

15日　大坂の案内で午前中は旧跡を、午後は博物館を見学して夕刻大坂と仏国寺へ行き、仏国寺旅館に入る。慶州古蹟保存会嘱託の崔南桂来訪。晩餐を共にする。

16日　早朝、崔の案内で吐含山を登り、石窟庵に至る。朝食後仏国寺拝観。写生。1時16分発釜山行きに乗車。4時20分着。鉄道ホテルに入る。11時半金剛丸にて出港。船員に画帖揮毫を頼まれる。

17日　画帖4冊を揮毫。夜7時15分着港。山陽ホテルに入る。大阪朝日九州支社、福岡日日、同盟通信の記者来訪。出征の兵士見送りの人々でホテル前は混雑している。

弦月のように審査終了後総督府の斡旋で見学・写生旅行をし、或いは揮毫の依頼に応じたりして帰った画家は多かった。池上秀畝の正木直彦宛書簡（昭和6年5月18日投函。東京芸術大学大学美術館蔵）も証左の一つであり、秀畝は審査の模様を報告したあと、「二十四日開会を済候ハヾ各自由の行動を採り可申哉と存候　帰京は来月十日前後に可相成哉と存候　気候は内地より小寒　目下如雪柳絮秘苑の空を覆い園中の□《〔1字不明〕》玉は朱楓と相映じ頗る雅趣に富み申候　総督府の斡旋有之候為万事好都合ニ相運び探勝意の如く画材充分に得らるべく　帰京拝眉を楽しみに致候」と記している。

(4)鮮展その後

23回にわたって開催された鮮展の経過ならびにその評価については他書に譲るとして、本稿に関係ある事柄のみを言えば、総督府の威力を背景に鮮展は毎回平穏に開催され、東京美術学校の朝鮮人留学生たちにとってはそれが恰好の活躍舞台となった。後出留学生名簿のデータに明らかなように、在籍者計89人のうち鮮展出品者は44人で、特に孫一峰、李漢福、姜菖園、金復鎮、金周経、洪得順、沈亨求、金仁承、金景承、曺圭奉、尹孝重、尹承旭、韓相益、金興洙らは積極的に出品し、鮮展のレベルアップに貢献した。また、西洋画科（油画科）留学者たちによって、同科の主要科目である裸体画が鮮展にもたらされた。

昭和７年の第11回展以後は、表⑤に明らかなように出品区分が変更され、書・四君子の部門が工芸品に置き換えられた。理由について主催者側は「近来の趨勢たる民芸、又は郷土芸術に対する好尚の進歩等に鑑み、又朝鮮固有の工芸をして、其の精華を発揚せしむる機縁とも致したく、純正美術の外に工芸を加へることゝ致しました」とし、四君子は第１部の東洋画に含め、書は別途に適当な奨励方法を講じると発表している（林茂樹「鮮展の変革に就いて」『朝鮮』第202号、昭和７年３月）。この「近来の趨勢」云々については、柳宗悦の朝鮮民族美術館設立運動や柳の友人浅川巧および京城帝国大学の安倍能成その他による「朝鮮趣味を語る会」の活動等によって朝鮮、日本で朝鮮民族工芸への関心が高まったことであると指摘されているが（中村義一「台展、鮮展と帝展」）、もちろん、この変更の背景には昭和２年の第８回帝展より工芸部門が増設されたことが前提としてあった。

鮮展工芸部門第１回の審査には東京美術学校の工芸史授業担当教授田辺孝次が派遣されて朝鮮工芸の指導者小山一徳（京城高等工業学校教授）、五十嵐三次（中央試験所技師）および浅川伯教（朝鮮陶磁器研究家。浅川巧の兄）とともに審査し、朝鮮人30人、内地人26人の作が入選した。審査には以後４回続けて田辺が派遣され、さらに最終回まで東京美術学校工芸部教官のみが派遣された。なお、西洋画と並んで第2部に置かれていた彫刻は、従来出品数が少なく経費が無駄であるという理由で上記昭和7年改正以後は募集中止となり、同10年に至って第3部に工芸品と併置で復活した。

昭和12年の日中戦争開始後は鮮展にも戦争の影響が徐々に濃くなっていった。資材の統制が強化されるにつれて石膏、金属をはじめとする制作材料が入手困難となり、それが出品に影響し、一方、精神面でも「挙国一致」と「皇民化」の強制により表現の自由は奪われた。昭和17年6月発行の『朝鮮』第235号には鮮展関連記事の冒頭に矢鍋永三郎の「戦時生活と朝鮮美術」と題する論説が載っているが、これは朝鮮美術の独自性などは一顧だにせず、日本の「国民美術」なるものをそのまま朝鮮に当て嵌めようとする「皇国化」美術論の最たるものであって、矢鍋が鮮展主催者側の人物であるならば、この論は鮮展の変質を如実に物語るものであると言えよう。

4. 美術教育施設

朝鮮では1920年頃から京城に洋画塾ができ始め、次いで平壌や大邱にもできたが、植民地時代を通じて美術や工芸の専門学校は遂に設置されなかった。ただし、「文化政治」施行当初は美術学校や音楽学校を設ける計画もあったことは、前出の水野錬太郎の談話にもあり、また、次の文書が現存することからも確認できる。

拝啓　初夏ノ候貴下益々御清適ノ段慶賀ノ至リニ御座候　扨テ本府ニ於テハ新施政以来教育ノ普及及文化ノ向上ノ為鋭意努メ居候処近来音楽美術ノ専門学校ヲ新設スルノ必要ヲ痛切ニ感スルニ至リ候　就テハ御多忙中恐縮ノ至ニ候得共貴校ニ於ケル左記事項御調査ノ上至急御回報相煩度　此段及御依頼候　敬具

記

一、　学科別生徒定員

二、　各学科別毎週教授時数及教官配置表（教官ノ種別トモ）

三、　経常費予算科目別内訳（算出基礎トモ）

四、　右ノ外特別設備ヲ要スルモノ及其経費概算

大正十年七月八日　　　　朝鮮総督府学務局長〔印〕

東京美術学校長殿

（「自大正七年至同十三年　内閣及各省往復　東京美術学校庶務掛」）

美術ないし工芸の専門学校を設けない行政の欠陥は、割合早い時期から関係者の間では指摘されており、すでに「第三回鮮展に対する批評及希望」（『朝鮮及満州』第212号。大正14年７月）における総督府殖産局商工課長安達房次郎、同財務局理財課長園田寛、同学務局学務課長平井三男ら役人の論説中にもそれが見られる。さらに、「第五回朝鮮美術展覧会に対する意見と批評」（同誌第223号、大正15年６月）において、出品者加藤松林および日吉守、殖産銀行理事森悟一の論説その他にも指摘があり、鮮展審査に赴いた田辺至が児玉総監に会って美術学校設置の賛成を得たという報道（昭和４年９月22日『大阪時事新報』）もなされた。ほかに矢澤弦月の「鑑審査を終りて」（『朝鮮』第290号、昭和14年７月）、伊原宇三郎の「堅実な作風もの多し」（同）、加藤小林人の「鮮展東洋画家の立場」（『朝鮮』第302号、昭和15年７月）、五十嵐三次の「力強い歩みを続く」（同）、藤村彦四郎の「『形』の真剣な研究を望む」（同）、山田新一の「美術朝鮮の今昔」（『朝鮮』第325号、昭和17年６月）等々、戦争が深刻化して行くなかでもそれを指摘する声が続いた。山田は専門学校のないことが朝鮮美術界の最大の問題点であるとして次のように記す。

> 幸ひにして中央〔東京のこと〕で勉強すべきことを勉強し、基礎修養の可成充分出来て来た人は、先づそれで良いのであるが、それでも其後研究を遠ざかるようなことがあつて、大衆迎合の作品にでも手を染めるようになつたとしたら、もうそれ迄の話である。
>
> 況《〔ま〕》してや鮮展出品者の恐らく八割以上を占める人々が、何等整備せられた学校や研究所の課程を経ることなく、変則な成功を収めつゝある人々であるとすれば、其等の行詰りは一層目に見えて早いこと、説明を要しないのであり、変則な成功はどこ迄も変則な成功であつて、断じて永続性のある研究成功たり得るものでない筈である。
>
> 此処に着目せられて、総督府は屢々美術学校設立の準備をせられたとも聞いたし、我々も随分と其実現を祈つたのであるが、今日尚半島美術人の大半が、其極めて変則不満の研究を以て、期待し得ざる期待に憧れて居るわけであつて、

之はいづれにしても甚だ危険な事実であると言はざるを得ないのである。

鮮展関係者（日本人）の多くが専門教育機関の設置を望んだにも拘らず、経費を理由に設置は見送られた。そのため、ごく僅かの欧米留学者を除いて美術志望の朝鮮人青年たちの多くが東京美術学校をはじめとする日本の学校で学ぶ道を選んだのである。

5. 在鮮東京美術学校卒業生

東京美術学校卒業後、朝鮮に就職ないし居住した人は、大正９年現在17人で、内訳は学校教員７人、李王職美術品製作所３人、総督府学務課・博物館・中央試験場各１人、その他４人であった。教員の比率が圧倒的に高く、大正13年では10人、昭和３年では18人、同15年では20人と増え続けた。東京美術学校に留学した朝鮮人のなかには彼らの教え子たちもいたことだろう。彼らの或る部分は熱心に鮮展に出品し、常連の実力派となり、そのなかでも特に山田新一、遠田運雄、日吉守は鮮展参与に挙げられ、第16回展から第２部の審査に加わった。教員ではないが五十嵐三次（大正３年漆工科卒、総督府中央試験場勤務）も同様に参与となり、第３部の審査に携わった。また、寺畑助之丞（同７年彫刻科塑造部卒。総督府技師）も参与および第２部審査員をつとめた。

学校の外に卒業生が多く勤務したところに李王職美術品製作所がある。その実態については未詳だが、韓国併合の翌年に斎藤作吉が招聘されたのを始めとして大正９年までに山本貞治、塀和千代彦、小杉直吉、加藤卓爾、村井勝蔵らが雇用されたことが分かる。

東京美術学校校友会の機関誌にはそうした在鮮卒業生たちの消息が既述の古蹟調査や鮮展審査関係の記事とともに多く掲載されている。なかでも「通信」欄に掲載されている次の２篇は赴任先の状況を知る上で参考になる。

○斎藤作吉（李王職美術品製作所、明治44年７月16日記）書簡

〔上略〕当製作所は、午前八時の始業にて午後六時に終り、工作中はノベツ幕無しにて一ケ月僅に二度の休業に御座候。日鮮各種の技術家集合致居候。先づ金銀工、鉄工、木工、鍍金工、織物、塗物、刺繡、製墨、鋳造等にして、其内最

も金銀工盛に御座候。皆な鮮人に御座候へ共、染物、製墨、鍍金等の各主任者は、日本人に有之、朝鮮語にてソローと申す鋳炉は、即ち小僧の受持に御座候。

是迄は度々の宿直にて閉口仕候。南京虫も居り候為大に用心いたし居候処、遂に一度やられ申候。此の宿直は如何にしても廃止致さんと、日鮮共同して出願の結果、忽ち認可せられ、今は南京虫も夢と消へ申候。

就業時間の長き所が即ち朝鮮式にして、中には午睡いたし候職工も有之、呑気には候へ共、朝鮮式生型鋳造は、平面のものなれば如何なる金属にても鮮明に出来申候。中々侮り難く御座候。概して手工には妙を得たる人間に候へ共、美術的脳《〔ママ〕》力乏しく、無趣味に器械的に労働いたし、其間に自ら朝鮮式が発達さるゝ訳にて、誠に不思議に被存候。其金属器は総て光沢のあるものを好む結果一般に鍍金を致候。〔下略〕

(『東京美術学校校友会月報』第10巻第1号、明治44年9月。斎藤は同41年鋳造科卒。号光蓮。)

○岡田秀雄（光州高等普通学校、昭和5年5月23日記、生徒主事高橋吉雄宛）書簡

学校の方の仕事になれない為永々御無沙汰致して居りました。芸術家的であつた青山竜水〔昭和4年東京美術学校図画師範科卒〕氏の後を受けて非芸術家型、むしろビジネスマンタイプの私が当地に来たのも一つの面白い対照だと思つてゐます。全羅南道は排日の盛んな地で生徒も相等《〔当〕》悪いのですが、兎に角私自身がまけずぎらひ一てん張りだものですから、どうやら、おどしたり、すかせたりしてやつてゐます。先日来、五人ばかり停学と謹慎にしました。来たてだと思つて授業中騒いだ為め。今度中学校に白石時雄氏が来られたので、図画科の事を色々ききながらやる心算ですが、今日の所は鉛筆画を主としてやらせてゐます。図画は文部省の規定通りの方針で、別に絵画クラブといふのがあるので、そこで芸術的の絵画の研究をやつてゐます。

受持は、図画、習字、作文、文法。文法は冷汗タラタラでやつてゐます。

朝鮮に来て、案外内地よりも伯父や父の友人が多いので楽にやつてゐます。京城あたりの主だつた教育家は、会つた事はありませんが名前だけは知つてゐる方々が多いので、次から次に出張されて来る度にひき合はされてゐます。

朝鮮人の教育に就いては、労働者のそれと同様、一度はやつてみたいと思つ

てゐましたので、力が入ります。珍らしい風俗、習慣なども、生徒の家に遊びに行きながらぼつ々々教つてゐるのであります。

全羅南道は仲々文化の地で、巨石文化の遺物たるドルメンなども辟《〔僻〕》地には多く、 仏教美術なども山間には相当に残つてゐるらしいので一つ大いにガンバつて、この方面もしらべて見るつもりです。が、先きに立つものは朝鮮語と朝鮮式の食物になれる事ですから、せい々々都会化してゐない朝鮮人の中にはいつて修業したいと思つてゐます。

朝鮮には原始経済の形態をとつた、市《いち》や家内工業などがまだ々々残つてゐて、この点は内地に八百年位はおくれてゐます。現代的の商業資本主義経済下にある大工場（鐘紡の工場など）と対象《〔照〕》してそれらが存在してゐる所は如何にも朝鮮らしいではありませんか。

暇を見て折々農民の生活を観察し、スケツチし、ノートしてゐます。アイルランドの文学に表はされてゐるアイルランドの農民の生活を想ひ出させる程悲惨なものです。

官妓と朝鮮家屋だけを朝鮮通過の際スケツチした人々の作品だけしか東京で見なかつた私にとつては、朝鮮学童の中に入つて見て初めて、朝鮮に於ける画題は近代的な形式によつていくらもとり得るし、若い朝鮮民童の生活は決してよく言われてゐる様な陰気な、淋しいものではなく、夜明け前の様な溌剌たる元気と希望と明るさともつてゐるのだといふ事を知りました。乱筆で失礼しました。いづれ又、詳細に状況をお知らせします。――一九三〇・五・一三――

（同上、第29巻第5号、昭和5年11月。岡田は同年3月西洋画科卒。在学中は左翼グループの首脳の一人であった。『東京芸術大学百年史』東京美術学校篇第3巻参照。）

6. 留学生に関する規定

東京美術学校の朝鮮人留学生の大半に適用されたのは朝鮮総督府が明治44年6月に定めた「朝鮮総督府留学生規程」と「朝鮮総督府留学生監督ニ関スル規程」である。前者を転載する。

朝鮮総督府留学生規程　明治四十四年六月二十七日　朝鮮総督府令第七十八号

第一条　官費留学生ハ特ニ内地留学ヲ必要トスル学術技芸ヲ履修セシムル為朝鮮総督ノ指定スル官立若ハ公立ノ学校、伝習所又ハ講習所ノ卒業者ニシテ校長若ハ所長ノ推薦ニ係ル品行方正、学力優等、身体健全ナル者ニ付朝鮮総督之ヲ命ス

朝鮮総督ハ必要アリト認ムルトキハ前項以外ノ者ニ付品行、学力及身体ノ検定ヲ行ヒ官費留学生ヲ命スルコトアルヘシ

第二条　官費留学生ノ履修学科、入学スヘキ学校及留学期間ハ朝鮮総督之ヲ指定ス

第三条　官費留学ヲ命セラレタル者ハ七日以内ニ第一号書式ノ誓約書ヲ提出シ二十日以内ニ内地ニ向ケ出発スヘシ

官費留学生内地ニ到着シタトキハ遅滞ナク之ヲ留学生監督ニ届出ツヘシ

第四条　官費留学生ニハ別表ニ依リ学費、往復旅費、支度料及滞在費ヲ支給ス

前項ノ外官費留学生ニハ修学旅行費、入学又ハ転学ニ要スル旅費其他必要ナル費用ヲ支給スルコトアルヘシ

第五条　学費ハ学校納付金、寄宿料、被服費及学用品費ニ之ヲ分チ学校納付金ハ実費其他ハ留学生監督ニ於テ学校ノ種類及所在地ノ状況ニ依リ朝鮮総督ノ認可ヲ受ケ定額ヲ定メテ之ヲ支給ス

学費ハ入学ノ日ヨリ留学満了ノ日迄之ヲ支給ス　但シ学校ノ休業中又ハ父母ノ喪ニ因リ帰郷シタル場合ヲ除クノ外帰郷シタル期間ハ学資ヲ支給セス

学校ノ休業中帰郷シタル者ニシテ始業期日迄ニ帰校セス又ハ父母ノ喪ニ因リ帰郷シタル者ニシテ三十日ヲ経過シ帰校セサルトキハ同期日後帰校ノ日ニ至ル迄学資ヲ支給セス

第六条　左ノ各号ノ一ニ該当スル場合ニ於テハ往復旅費ヲ支給ス

一　官費留学生ヲ命セラレ内地ニ向ケ出発スルトキ

二　留学期間満了シ帰郷スルトキ

三　第十三条第三号ニ依リ官費留学生ヲ免セラレ二十日以内ニ内地ヲ出発シ帰郷スルトキ

第七条　官費留学生ヲ命セラレ内地ニ向ケ出発スルトキハ支度料ヲ支給ス

第八条　左ノ場合ニ於テハ滞在費ヲ支給ス

一　内地到着ノ日ヨリ入学ノ前日迄

二　留学期間満了シ帰郷スル場合ニ於テ留学ノ期間満了翌日ヨリ留学地出発ノ前日迄

第九条　修学旅行費、入学及転学ニ要スル旅費其他必要ナル費用ハ留学生監督ニ於テ相当ト認ムル額ヲ定メテ之ヲ支給ス

第十条　官費留学生ハ其居所若ハ氏名ノ変更又ハ身分ノ異動アリタルトキハ遅滞ナク之ヲ届出ツベシ

第十一条　前条ノ場合ヲ除クノ外官費留学生ハ留学地ヲ離レ又ハ休学スルコトヲ得ス

学校ノ休業中旅行其ノ他ノ事故ニ依リ留学地ヲ離レムトスルトキ又ハ疾病其他已ムヲ得サル事故ニ依リ休学セムトスルトキハ期間ヲ予定シ留学生監督ノ承認ヲ受クヘシ　其ノ期間ヲ延長セムトスルトキ亦同シ

第十二条　官費留学生ヲ辞セムトスルトキハ其ノ事由ヲ具シ留学生監督ヲ経由シテ朝鮮総督ノ許可ヲ受クヘシ

朝鮮総督ニ於テ前項ニ依リ許可ヲ与ヘタルトキハ其ノ情状ニ従ヒ給与シタル学資、往復旅費、支度料及滞在費ノ全部又ハ一部ヲ償還セシムルコトアルヘシ

第十三条　官費留学生ニシテ左ノ各号ノ一ニ該当スル場合ニ於テハ朝鮮総督ハ官費留学生ヲ免シ且第一号及第二号ノ場合ニ於テハ既ニ給与シタル学資、往復旅費、支度料及滞在費ノ全部又ハ一部ヲ償還セシム

一　品行不良ニシテ留学生タル体面ヲ汚辱スヘキ行為アリタルトキ

二　監督官憲ノ命令ニ服従セス又ハ学校ノ規程ニ違反シ其情状重キトキ

三　疾病ノ為又ハ学業ノ成績不良ニシテ成業ノ見込ナシト認メタルトキ

第十四条　官費留学生留学期間満了シタルトキハ其ノ翌日ヨリ二十日以内ニ留学地ヲ出発シ帰郷スヘシ　官費留学生帰郷セムトスルトキハ留学地出発前留学生監督ニ届出テ帰郷シタルトキハ遅滞ナク第二号書式ノ留学始末書ヲ添付シ朝鮮総督ニ届出ツヘシ

第十五条　官費留学生ハ留学期間満了後其ノ留学期間ト同一期間朝鮮総督ノ指定スル職務ニ従事スル義務ヲ有ス

前項ノ義務ヲ尽ササルトキハ既ニ給与シタル学費、往復旅費、支度料及滞在費ノ全部又ハ一部ヲ償還セシム

第十六条　留学生監督ハ朝鮮総督ノ命ヲ承ケ官費留学生及私費留学生ヲ保護監督ス

第十七条　私費ヲ以テ内地ニ留学セムトスル者ハ予メ其履修学科、入学スヘキ学校、入学及出発ノ時期ヲ具シ履歴書ヲ添付シ地方長官ヲ経由シテ朝鮮総督ニ届出ツヘシ

第十八条　私費留学生内地ニ到着シタルトキハ其居所、履修学科、入学スヘキ学校、入学時期ヲ具シ履歴書ヲ添付シ留学生監督ニ届出ツヘシ

留学生監督前項ノ届出ヲ受ケ適当ト認メタルトキハ其ノ入学スヘキ学校ニ対シ入学ノ手続ヲ為スヘシ

前二項ノ規定ハ私費留学生履修学科若ハ入学スヘキ学校ヲ変更シ又ハ退学若ハ転学セムトスル場合ニ之ヲ準用ス

第十九条　第十条ノ規定ハ私費留学生ニ之ヲ準用ス

第二十条　私費留学生卒業シタルトキハ履歴書、学業成績表ヲ添付シ留学生監督ニ届出ツヘシ

第二十一条　留学生監督ハ朝鮮総督ノ認可ヲ受ケ留学生ノ監督ニ細則ヲ設クルコトヲ得

附則

第二十二条　本令ハ明治四十四年八月一日ヨリ之ヲ施行ス

第二十三条　学部所管日本国留学生規程ハ之ヲ廃止ス

第二十四条　本令施行ノ際官費留学生タル者ハ本令ニ依ル官費留学生ト看做ス

但学資支給ニ付テハ当分ノ内従前ノ規定ニ依ルコトヲ得

第二十五条　本令施行ノ際現ニ内地ニ在学スル私費留学生ハ明治四十四年十月末日迄ニ其居所学校、履修学科及履歴書ヲ留学生監督ニ届出ツヘシ

(別表)

往復旅費	支度料	学資	滞在費
片道三十円以内	二十円	一年　三百円以内	一日　七十銭

〔第1号書式（誓約書）および第2号書式（留学始末書）は省略。〕

第6章　台湾人留学生

前章に倣って、台湾人青年たちの東京美術学校留学を促した時代背景を俯瞰してみる。

1. 日本留学の奨励

1895（明治28）年の台湾併合以後、植民地政策の一環として日本への留学が奨励され、1915年までに300人、1921年までに2400人の台湾人が留学し、その数はさらに増え続けたという（白雪蘭「1920年代－1930年代における海外留学生の興隆と台湾の洋画壇の状況」『洋画の動乱』）。こうした政策のもとで総督府国語学校の黄土水（1915年）と劉錦堂（1916年）が東京美術学校へ留学し、美術留学生の先頭を切った。彼らは台湾で日本流の学校教育を受けてから留学したのである。

黄土水の留学については、たまたま詳しい記録が現存しており、総督府国語学

岡田教室歓送会記念（陳俊明氏提供）
第2列中央岡田三郎助、後列左より4人目李梅樹

校および民政長官の強力なバックアップがあったことがわかる。留学奨励策が如実に示されたケースと言えよう。それが特殊なケースなのか、或いは他の留学生についても言えることなのかを資料的に検証するのは難しいが、参考のために記録文書を摘録しておく。

○謹啓　益御清康之段為斯道奉大賀候　却説、別紙履歴之黄土水ハ小生幹理する国語学校卒業生に有之候処、在学中極別に練習せざりしも木彫並塑造ニ巧ニして固有の技能の如く被存候　加之品行方正、学業健良、身体健全の者ニ有之候ニ付、御校選科ニ入学せしめ、固有の技能を発揮せしめ度被存候間、御許可被成下間敷や　果して御許可を得る見込に候ハヽ、当府民政長官ニ於て学資補給せらるゝやの内意も有之候間、御含置被下度、尚選科の方御都合悪敷候ハヽ同科受持教官の許ニ於て学習せしむるも一方法かと被存候間、其義不相叶候哉

御多忙中恐入候へ共、何分の義御指示相仰度、取急得貴意候　敬具

〔大正四年〕七月廿八日　　　　台湾総督府国語学校長　隈本繁吉

正木校長閣下

追テ幸ニ本人上京修学出来ノ場合ノ学資月額ニ関シテモ乍御手数併セテ御下報之程奉願候

〔履歴書省略〕

○大正四年八月三日　竹内久一〔印〕

東京美術学校教務掛御中

拝啓　今般台湾人本校木彫選科生志望之件御通知相成、勘考仕候処、同地方将来有望ニ可有之ハ勿論、民政長官之補給モ有之候由、受験之上入学可然ト存候　教室ノ方モ何トカ繰リ合せ都合可致間、入学ノ手続キ御申越サレ度候　此段御回答申上候也

○台湾総督府国語学校長へ回答案〔大正４年８月４日発送〕

拝復　益御清穆之段奉賀候　扨、貴校卒業生黄土水ナルモノ、本校彫刻選科木彫部へ入学志願ノ件、詳細御申越之趣領承致候　右木彫部ハ都合ニ依リ本年度ハ募集セサルコトニ決定致在候ヘトモ、特ニ御申越之次第ニ有之候ニ付、特別

詮議ヲ以テ願書受理致シ、試験ノ上採否決定可致候ニ付、願書類至急御発送相成様御配□《〔不明〕》有之度、此段及御回報候也

追而選科募集ニ関シテハ本年七月十四日、十五日、十七日ノ官報ニ詳細広告致置候間、御参照相成度　尚学資月額大略別紙ノ通ニ有之候間、申添候也

年　　月　　日　　　　　　　　　　学校長

台湾総督府国語学校長　隈本繁吉殿

〔別紙〕学資月額概算調

下宿料	一ケ月金十二円　普通　本校ニ寄宿舎ノ設備ナシ
実習費及雑費	一ケ月金約五円
授業料	年額金二十五円（三期ニ分納）
校友会入会金	一円
同　　会費	三円　年額（三期ニ納付）
入学手数料	金三円
被服費（靴代ヲ含ム）	約四十円（新調　冬服　夏服　外套　共）
修学旅行費	年一度　約金五円

以上

○謹呈　益々御多祥ノ段奉欣賀候　却説、予テ貴意ヲ得候黄土水入学ニ関シテハ不容易御配慮ニ預リ候段、奉謝候　本人モ大ニ喜悦致候　御電報ニ接シ候儘、本日出発為致候間、可然御便宜ヲ与ヘラレ候様願上候　尚本人ハ当府ニ於テ特ニ本島人留学生ノ為設ケ居ル東洋協会専門学校構内寄宿舎ニ寄宿セシムル予定ニ有之候間、御含置被成度、右御通知申上候　敬具

九月十六日　　　　　　　　　　繁吉

東京美術学校長　正木直彦殿

○本居地　台湾台北庁大稲埕建成後街三十番地〔三十四番戸〕

現住所　小石川区茗荷谷町三十二番地台湾総督府学生寄宿舎高砂寮内（電話番町六三九番）

本　人　黄土水

明治廿八年七月三日生

右之者貴校入学志願ニ付紹介致候條成ル可ク便宜ヲ与ヘラレ候様御取計ヒ願上

度此段及御依頼候也

大正四年九月廿二日　　台湾総督府囑託　東京留学台湾学生監督　門田正経

東京美術学校長　正木直彦殿

2. 台湾における日本人美術家の活動（台湾美術展覧会開設以前）

台湾では日本の植民地となって暫くの間は、美術的活動といえば文人や民間の職業的書画家が各地の書房、詩社その他に依って清朝文化さながらの活動を続けているのみであったが、そこに西洋美術の導入による美術の近代化が始まる。その契機となったのは、朝鮮の場合と同様、渡台日本人美術家たちの活動であった。顔娟英著『台湾近代美術大事年表』（巻末参考文献参照）にはその渡台・活動状況もつぶさに記されているが、彼らのなかで長く在台し、大きな影響を及ぼしたのは下記の４名であった。

石川欽一郎（1871～1945）水彩画家。小代為重、浅井忠、川村清雄らに洋画を学び、明治美術会や巴会に参加。陸軍参謀本部付通訳官として中国で活動した後、台湾総督府陸軍部翻訳官として明治40年に初めて台湾に赴任し台北第一中学校、台湾総督府国語学校（のちの台北師範学校）教師を兼任。台湾美術展覧会（台展）の創設に参加した。大正５年日本に帰り、同11年ヨーロッパ旅行。同13年再び台湾へ行き、昭和７年まで台北師範学校で教えた。美術志望の台湾青年に多大な影響を与え、その指導を受けた人たちが東京美術学校へ留学した。

郷 原 古 統（1887～1965）本名藤一郎。明治40年東京美術学校予備科（日本画）入学。同年図画師範科に転入し43年卒業。愛媛県今治中学校教諭を経て大正６年に台中第一中学校教諭となり、その後台北第三高等女学校、台北第二中学校、台北女子高等学院等で教えた。山水画を得意とし、台展創設に参加、また木下静涯と栴檀社を創設して新しい東洋画の振興に尽くし、昭和11年に日本へ帰った。

塩 月 桃 甫（1886～1954）本名善吉。明治45年東京美術学校図画師範科卒。大阪や愛媛の学校で教えた後、大正10年～昭和20年の間、台北第一中学校、台湾総督府高等学校、台北帝国大学予科等の教師をつとめた。

台展の創設に参加し、また、アマチュア油絵研究団体「黒壺会」も指導。昭和７年の台展に出品した「母」は“霧社の蕃人”の母子を描いたもので、“霧社蕃への挽歌”として霧社事件（1930年）およびその弾圧事件の記憶もまだ生々しい観衆に強い感銘を与えたという（同７年11月２日『大阪朝日新聞』）。フォーヴィズムの影響の強い油絵を描いた。

木 下 静 涯（1887～1988）本名源重郎。中倉玉翠、村瀬玉田、竹内栖鳳に師事し、花鳥画を得意とした。大正12年関東大震災後渡台し淡水に定住。家を世外荘と称し、太平洋戦争終了直後までそこに住んだ。日本画研究会の結成や台展の業務および審査に携わり、台湾近代絵画の発展に功績を残した。淡水の風景を題材とする水墨画で知られる。

水彩画家として早くから知られていた石川を除く外は、日本では全く無名の画家たちであったが、いずれも台湾を愛して長く居住し、赴任校や自宅で絵を教え、個展を開き、内地の美術界との交流を図ったりしたので、彼らのもとから美術を目指す台湾人青年が続出し、そのなかからさらに日本で正規の専門教育を受けようとする者たちが現われるようになった。

石川が勤務した総督府国語学校では1902年から師範科教育課程に図画科が置かれたが、石川の赴任によって初めて生彩あるものとなり、美術志望の生徒を活気づけたと言われる。後出の「東京美術学校留学生名簿」のデータに明らかなように、東京美術学校留学生のなかには石川の教え子が特に多い。美術教師として台湾に赴任した日本人は石川、郷原、塩月、木下らの外にも多々あり、東京美術学校の卒業生に限ってみても大正13年現在４人、昭和３年現在９人、同９年現在14人が在任しているが、石川ほど影響力を持った人はいない。

3. 台湾と東京美術学校

台湾美術展覧会（台展）創設以前の台湾と東京美術学校との関係は、朝鮮との関係のようには密ではなかった。台湾における考古学調査は1890年代後半に着手され、鳥居龍蔵その他が発掘に従事し、1928年に台北帝国大学が設置されてからはその土俗学人種学研究室を拠点に遺跡の発掘が続けられたが、それらは美術の分野との接点を持たず、東京美術学校とも無関係であった。1917年の郷原古統の台湾赴任以後、教員として渡台する東京美術学校卒業生は徐々に増えたが、彼らを除けば東京美術学校関係者で台湾へ出掛けた人の数は極めて少なく、校友会機関誌等にも台湾関係の記事は僅かしか掲載されていない。匆卒のしらべだが、渡台者としては西三雄（1906年11月）、西郷孤月（1911年）、須田速人（1912年5月～1922年以降まで総督府建築課の装飾彫刻技手として在任）、勝田蕉琴（1914年、展覧会開催）、根尾謙児（1916年台湾共進会嘱託として赴任）、岡田三郎助（1919年1月、総督府依嘱）、宮井茂太郎（1923年）、山本鼎（1924年）、正木直彦（1925年1月）等の名を見出すのみである。このなかの岡田三郎助の渡台については新聞が次のように報じている。

岡田画伯の渡台

台湾総督府より装飾画の依頼

美術学校教授岡田三郎助画伯は予て委嘱を受け居たる台湾総督府の室内装飾画の打合及び画材蒐集の為四日門司出帆の郵船信濃丸にて渡台せるが画伯の談に曰く

総督府の新庁舎のホールの階段に掲ぐるので一は皇室に関係あるもの一は領台記念のものを二枚とも九尺と五尺の大きさに描く筈です。領台記念の方は明治二十八年台湾征伐の際基隆の背面を衝く為に我軍が初めて上陸した澳底の海浜に北白川宮殿下が御上陸後天幕の中に御休憩あらせらるゝ所を陸軍で撮影した古い写真があるのを土台として描くのです。画面の構図は故殿下がアームチエアにゆつたりと掛けシガーを燻らして居らるゝのを中心として人物二三人と御用船の一部や景色を背景に附け入れたいと思つて居ます。他の一枚は画材を御製に採る筈ですが構図は十分腹案がありませぬ云々。

（大正8年1月5日『大阪朝日新聞』）

東京美術学校長正木直彦の渡台はその『十三松堂日記』（巻末参考文献参照）に記されている。彼は文部省の依頼により、対支文化事業の一環としての南支視察団（専門学校生徒および教官40名から成る）の団長として大正13年12月19日出発。先ず中国を視察し、翌14年1月17日香港から高尾に向かい、台南を経て台北に着いた。同月22日には教育関係諸官の招待会に臨み、散会後塩月桃甫、郷原古統および山根勇蔵に伴われて竹の家というところで飲んで塩月から台湾の土産を贈られた。この３人は翌23日、乗船地基隆に向かう汽車に同乗して正木を見送っている。正木の日記には記されていないが、この出会いにおいて台湾美術行政の問題が語られたことと思われる。

4. 台湾における新しい美術運動

1926年８月、藍蔭鼎、倪蔣懐、陳澄波、陳植棋、陳英声ら青年たちが七星画壇を組織し、第１回展を開いた（のち第３回展まで開催）。陳澄波と陳植棋は東京美術学校に在学中であった。その翌年（昭和２年）、第１回台展開催の１ケ月余り前には東京美術学校卒業ないし在学中の台湾人青年たち（台南、台中、新竹出身者）が赤陽画会を組織し、展覧会を開催した。『東京美術学校校友会月報』第26巻第４号（同年10月）はこれを次のように報じている。

赤陽会美術展（台湾出身者）

台南州下等青年留学東京美術専門学校出身及在学生。組織赤陽洋画会。開第一回作品展覧会於台南公会堂。原定九月一日開会。因会場被榕樹会捷足先登。乃延越二日午前八時開始。其作品范洪甲氏二十二点。張舜卿氏十五点。陳澄波氏二十五点。廖継春氏二十四点。顔水龍氏三十五点。凡此作品。或絵伊豆。八幡諸風景。或描上野之初雪。浅草遠望。或画日本橋与本市風景。日比谷公園等。此会創立始基者七子。恰如竹林七賢。其芸術之精巧。与夫創立基礎之鞏固。皆足為本島美術界一紀元。第一日観衆七百余人。第二日臻約千人。第三日至正午止。已達六百余人。且多冒雨而来。又值打星期。中等男女学生。対斯道興味者。亦多参観。此第三日欲至午后八時閉会。其観衆必冠第一二日也。

この記事に登場するのは５人だが、前出顔娟英著『台湾近代美術大事年表』によれば在学中の何徳来（新竹出身）も加わっていたという。残る一人が誰かは不明である。出品作の多くが日本の風景を描いたもので、大勢の観衆がつめかけたことがわかる。

帰郷した留学生は盛んに制作・発表を行なった。なかでも早くから頭角を顕していたのは陳澄波で、在校中の1926（大正15）年に帝展入選を果たし、脚光を浴びた。下記はそれを報じた新聞の一つである。

生れた街を芸術化して　台湾人陳澄波君

今回入選中唯一の異色は台湾人の陳澄波（三二）君である。画は題して「嘉義の町ハヅレ」。「此の絵がはいつて本当に嬉しいです」と巧な内地語で話す。「此の町で私は生れた。此の町を芸術化して出品して見たいとは日頃願つてゐたことだつた」と。今美校師範科三年に在学中である。絵は台北師範に在学中から始めて大正十三年に上京したのだ。下谷車坂に妻と子二人と共に住んでいる。

（大正15年10月11日『読売新聞』）

彼は1927年卒業後研究科に進んで一方では帝展と槐樹社に出品を続け、一方では台湾各地で個展を開いた。1927年末には廖継春とともに台南緑榕会の顧問となって洋画の指導にあたることになった（前掲書）。

1920年代末になると、日本で学んだ上さらにパリに留学して学ぶ青年画家も現われた。有島生馬の弟子の陳清汾は1928年に有島に随って渡仏し、サロン入選を果たし、1931年に帰台した。次いで顔水龍が1930年に渡欧。彼が美校の田辺孝次助教授に宛てた手紙が『東京美術学校校友会月報』第29巻第５号（昭和５年11月）に掲載されており、ベルリンで母校の和田季雄助教授や大沢三之助講師、同級生小堀四郎その他に会って心強く思ったこと、パリ到着のときは荻野暎彦や中西利雄が駅に迎えに来てくれ、サツマ日本学生会館に落ち着いたことなどが記されている。当時のパリには彼も所属する上杜会（昭和２年西洋画科卒業生の団体）のメンバーをはじめとして同窓生が多数居り、昭和５年７月の同窓パーティーには40人も集まった。同年末発行の『東京美術学校卒業者名簿』の「在外卒業生」の欄を見ると、サツマ日本学生会館（Fondation Satuma, 3 Boulevard Jourdan, Paris XIV）には顔水龍の外に内田巌と今和次郎が滞在していたことがわかる。顔は1932年帰台したが、その年には楊三郎と文化学院出身の劉啓祥がパリに赴いている。彼らの帰国は台湾人洋画界にさらなる活気をもたらした。

1930年代半ばには東京留学の青年が増えたため、合同の動きが生じた。新聞がこれを次のように報じている。まとめ役の李石樵は陳澄波に７年遅れて美校に入学した。

台湾出身画家の集ひ

(東京支局郵信)世界的画家を目指して東京に絵画を研究に来てゐる台湾出身の画家は相当の数に達してゐるがこれまで何等の連絡なきため相互の懇親が出来ないのみならず、お互に励み合ふ機会もなく甚だ遺憾とされてゐたが今回帝展開会で台湾からも多数の画家が上京してゐるのでこれを機会に美術学校李石樵氏発起のもとに十月十七日午後六時東京神田中華第一楼に於て第一回懇親会を催した。集まつたものは何れも画に対し相当の自信あるものばかりであるのでこの方面に花を咲かし十二分の歓を尽して午後九時頃散会した。当日出席した人々は左の如くである。

林柏寿　陳徳旺　陳永森　李梅樹　蒲添生　張秋海　許長貴　陳澄波　林林之助　李石樵　張銀渓　翁水元　洪瑞麟　邱潤銀　林栄杰

(昭和９年10月26日『台湾新民報』。記念写真省略)

この年の11月には陳澄波、顔水龍、廖継春、李梅樹、李石樵、楊三郎、陳清汾ら日本留学経験者７人が台陽美術会を組織し、ここに台湾で最も有力な美術団体が登場した。同会は以後10年間にわたって台陽展を開催するが、上記の創立会員たちは帝展、府展にも力作を出品した。

以上は絵画関係の動きだが、彫刻の分野でも台湾近代彫刻の開拓者として嘱目されていた黄土水(前出)がいたことを忘れてはならない。黄土水は最初の台湾人美校留学生で、木彫を学び、大正９(1920)年の第２回帝展に「蕃童」と題する等身大群像の力作が入選、その後第５回展まで連続入選し、また、昭和４(1929)年には新聞に次のように紹介されて注目されたが、翌５年に惜しくも急逝した。

〔上略〕台湾の生んだ唯一の彫刻家黄土水(三四)君は昨年ふとした機会で故殿下〔久邇宮〕の御目にとまつて故殿下及び大妃殿下の木彫全身像製作の御下命を受けた、梅白き熱海の御別邸に召されて二月から約一ケ月間毎日一、二時間づゝ親しく殿下の御前で原型製作のためにこん〔渾〕身の努力を傾け帰京後は市外池袋一〇九一のアトリエに籠つてその完成に精進し一方木彫材料の調査に努め郷里台湾台北州の山奥の蛮界に根廻り八尺の楠の大木を発見その内地輸送方を進めてゐたが折柄殿下の薨去に会し悲嘆のどん底に沈んだ。黄君はありし日の殿下の御厚情をしのんでは男泣きに泣いてゐたが製作を通じて殿下の御徳にむくいる事に決心して木彫製作を後廻しにして思ひ出深き原型から一先づブロンズの御胸像を謹作、過ぐる五十日祭に宮廷に納め奉つた、宮家でもその努力を思し召されて木彫の全身像とは別に各宮家へ記念として贈らるゝ故殿下のレリーフ（浮彫）の御下命があり、感激に燃えた黄君は木彫全身像の謹作を進めるとともに潔斎沐浴、遂に百日祭に苦心のレリーフを完成した

黄君は大正四年台北の師範学校を卒業、選ばれて遊学のため上京したが恵まれた芸術家的天分は遂に方面違ひの彫刻の道に同君を進ませ大正九年東京美術学校木彫科選科を出で高村光雲翁に師事して今日に至つたもの、帝展第二回から第五回まで四回続けて入選した処彫刻界の暗闘にいや気がさし爾来静かな製作態度を続け昨年結婚した台北静修女学校出の廖（二五）さん共々和やかな生活を続けてゐる

(昭和４年５月７日『東京日日新聞』。写真省略)

5．台湾美術展覧会（台展）と東京美術学校

(1)台展創設

1895（明治28）年、日清戦争の勝利により清朝政府に台湾の割譲を認めさせた日本政府は、全土を武力制圧して植民地経営の第一歩を踏み出し、1895年には敏腕の児玉源太郎陸軍中将を第４代台湾総督に、後藤新平を民政局長に任命し、アメと笞の統治政策を実施した。1919（大正８）年に至り、田健治郎を第８代総督に任命してそれまでの武断統治から文治統治に切替え、それが20年弱の間続くが、やがて日本軍の大陸侵略に伴って1936（昭和11）年より再び武官総督による武断統治に戻し、皇民化運動を推し進めた。

文治統治期半ばの1927（昭和２）年、総督府を後ろ楯とし、台湾教育会の主宰する第１回台湾美術展覧会（台展）が開催された。以後、これが毎年開催され、1937（昭和12）年の休会後1938年に総督府主宰（府展）となり、1943年に至るまで続いて台湾の美術界に甚大な影響を及ぼした。東京美術学校の台湾人留学生にとってもこれが登竜門となり、また、彼らはそのレベルアップに大きく貢献したのであった。

近年台湾では近代美術の研究が盛んで、台展開設の経緯等に関する研究も種々発表されており、また、日本にも研究者がいて日々研究が進められている。そして、台展は在台日本人に師事し、あるいは日本に留学して美術を学んだ青年たちが増え、美術活動が活発になってきたなかで、前述の石川欽一郎、塩月桃甫、郷原古統、木下静涯が総督府に展覧会開設の建議を行い、それが契機となって開設されたというのが定説となっている。ただし、建議が直ちに認められたのは、5年前に開設された鮮展が順調に回を重ね、植民地文化政策として成功を収めていたためであろうと思われる。なお、上記4人の功労者は後々まで台展で重要な役割を担った。

台展創設の目的は、台湾美術家の切磋琢磨の場を設け、美術趣味の普及により島民の生活に潤いをもたらすことにあるとされた。帝展や鮮展を参考にして規則が作られ、東洋画と西洋画の2部門が置かれたが、台湾美術界の現状に合わせて改変も行われた。第1回展の開催期間は1927年10月28日から11月6日の10日間、会場は台北の樺山小学校であった。東洋画は92人が175点出品、西洋画は221人が473点を出品し、上記の日本人画家4人が審査した結果、東洋画25人の作33点と西洋画65人の作67点が展示された。西洋画の盛況がはっきり現われたわけだが、入選者中45人は内地人で台湾人は21人。石川欽一郎門下で東京美術学校出身の廖継春、陳植棋の2人が特選に選ばれた。第2回展以後は鮮展と同様に内地から大家を招いて審査することになり、また、第6、7、8回のみは台湾人（東洋画の陳進、西洋画の廖継春と顔水龍）も審査委員に加えられた。

(2)台展創設と正木直彦

東京美術学校長にして帝展運営の最重要ポストを占めていた正木直彦は、審査員の人選等において台展と深い関係があったが、資料的にみて台展の創設自体にはあまり深く関与していなかったと思われる。その『十三松堂日記』に最初に登場する台展関連記事は、第1回台展開催前の昭和2年6月8日の次の記事である。

豊田文部属〔帝展担当官〕台湾総督府秘書官一戸二郎氏を伴ひ来りて今夏台湾にて美術展覧会を開催するに付き参考として大家の製作を乞ひ得て陳列したきにより斡旋を頼むといふなり　急に新作品を出陳すること不可能なるにより文

部省〔、〕美術学校所蔵のものゝ中より少数出陳することを承諾しおきたり

この記述により、正木と台展主催者側との交渉が始まったのは参考品貸与の件からであったと推察される。文脈からみて正木は事前に詳細を聞かされていなかったようだ。その後次の文書が正木に送られた。

○拝啓　台湾美術展覧会の件に付ては特別の御厚意を以て万端御斡旋を辱ふし感激の至に奉存候　右展覧会は台湾財界の大問題の為其の準備遅延致したる等の関係にて当初予定の通八月下旬に開催すること不可能と相成り十月二十八日より十一月六日迄十日間開催することに決定仕候趣本府より電報有之候に付何卒右事情不悪御諒解被下候上尚此の上共御援助被成下候様奉願候　先は右御礼旁々重ねて御願迄如斯御座候　敬具

昭和二年六月十一日　　台湾総督官房秘書課長　一戸二郎

東京美術学校長　正木直彦閣下

○拝啓　愈々御清穆奉賀候　陳ハ今般台湾美術展覧会ノ開設ニ当リテハ多大ノ御同情ニ浴シ多数ノ貴重ナル参考品ヲ御貸与被成下感謝ニ不堪候　以御蔭本島内ニ在リテモ意外ノ盛況ヲ呈シ予想以上ノ出品ヲ見ルヘキ情勢ニ御座候　就テハ今回ハ第一回ノ催シニテモアリ旁々来ル十月廿七日午前九時開会式ヲ挙行致ス筈ニ有之候条誠ニ恐縮ノ至リニ存候ヘ共本島美術界御奨励ノ意味ニ於テ祝詞又ハ祝電ヲ得ハ幸甚ノ至リニ奉存候　右御礼ヲ兼ネ御依頼申上度如斯御座候　敬具

昭和二年十月十二日　　台湾美術展覧会長　後藤文夫

美術学校長殿

正木は依頼に応じて10月26日に祝電を贈った。

(3)派遣審査員の人選

第2回展以後は内地から審査員が派遣された。『十三松堂日記』の昭和3年9月23日の記事に

台湾総督府文教局社会課長某氏来訪　台湾美術展覧会審査委員日本画西洋画各一人選定の事をかねて河原田民政長官より福原院長迄頼み来りしを福原より余に選定方を依頼しありしを早く決定し呉れと催促に来りしなり　山内多門と南薫造をと思ひしに山内は病臥　南は帝展審査当役なれはそれも六かし　誰にせんかと今思案中也

とあり、第2回展の際の人選は正木が行なったことが分かる。しかし、以後人選に関する記事は見当たらない。現存文書類から判断するに、昭和13年に府展に移行する前は概ね主催者側の希望により東京美術学校の教員を中心とする官展作家が派遣されたようで、その点は鮮展と異なる。文書の一部を下に掲げる。

○昭和8年往復文書

拝啓　愈々御清穆の段奉賀候　陳者今秋十月台北市に於て第七回台湾美術展覧会開催致候処同展覧会審査委員として貴校教授結城貞松、藤島武二の両氏を嘱託致度候に就ては本島美術奨励の為枉げて御繰合御承諾相願度　此段御依頼申上候　敬具

台湾総督府内　台湾教育会長　平塚廣義

〔東京美術学校長〕和田英作殿

台湾美術展覧会ニ審査委員派遣御依頼ノ件　回答案

八月三十日付ヲ以テ貴会主宰ノ第七回台湾美術展覧会ニ審査委員トシテ本校教授藤島武二及同結城貞松ノ両人ヲ嘱託相成度御照会ノ趣領承致候　右本校ニ於テ差支無之且ツ両人共承諾済ニ付派遣可致候条御了知相成度回答候也

追テ本校経費上ノ都合ニヨリ旅費支出難致候ニ付貴方ニ於テ可然御取計相煩シ度申添候

年　月　日　学校長

台湾教育会長　平塚廣儀　宛

○昭和10年往復文書

拝啓　愈々御清穆ノ段奉賀候　陳者台湾美術展覧会ノ開催ニ際シテハ例年審査

員ノ御派遣等格別ノ御高配ヲ煩ハシ本島美術界モ年々順調ナル発達ヲ見ルニ至リ候段深ク感謝致居候　本年開設ノ台湾美術展覧会モ目下其ノ準備ヲ進メ居候処本年ハ本島始政四十年ニ相当リ始政四十周年記念台湾博覧会ノ開催有之美術展覧会モ右ノ博覧会会期中ノ十月下旬ヨリ開設致ス予定ニテ諸般ノ準備ヲ進メ居ル次第ナルガ審査員招聘ニ関シテハ乍恐縮本年モ特別ノ御配慮ヲ御願上度ク本年ハ右始政四十周年記念台湾博覧会ノ開催サルヽ関係モ有之美術展覧会モ会期ヲ二十日間トシテ従来ヨリ一層盛大ニ開催致ス予定ニ有之就テハ西洋画ハ昨年御渡台ヲ煩ハシタル藤島武二氏ヲ東洋画ハ川合玉堂氏ヲ是非御招キ致度キ熱望ニ有之、右両氏ノ御渡台ヲ得ル様何分ノ御高配ヲ賜リ度、尚本年ハ特ニ諸種ノ関係上内地ヨリ招聘スル審査員ヲ東洋画二名御招キ致度キ考ニ有之モ、藤島、川合両氏御快諾ヲ得バ更メテ御願申上ベク御含置願上度

　追テ藤島武二氏ニハ直接、川合玉堂氏ニハ藤島氏ヲ通シテ一応御依頼状ハ差上候ヘ共何卒御来台ヲ得ル様御配慮奉願候

　　　昭和十年七月二十六日　台湾美術展覧会長　平塚廣義

東京美術学校長　和田英作殿

　台湾美術展覧会審査員ニ川合、藤島両教授嘱託セラルヽノ件　回答案

　　　年　　月　　日　　学校長

　台湾美術展覧会長　平塚廣義　宛

拝啓　益々御清穆奉賀候　陳者今秋御島始政四十周年記念博覧会開設中十月下旬ヨリ美術展覧会御開催ノ旨ニテ審査員トシテ教授川合玉堂並ニ藤島武二ノ両名ニ嘱託相成度御照会ノ趣領承致候　然ル処本年ハ両教授共差支有之渡台難致趣ニ付折角ノ御依頼ニハ候ヘ共派遣相成兼候間不悪御承引被下度　此段回答申上候也

　台湾美術展覧会審査員ニ関スル件　電文回答案

展覧会審査員ニ関シ藤島教授ニ再度交渉シタル処漸ク承諾ニ付派遣ス　川合教授ハ何分ニモ先約有之渡台難致趣ニ付右不悪了承相成度回答ス

　台湾美術展覧会長　平塚廣義　宛

川崎〔小虎〕講師派遣ノ件　電文回答案
台展審査員ニ川崎講師派遣方ノ件領承　授業差繰リ派遣ス　和田美術学校長
台湾美術展覧会長　平塚廣義　宛

この主催者側からの申し入れには前出石川欽一郎ら４人の画家や台湾人有力画家たちの意向が反映していたと考えられる。

1938（昭和13）年の府展移行と同時に派遣審査員の人選が東京美術学校長に一任されたことは下記の文書に明らかである。1935年の第９回台展から台湾人審査員を排斥したが、ここでさらに総督府自ら展覧会を掌握し、それを一層権威あるものにするという理由で派遣審査員の人選も内地に一任し、「中央画壇」の「権威者」を招くことにしたのである。この改変は日中戦争開始による政治情勢の変化や内地における官展改革等と関係がありそうだが、要するに挙国一致運動の強化とともに総督府が植民地台湾を見下す姿勢を露骨に示しはじめたことを意味しているように思われる。

○昭和13年７月15日台湾総督府総務長官森岡二朗より東京美術学校長宛文書
総文第一八三号
拝啓　愈々御清穆之段奉賀候　陳者本島ニ於テハ美術思想勃興ノ機運ニ順応シ、一ニハ本島関係作家ノ切磋琢磨ノ機会トシ、一ニハ芸術趣味ノ向上普及ノ一助タラシムル為従来台湾美術展覧会ヲ開催致候処最近ニ於ケル日進月歩ノ美術界ノ趨勢ニ追随シ且時代ノ要求ニ応ゼンガ為ニハ之ガ更ニ一段ノ強化ノ要有之ト認メ機構ノ改革強化ヲ図リ本年度ヨリハ別冊台湾総督府美術審査委員会規程及台湾美術展覧会規程ニ基キ本府主催ノ下ニ開催致スコトト相成其ノ第一回ヲ今秋十月台北市ニ於テ開催可致目下着々準備中ニ有之候
然ルニ展覧会ノ中心機構トモ謂フベキ審査委員会ノ構成ニ関シ本島ニ於テハ未ダ審査委員トシテ適当ナル人物尠キヲ以テ中央画壇ニ於ケル斯道権威者ヲ是非共審査委員トシテ招聘依嘱シ以テ審査委員会ノ充実強化ヲ図ルト共ニ展覧会ヲシテ一層権威アルモノタラシメ度希望ニ有之候　就テハ御多忙中御迷惑トハ存候ヘ共右事情御斟酌被下審査委員ノ選定並御派遣方ニ関シ左記御了知ノ上何分ノ御尽力相煩度　此段御依頼申上候　敬具

記

一　内地側審査委員ハ東洋画及西洋画各二名（各部共一名ハ主任トス）ヲ依嘱致度候

二　人選ノ範囲ニ関シテハ一切貴下ニ御一任致候

三　審査委員ノ旅費、滞在費、謝礼等一切ヲ合シ手当トシテ主任ニハ一千円以内宛他ニハ八百円以内宛ヲ支出致ス予定ニ有之候

四　遅クモ八月末頃ニハ審査委員ヲ依嘱致度ニ付御含置被下度候

五　審査委員ハ審査日迄ニ御来台相成レバ結構ニ候

六　台湾美術展覧会開催大要予定

イ　搬入受付　　十月十四、五両日

ロ　監査、審査　十月十六、七両日

ハ　公開　　　　十月二十二日ヨリ

○台湾総督府総務長官への回答案（昭和13年８月31日立案）

拝啓　陳者貴府美術展覧会審査委員人選方御申越ニヨリ早速御回答申上ベキノ処文部省美術展覧会ト略ボ同時期ナル為文展審査員タルモノヲ避ケテ選定スルコトヲ要シ候処本年ハ文展審査員ノ決定ガ例年ヨリ後レタル為メ当方ノ人選ニ支障ヲ来シ日本画主任ノ如キハ諸方ニ交渉シ居リ延引致シタル次第ニ有之候間不悪御諒承被下度候　本日漸ク左ノ通リ取定メ夫々内諾ヲ得候間御報告申上候

日本画　　主任　野田九浦（本名道三）

　　　　　　　　山口蓬春（本名三郎）

西洋画　　主任　中沢弘光

　　　　　　　　大久保作次郎

備考〔各略歴。省略〕

(4)台展派遣審査員

右記は台展（府展を含む）に日本から派遣された審査員の一覧表である。昭和14年までは東京美術学校記録文書により、それ以後は諸文献に基づいて作成した。(　)は審査委員嘱託年における肩書きを示す。審査委員会は第１回展では在台日本人のみ、第２回展からは派遣審査員と台湾在住の審査員で構成された。そのう

ち台湾人審査員については（1）で述べたとおりである。

表⑥　派遣審査員一覧

	東洋画	西洋画
第1回 1927 昭和2年	招聘なし	招聘なし
第2回 1928 昭和3年	松林桂月（元帝展審査員）	小林万吾（帝展審査員・東京美術学校教授）
第3回 1929 昭和4年	松林桂月（帝展審査員）	小林万吾（元帝展審査員・東京美術学校教授）
第4回 1930 昭和5年	勝田蕉琴（元帝展審査員）	南薫造（帝国美術院会員）
第5回 1931 昭和6年	矢澤弦月（元帝展審査員） 池上秀畝（元帝展委員）	和田三造（帝国美術院会員） 小沢秋成（二科会員・明治44年東京美術学校図画師範科卒・旧姓堀）
第6回 1932 昭和7年	結城素明（帝国美術院会員・東京美術学校教授）	和田三造（同前）
第7回 1933 昭和8年	同上（同上）	藤島武二（帝国美術院会員・東京美術学校教授）
第8回 1934 昭和9年	松林桂月（帝国美術院会員）	同上（同上）
第9回 1935 昭和10年	荒木十畝（帝国美術院会員） 川崎小虎（元帝展審査員・東京美術学校講師）	藤島武二（同上） 梅原龍三郎（帝国美術院会員）
第10回 1936 昭和11年	結城素明（同前） 村島酉一（改組第1回帝展推奨・大正12年東京美術学校日本画科卒）	梅原龍三郎（同上） 伊原宇三郎（元帝展審査員・東京美術学校助教授）

第11回 府展第１回 1938 昭和13年	野田九浦（元新文展審査員） 山口蓬春（新文展審査員）	中沢弘光（帝国芸術院会員） 大久保作次郎（元帝展審査員）
第12回 府展第２回 1939 昭和14年	松林桂月（帝国芸術院会員） 山口蓬春（同前）	大久保作次郎（同上） 有島生馬（帝国芸術院会員）
第13回 府展第３回 1940 昭和15年	野田九浦（同前） 森白甫（元新文展審査員）	斎藤与里（元新文展審査員） 中野和高（新文展審査員）
第14回 府展第４回 1941 昭和16年	山口蓬春（同前） 山川秀峰（新文展無鑑査）	和田三造（帝国芸術院会員・東京美術学校教授）
第15回 府展第５回 1942 昭和17年	町田曲江（新文展無鑑査） 吉田秋光（元帝展審査員）	辻永（元新文展審査員） 鈴木千久馬（元新文展審査員）
第16回 府展第６回 1943 昭和18年	町田曲江（同前） 望月春江（新文展審査員）	招聘なし

6. 美術教育施設

前出顔娟英著『台湾近代美術大事年表』を見ると、植民地台湾では1920年代半ば頃から種々の画塾や研究所、研究会が生まれ、技術指導や作品発表会が行なわれたようだが、朝鮮の場合と同様、美術ないし美術工芸の専門学校は設置されなかった。そのため、美術志望者の多くは東京美術学校を始めとする日本の学校や研究所で学んだ。

第７章　その他諸外国の留学生

中国、朝鮮、台湾以外の留学生合計17人中、初期留学生９人については第３章に記した。後出「東京美術学校外国人留学生名簿」の「その他諸外国」にはそれ以後の留学生８人について記すが、留学の経緯が多少わかるのはウォング・パタナーノンタ（タイ人）とチット・ブァブゥシア（同）のみである。

上記17人中９人は東南アジアおよびインド出身である。彼ら９人の留学の背景を推測する手掛かりとして、ここで断片的ながら東京美術学校と東南アジア・インドとの関係を示す事例を掲げておきたい。

仏印＝フランス領インドシナ（ベトナム、ラオス、カンボジア）

明治35年から日中戦争勃発直前までの間、卒業生の石川巳七雄（浩洋。明治27年鋳金科卒）と石河寿衛彦（明治29年蒔絵科卒）がトンキンのハノイ職業学校でそれぞれ鋳造と漆工を教えた。彼らの招聘については次のように報道されている。

○仏領東京職業学校教師　今度清国に於ける仏領東京河内に設立せる仏国の職業学校教師として彫刻術漆工術及び青銅器鋳造に練熟せる本邦人を傭聘したしとて本邦駐在仏国公使より過般来美術学校に交渉中の処此程相互の契約成立して鋳金科卒業生石川巳七雄漆工科卒業生石川《〔河〕》寿衛彦の両氏は其聘に応ずる事となり近日同地に赴く筈なりと

（明治33年10月14日『時事新報』）

石川は岡倉天心の勧めで赴任したと記しているが（「仏印滞在四十年」『新亜細亜』第２巻第５号、昭和15年５月）、上の記事からも分かるとおり、天心は東京美術学校から仲介を依頼されて石川に勧めたのだろう。『東京美術学校校友会月報』には石川・石河両者がハノイから出した手紙が数多く掲載されており、そこには彼らが「亡国」と称する植民地の様子が丹念に記されている。職業学校の生徒は17歳以上50歳以下の職人やその弟子であったらしい。石川は前掲回想記のなかで「彼等は十分に監視して、喧しく指図しないと、すぐダラリと怠ける。彼等には自主的に勉強しようといふ気持が全然無いやうである。学校にゐる間は、それでもどうやらやつてゆくが、学校を出て三年、五年となると、また元の黙阿弥になつてしまふのが常であつた。彼等にも芸術に対する欲求は、あることはあるが、それが、どうしても長続きしないのである。私の一九〇二年から一九三六年まで三十五年間に亘る仏印滞在中に、唯一人の勝れた芸術家の出現しなかつたのは誠に残念であつた」「彼等は仏蘭西の徹底的な圧制下にある。しかし、その圧制を刎ね退ける力は彼等には未だ無い」と述べている。長年月にわたって熱心に指導したにも拘らず、結局、芸術家を育てることもできず、東京美術学校へ留学生を送り出すこともできなかったのであった。ただし、2005年に東京その他で開かれた「ベトナム近代絵画展」によれば、ベトナム近代美術の幕開けはフランス人画家ヴィクトール・タルデューが1925年にハノイにインドシナ美術学校を開設したことにあるとされているが、その美術学校の近代美術運動にハノイ職業学校における石川・石河の教育活動は全く関係を持たなかったのだろうか。特に1927年同校に漆の教室が開設され、漆絵における近代化の成果が顕著に示されたことを考えると、石河寿衛彦の漆工教育がその土台作りに何らかの影響を及ぼした可能性もあり得る。その点は今後資料的に検証してみる必要があるだろう。

日本軍の仏印進駐約１年後の昭和16年秋から冬にかけては仏印巡回日本画展覧会が開かれた。これは帝国芸術院後援、国際文化振興会主催により、現地人に日本文化への認識を深めさせようという狙いで、横山大観、竹内栖鳳、川合玉堂をはじめとする日本画家の作品200点余りをハノイ、ハイフォン、ユエ、プノンペンで巡回展示したもので、振興会の佐波甫が部隊長格で藤田嗣治（明治43年東京美術学校西洋画科卒）とともに主務を担当した。この展覧会の影響かと思われる日本画風の数点の作品が上記の「ベトナム近代絵画展」に出品されていたが、東京美術学校に留学生を送り出すといった状況は遂に生まれなかったらしい。

暹羅（1939年タイ王国となる）

暹羅は英仏両勢力の緩衝地帯と言われたように、かろうじて植民地化を免れ、1868年即位のラーマ５世のもとで日本と類似した近代化（西欧技術導入・中央集権国家確立）が進められたが、そうした近代化政策の一環として1892（明治25）年に暹羅国文部省は日本から生巧館修業生の島崎天民（彫刻家）、伊藤金之助（義正。彫刻家）、大山兼吉（翠松。洋画家）の3人を西洋風絵画・彫刻教授のため3年契約でバンコクへ招いた。新聞はこれを次のように報じている。

> 彫刻家画工の洋行　予て西洋木版彫刻を以て名ある芝桜田本郷町生巧館の修業生島崎天民、伊藤金之助〔後続記事では伊東義正〕、画工大山翠松の三氏は今回暹羅国文部省の招聘に応じ年俸八百四十円三ケ年期限の約を以て渡航することとなり明後十四日仏国便船サラバ号〔後続記事ではヤアラ号〕に便して発程する由右に付秀英社、製文堂、泰錦堂其他府下の石版画工彫刻士及生巧館員諸氏昨日築地寿美屋に於て三氏の送別会を開き席上演説答弁ありて頗る盛景なりしと聞く　本邦技術者にして特に彼れの聘により其技術を齎して海外に航するは是れ其嚆矢なるべしと
>
> （明治25年8月12日『毎日新聞』）

なお、同年9月28日の同紙は9月4日に3人がバンコクに着いたことをその渡航日記抜粋とともに伝えている。

その後、1905（明治38）年に至り、貴族階級のポーン・プワナートとチャルン・スラナートが東京美術学校に留学する。

プワナートが明治43年に漆工科研究科を修了して帰国し、翌44年に同期生の三木栄（栄川）が渡暹、プワナート邸に寄食して宮内省に就職した。皇族のプワナートが自ら手を下して仕事をすることができないので、その代わりに三木が採用されたのであった。三木は以後20数年にわたり宮内省美術局の技師として種々の製作・修理事業に携わり、また、『暹羅の芸術』（昭和5年、黒百合社）、『宋胡録陶磁紋様集』（同年、シャム古代芸術頒布会）その他を著し、日本で暹羅の美術工芸品展覧会を開くなどして日暹親善に貢献した。その間、母校との連絡を絶やさず、『東京美術学校校友会月報』に熱心に寄稿し、昭和2年には蒐集品の暹羅古代仏画・仏像67点を母校に寄贈している。

月報に掲載されている三木の通信は暹羅国のお雇い外国人の状況を知る上でも大変参考になる。それによると、暹羅の上流階級の子弟は大抵が西欧へ留学し、美術局でも塑造家トレナリー、建築図案家マフレディーその他のイタリア人が厚

遇されていて、俸給なども日本人と比較にならないほど高いが、明治期から各省に日本人も採用されており、なかには大正２年まで16年間勤務し、英仏の法律顧問を凌いで頂点に位置していた政尾藤吉法学博士のような人もいた。また、明治31年以来工部省（のち逓信省）に勤務し、建築製図において繊細優麗な技巧でイタリア人を驚嘆させている田山九一が在職中である。文部省関係では明治25年に前出の島崎、伊藤、大山（文部省の工芸学校に勤務。明治45年帰国）らが採用され、同38年には安井哲子と助手２名が３年契約で皇后女学校に勤務。同43年には宮川恭司（早稲田大学商科出身）が招聘されて中等学校に勤務。金沢某が技芸学校の銅版・三色版教授として在勤。宮内省には明治43年に東京美術学校長の紹介で漆工家鶴原善三郎が先帝の菩提寺の大仏像に金箔を置くため招聘され、優遇されて調度や什器の修理に従事していたが、大正３年に病気のため帰国。同４年現在ではお雇い日本人は僅か４名。それに対して西洋人の勢力は圧倒的で、「外交総顧問には米国人、農務省には英国人の顧問あり、鉄道省には局長初め皆独逸人、司法省には英仏、白耳義等の洋人二十余名も居り、海軍省にも陸軍省にも、三等国の洋人が居るし、警視庁は警視を初め、警部に至る迄沢山の洋人が居るし、其他、内務省、逓信省、盤谷省、何れも彼等の居らぬ役所は一もない。先頃三ケ年の契約で来た土木技師なぞは、月に三千銖以上の報酬を貰つて居る。此国は山田長政時代から、外人顧問に依つて今迄続いて居たと云つてもいゝ位。之が此国の国是なのだ。而し下に使傭する者は悉く支那人」であるという。

このようにお雇い外国人のなかでは西洋人が優勢であったが、三木の外にも東京美術学校関係者で暹羅へ赴いた人がいた。大正〜昭和初期に佐藤芳之助（大正2年彫刻科卒）がバンコクの国立美術工芸学校彫刻科主任をつとめ、大槻弌雄（明治39年西洋画科卒）が同地で洋画を教え、小田慈善（同41年彫刻科卒）が同地で「自営」したことが『東京美術学校校友会月報』から分かる。昭和10年２〜３月の新聞や雑誌に御厨純一（明治45年西洋画科卒）が和田英作校長の推薦により同年４月開校の暹羅国立美術学校教授として赴任する予定であるという記事が載っている（実行したか否かは未確認）。しかし仮に彼らが暹羅人に影響を与えたとしても、留学するとなれば暹羅人は西欧を選んだことだろう。昭和13年にウォング・パタナーノンタが、同17年にチット・ブァブゥシアが東京美術学校に留学しているが、それは三木栄川の推薦ないし仲介による例外的なものだったと思われる。

なお、以上の外に、美術における日暹交流の事例として昭和6年秋に荒木十畝主催による暹羅日本美術展覧会がバンコクで開催され、その功労により十畝が暹羅皇帝より勲章を賜ったこと、同16年秋に二科会の橋本徹郎が国際文化振興会の委嘱によりタイ国憲法記念祭（同年12月8日開催）に贈る「近代日本図」の制作を完成したことなどが挙げられる。

インドネシア（スマトラ、ボルネオ、ジャワその他）

この地域との関係は極めて薄く、卒業生が単独で旅行を試みた事例が幾つかある程度である。例えば朝倉文夫(明治40年彫刻科卒)が明治44年2月から9月にかけて英領ボルネオのゼセルトン、ラブアン、ブルナイ、蘭領アナンバ群島、マレー半島のジョホール、シンガポール等を視察旅行し、母校で帰国講演と将来品展示をしている。次いで三浦秀之助(大正6年西洋画科卒)が教授大村西崖の資金援助を受け、東京美術学校からもジャワ、マヅラ、スマトラ古代美術調査を嘱託されて大正10年から11年にかけてボロブドゥール遺跡を調査し、『闍婆仏蹟ボロブヅゥル』を刊行する一方、校友会月報でジャワについて紹介している。また、昭和3年にはジャワへ旅行した石河光哉（大正10年同科卒）が「ジャバ見聞記」を校友会月報に寄稿し、翌4年には日本のゴーギャンの呼び名のある土方久功（大正13年彫刻科卒)がパラオに渡り、以後10年間、南洋庁嘱託などを勤めながら滞在している。しかし、これらのことは留学生派遣には結びつかなかったようである。後出留学生名簿に記載した南方ジャワおよびインドネシア人計3人の留学の経緯は全く不明である。

インド

近代における日本とインドとの美術交流は元東京美術学校長岡倉天心の渡印とタゴール一族との親交（1901～02、12年）に端を発し、横山大観、菱田春草、勝田蕉琴、桐谷洗鱗、今村紫紅、堅山南風ら日本画家たちの渡印、日本美術院・国華社によるアジャンター石窟壁画模写事業、詩人タゴールの数度の来日等々と続き、友好の一つの帰結として野生司香雪によるサールナート、ムラガンダー寺院の壁画制作（1932～36年）が行なわれた。交流を主導したのは日本美術院であったが、渡印者の顔ぶれからも分かるとおり、東京美術学校も日印交流に浅からぬ関係があったと言えよう。しかし、S.N.ボース、デー・スワンカール・ラーヨという2人のインド人（初期留学生の項参照）の留学の経緯は不明である。

第８章　東京美術学校以外における状況

1. 美術学校・工芸学校・画塾・研究所

明治維新以後第二次大戦期までの間に存在した東京美術学校（美校）以外の美術および工芸教育施設は凡そ次のとおりである。

明治初年～明治10年代創設

東京　聴香読画館　春暢家塾　天絵学社　彰技堂　五姓田義松洋画塾　中丸精十郎画塾　工部美術学校　十一会研究所（→不同舎）　安雅堂画塾　川辺御楯画塾　彫刻専門美術学校　画学専門美術学校

京都　京都府画学校（→京都市立美術工芸学校）

大阪　浪華画学校（→大阪画学校）

明治20年代創設

東京　生巧館画学校（→天真道場）　鐘美館　絵画伝習所　美術講習所　東亜美術学館　共立美術学館　荒木寛畝画塾　宗山画塾（→天籟画塾）　大幸館　同友会　明治美術会教場（→明治美術学校）　実成舎

明治30年代創設

東京　白馬会絵画研究所（→白馬会第一研究所）　白馬会第二研究所　女子美術学校　藤島洋画研究所（→白馬会駒込研究所）　太平洋画会研究所（→太平洋美術学校）　同舟舎洋画研究所　女子奎文美術学校　水彩画講習所（→日本水彩画会研究所）　彫塑研究所

京都　京都高等工芸学校　聖護院洋画研究所（→関西美術院）

明治40年代創設

東京　東京府立工芸学校　川端画学校（→川端絵画研究所）　日本女子美術学校（→日本女子技芸学校）　本郷絵画研究所　朝倉塾（→朝倉彫塑塾）

大正期創設

東京　日本美術学校　自由学園美術科　文化学院美術科　東京高等工芸学校

大阪　信濃橋洋画研究所（→中之島洋画研究所）

昭和初年～昭和11年創設

東京　一九三〇年協会洋画研究所　写実研究所　帝国美術学校（→多摩帝国美術学校・武蔵野美術学校）　造型美術研究所　二科技塾（→番衆技塾）　春陽会洋画研究所　独立美術研究所　日本大学芸術学園美術科　日本プロレタリア美術学校　錦町自由研究所

こうした多数の美術教育施設にも外国人留学生が在学していた。その実態調査の進んでいる部分について概況を記す。

川端画学校

川端画学校は1909（明治42）年に美校日本画教授の川端玉章によって設立され、初めは日本画のみ教えたが、13（大正２）年に美校西洋画教授の藤島武二を招いて洋画科を増設し川端絵画研究所と改称。ただし、呼び易い旧名で呼ばれた。45（昭和20）年空襲で校舎が焼失、廃校となるまで美校の予備校として最もよく知られた施設であった。本稿に掲げた留学生たちのデータを見ても、この施設の修了者が圧倒的に多い。近年、徳島県立美術館の江川佳秀氏により同校の「記名簿・洋画部」（大正４～９年、同13～昭和６年。在籍者計2801名）における東アジアの留学生の入学状況が明らかにされた。右表はそれに基づいて作成したもので、〈　〉は美校入学者数を示す。この期間には中国、朝鮮、台湾出身者のいずれも約23％が美校に進学したことが分かる。昭和６年の記録は途中から欠損している。

入学申し込み年	中国	朝鮮	台湾
1915（大正４）年	2		
16（〃　５）	3〈3〉		1
17（〃　６）	9〈3〉	1	
18（〃　７）	8〈2〉	1	
19（〃　８）	6〈4〉		1
20（〃　９）	10〈4〉	3	1
1924（大正13）年	3〈1〉	6〈3〉	1
25（〃　14）	9	18〈4〉	2〈1〉
26（〃　15）	8	10〈5〉	2〈1〉
27（昭和２）	9〈1〉	9〈3〉	4〈1〉
28（〃　３）	14〈3〉	8	4〈1〉
29（〃　４）	26〈3〉	13〈2〉	5〈1〉
30（〃　５）	9〈1〉	9〈1〉	5〈1〉
31（〃　６）	(4)〈1〉	？	？

京都府画学校（京都市画学校、京都市美術学校、京都市立美術工芸学校）、京都市立絵画専門学校（京都市立美術専門学校）

京都市立芸術大学同窓会編『同窓生名簿2005』には明治13年創設の京都府画学

校（同22年京都市画学校、同24年京都市美術学校、同27年京都市立美術工芸学校と改称）、同42年創設の京都市立絵画専門学校（昭和20年京都市立美術専門学校と改称）以来の同窓生名が収録されているが、第二次大戦終結までに在籍した外国人と思われる生徒は鄭錦（聚裳。明治44年美術工芸学校絵画科卒、大正3年絵専卒）、陳樹仁（樹人。同45年美術工芸学校絵画科卒）、陳敬輝（昭和4年同校同科卒）、鄭博文（昭和6年同校図案科卒）、閻家驥（昭和19年絵専卒）の僅か5名であり、東京美術学校とは大きく異なる。

帝国美術学校

帝国美術学校は1929（昭和4）年に創設され、48年に武蔵野美術学校と改称、62年に武蔵野美術大学となる。初めは日本画科、西洋画科、工芸図案科が置かれ、31年に彫刻科と師範科が増設された。初期の頃は東京美術学校卒業生が教師の大半を占めた。35年に分裂騒動の末、別に多摩帝国美術学校（科の構成は前者とほぼ同様）も発足し、こちらは47年多摩造形芸術専門学校と改称、53年多摩美術大学となる。

帝国美術学校の外国人生徒に関しては朝鮮出身者についてのみ『帝国美術学校と朝鮮人留学生たち　1929―1945』（韓国近現代美術記録研究会編著、2004年、ヌンピッ発行。ハングル文）において名簿が公開され、多数が在籍し、近現代美術の担い手たちが育ったことが判明した。総計147名。内訳は次のとおりである。

日本画科・第二部日本画科	6	
西洋画科・第二部西洋画科	110	兼修者1
彫刻科・別科彫刻科	9	
図案科・図案工芸科・第二部図案科	11	兼修者1
師範科	8	兼修者8
専攻不明	3	

これと同じ時期の東京美術学校における朝鮮出身者は約62名であるから、その2.3倍以上が在籍していたことになる。多くが西洋画科に在籍した点は美校と変わりない。

女子美術学校

女子美術学校は1901（明治34）年に東京美術学校彫刻教授の藤田文蔵と横井玉子によって設立された私立学校で、49（昭和24）年に至り女子美術大学となる。創設当初は日本画、西洋画、刺繍、造花、裁縫の部門があり、３年間、４年間、１～２年間、研究科（１年間）の課程が設けられていた。生徒を女子に限ったのは、創設者が女子教育に情熱を注いでいたのと、唯一の国立美術学校である東京美術学校が原則として女子の入学を認めなかったため、その欠陥を補うという意図があったことなどによる。ただし、刺繍や造花、裁縫を選ぶ生徒が多かった反面、日本画や西洋画を学ぶ者は初めは非常に少なく、大正期に入ってから漸く増加し始めた。女子には生活に役立つ技芸を教えるべきだという風潮が強かったのである。

同校には東アジア出身の女子が次のように多数在籍した。

中国　1908（明治41）年～48（昭和23）年　計150名
このなかに何香凝（1911年日本画撰科高等科卒）がいる。

朝鮮　1918（大正３）年～44（昭和19）年　計104名（うち91名が刺繍科）
このなかに朝鮮の洋画界で活躍した羅蕙錫（1918年西洋画科高等師範科卒）や誠真女子大学校を創設した李淑鍾（1926年西洋画科高等科卒）らがいる。

台湾　1922（大正７）年～43（昭和18）年　12名
このなかに近年注目を集めている陳進（1929年日本画科高等師範科卒）がいる。

女子圭文美術学校

女子圭文美術学校は上述の女子美術学校が1902（明治35）年佐藤志津の経営に委ねられた後、藤田文蔵があらためて05年牛込に開設した私立学校である。絵画、裁縫、造花、編み物などの部門があり、前者と同様に外国人女子も自由に入学できた。その在籍状況を知る記録資料は現存しないが、次の記事から推して初めは女子美術学校と同じような傾向だったらしい。

清国女学生の日本美術研究

清国女学生と云へば下田歌子女史の実践女学校に二十五名ある外他の女学校

に一二名を数ふるに過ぎざりしが此度牛込市ケ谷なる女子圭文美術学校に左の九名が一時に入学するを見たり

黄　萃（二十七）湖南　　黄　興（二十七）湖南　　朱　英（三十三）徽州

胡藍荘（廿二）　北京　　余辺申（二十六）江蘇　　陳徳声（二十六）浙江

蔡少姐（二十）　浙江　　葉若萱（二十三）徽州　　屈　競（十九）　長沙

何れも裁縫、造花、編物のみを専攻し居る中に胡藍荘一人は日本画を専攻し居れり

以上の女学生はいづれも夫あるものにて既に母となり居れるもの三名もあり

朱英は妊娠の為め昨今休学し黄萃余辺申の両女は能く日本語に通じ居るを以て自然通訳の任に当り尚随意科として数学をも学び居れるが西洋数学の教授を畢り昨今漸く加へ算にに入りたるほどなり　我国の尋常二年生位の処を人の妻となり母となり三十歳近くして遙かに日本に来つて初学から修学するとは洵に嘉す可き事ならずや

（明治39年５月26日『読売新聞』）

日本美術学校

日本美術学校は1917（大正６）年に紀淑雄によって創設された男女共学の私立学校である。絵画（洋画、日本画、２年制）、彫塑（３年制）、図案（同）、応用美術（２年制）の部門があった。同校については『日本美術学校卒業者名簿』（昭和29年、同校校友会）が作成されており、外国人らしい名前も載っているが、出身地は記載されていない。下記は中国、朝鮮、台湾出身と思われる卒業生の部門別の数である。

1926（大正15）年～45（昭和20）年卒業生

洋画　33　　日本画　2　　彫塑　2　　図案　3　　応用美術　2　　計42名

文化学院美術科

文化学院は1921（大正10）年に西村伊作によって創設された自由主義を標榜する学校で、戦時中の43（昭和18）年に強制閉鎖された。外国人生徒の在籍状況の全貌は把握できないが、美術教師村井正誠（自由美術家協会所属）の指導のもとに朝鮮人留学生のなかから劉永国（1938年卒）、文学洙（39年卒）、李仲燮（40年卒）などの俊才が育った。

東京高等工芸学校

東京高等工芸学校は大正11年に開設された官立専門学校であり、東アジアの留学生22人がここで工芸を学んだ。内訳は次のとおりである。

工芸図案科　王綱、王銅、李耀郷、儲致忠、王之英、高希舜、李世澄、孟繁智、王道平、呉啓瑤、商家堃、張錦鈞、王元奇（以上中国）
平川友三（朝鮮）

印刷工芸科　白熊〈南斗〉（朝鮮）、関漢勲、方兆（以上中国）、馬克清（満州）、黄百寧（台湾）

金属工芸科　陳治（中国）

精密機械科　西原郁夫（朝鮮）

造型工芸部　海本宗亨（朝鮮）

（本項は森仁史氏のご教示による。）

新京美術院東京分室

1941年に新京特別市が日本画家川端龍子と協議の上、東京大田区に開設した美術教育施設。「満州国」の国家的美術施設設立のための予備機関としての新京美術研究所の指導者養成を目的としていた。満州全域の男子中学生・中学卒業生から留日美術研究生を選抜して東京に送り、費用一切を支給して東洋画・西洋画素描・油彩画を教えた。５年制。ただし、全員が中途で帰国。敗戦を目前にして全員を帰国させ、戦災で建物も焼失し、1945年廃院となり、正規の記録は失われたが、近年その実態把握のための研究が進み、概要が判明した。ここには飯野正仁著「〈国家主義的美術家〉を育てる――〈新京美術院〉と川端龍子」（『あいだ』第92号、2003年８月）および分室第４期生である曹思明氏提供資料に基づいて指導者と研究生の氏名を記す。曹氏のご教示により、研究生の中にはのちに美術・美術教育の分野で活躍した人が多々あることが明らかになった。

指導者

川端龍子（院長。全体的指導と精神講話）

横川毅一郎（美術史論）、鶴田吾郎（素描・油画）、玉井力三（同）、坂口一草（日本画）、木村鹿之助（同）、中村直人（彫塑）、長沼考三（同）

留日美術研究生

第一期（計13名） 王盛烈（魯迅美術学院長）、趙福天（魯迅美術学院教員）、康明瑤（天津美術学院教員）、劉鈺（台湾、師範大学教員）、王言大（沈陽、高級美編、王国光と同一か）陳秉璋、大維東、率乃樽、黄文悌、金恩口《〔不明〕》、松尾善一、黒田三郎、福村林二

第二期（満州系計5名）蔡徳元、趙（または陳某）、鶴田某ほか

第三期（計十数名） 祁祥（李青。北平芸術専科学校卒。杭州中央美術学院華東分院教員）、楊金山（天津、高級美編）、劉信宏（北平芸術専科学校彫塑系卒。沈陽、彫塑家）ほか

第四期（総数未詳） 董家興（董群。哈尔濱、高級美術設計師・市政協委員）、単長久（曹思明。北平芸術専科学校卒。中央美術学院華東分院・浙江美術学院・中央工芸美術院教員）、張恵元（口《〔不明〕》歩。魯迅美術学院教員）、梁士嘉（梁十千。元上海電影制片廠美工師）、那彦圖（蒙族）ほか

第五期（研究生派遣の有無未詳）

2. 参考

東京音楽学校

美術の分野と同様に、音楽の分野にも東アジアから多くの留学生が訪れた。特に西洋音楽の移植をモットーに開設された唯一の官立音楽学校である東京音楽学校には多くの留学生が訪れ、帰国後はそれぞれの郷国で近代音楽の発展に貢献した。その数はどれほどであったか、美術の分野と比較する一材料として東京音楽学校の留学生受入れ状況を見ておきたい。

東京音楽学校（音校）は東京美術学校（美校）と並んで1887（明治20）年に設置され、1952（昭和27）年まで存続。1949年設置の東京芸術大学は両校を母体としている。両校は国営による最高の芸術教育機関として位置づけられ、敷地は隣接し、官立学校としての制度上の大枠においては同じ変遷をたどったが、美校が第二次大戦終結後まで男子校（例外的に女子を受け入れたことはある）であったのに対して、音校は元々男女共学であっただけでなく、美術・音楽という相異なる分野の事情に則して別個の教育システムをとり、戦前には互いに殆ど交流がなかった。留学

生受入れ制度においても音校は美校の「東京美術学校外国人学生特別入学規程細則」(1924年) に相当するような細則を設けることなく、別個の方法をとった。

音校の留学生受入れ状況を把握するための資料としては『東京音楽学校一覧』(明治23年～昭和17年)、『東京音楽学校卒業生氏名録』(大正14年) があり、概要は次のとおりである。数字は在籍者数、( ) は卒業・修了者数を示す。

英国	米国	独国	仏国	露国	布哇	中国	満州	台湾	朝鮮	暹羅
4	8	2	2	3	2	107	5	23	93	3
(0)	(1)	(0)	(0)	(0)	(0)	(14)	(1)	(6)	(13)	(0)

留学生の総数は美校329人に対して音校352人で音校の方が多い。音校の場合は昭和18～27年の間の留学生数が未詳であるが、その分を加算すればさらに総数は増えるだろう。

しかし、この352人のうち、卒業・修了者の占める割合は16%と非常に少ない。美校は62%である。それは教育システムの相違によるものであって、音校は選科に日本人・外国人を問わず多数入学させ、短時間レッスンのかたちで教育したので、短期在学者が多かった。したがって、美校に在学しながら音校に在学することも可能で、チャルン・スラナート (タイ人、明治43年美校卒)、厳智開 (中国人、大正6年美校卒)、金浩龍 (朝鮮人、昭和4年美校卒) の3人はこの利点を生かして音校にも在学した。かの李岸 (叔同、弘一大師。明治44年美校卒) は、中国で出版された伝記に音校にも在学したと記されているが、『東京音楽学校一覧』には名前が載っていない。その点について嘗て筆者は李が美校の校友会音楽部にでも所属し、それが誤り伝えられたのだろうと書いたことがあるが (「上野的面影」『弘一大師藝術論』2000年、杭州、西冷印社)、あるいは『一覧』にも載らないほど短期間音校に在籍したことも考えられる。

なお、美・音両校とも留学生の大半は中国、朝鮮、台湾出身者である。欧米出身者は美校6人に対して音校21人(露国、布哇を含む)で音校が多いが、アジア人(中国、朝鮮、台湾を除く) は美校10人に対して音校3人で、美校が多い。

東京芸術大学

1949年に東京美術学校と東京音楽学校を母体とする東京芸術大学が発足し、徐々に規模が拡大するとともに、国際交流の促進が図られた結果、留学生数は大幅に増加した。下記はその現状（2006年５月）を示す。

	大学院美術研究科			美術学部	大学院音楽研究科			音楽学部	計
	博士	修士	研究生		博士	修士	研究生		
国費	8	12	6	1	1	3	1		32
私費	22	20	12	2	7	8	2	1	74
計	30	32	18	3	8	11	3	1	106

総数106名のうち、男子は44名、女子は62名である。国別では韓国が圧倒的に多く41名。これに次ぐ中国が21名。次いでアメリカ８名、ドイツ４名、台湾・オーストラリア・フランスが各３名、バングラディシュ・イギリス・ベルギーが各２名、イラン・タイ・トルコ・ネパール・ベトナム・カナダ・パナマ・ウルグアイ・コロンビア・チリ・ブラジル・ペルー・イタリア・クロアチア・スペイン・ポルトガル・ロシアが各１名であり、戦前と異なり、世界各国から留学生が訪れている。

東京美術学校外国人留学生名簿

出典・略号等について

基礎的データは東京美術学校作成記録文書による。

〔月〕『東京美術学校校友会月報』（数字は巻・号・発行年月の順）

〔一覧〕『東京美術学校一覧』（数字は当該年）

〔24名簿〕『大正13年（1924）東京美術学校卒業生名簿』

〔40名簿〕『昭和15年（1940）東京美術学校校友会会員名簿』

〔65名簿〕『昭和40年（1965）東京美術学校・東京芸術大学卒業者名簿』

〔90名簿〕『平成２年（1990）同窓生名簿』

〔中退名簿〕「昭和十七年十月調　中途退学者名簿　教務課」

〔左連〕『左連研究』第１～３輯（1990、92、93年、汲古書院）所載小谷一郎氏論文。

○は卒業者、他は退学者ないし一時的在学者。

★は在校中の成績品が東京芸術大学大学美術館（旧芸術資料館）に収蔵されていることを示す。

◇は主として帰国後の活動。

・中国の部は鶴田武良氏論文、故劉暁路氏論文（後出参考文献参照）に多く依拠している。

・朝鮮の部は金容澈氏、金恵信氏、李美那氏提供の資料・情報に多く依拠している。

・台湾の部は顔娟英氏、李進発氏提供文献に多く依拠している。

・在校中の学科聴講については記録文書に記載が見られる場合はリストに記入した。記入がなくとも聴講しなかったという意味ではない。

中　国（東北部以外）

1905（明治38）.　9.　.　西洋画科撰科入学

黄輔周（1883～　　　）

直隷省出身。

明治38年10月現在撰科１年、同39年10月東京美術学校遠足会に参加〔月５-２、明治39-12〕。

同40年２月現在同2年、同年10月現在同３年、同41年度除名。

明治38年現在22歳、溜池の白馬会研究所で学び、日本語に通じていると『美術新報』第４巻第18号（明治38年12月15日）が報じている。

◇鶴田武良著「黄輔周の舌画――民国期絵画資料――」（『美術研究』第390号、平成18年12月）によると、黄輔周は二難、二南と号し、河北の人で、山東省の高等学堂を卒業後日本に留学、東京美術学校で西洋画を学ぶ傍ら李岸、曾延年らの新劇団体「春柳社」に参加。帰国後も新劇活動を行い、軍隊生活を送った後、1928年から舌画を学び、天津美術館や上海震旦大学その他で舌画の展覧会やパフォーマンスを行なって注目された。1958年75歳まで生存が確認されているという。

1906（明治39年）.　9.　.　西洋画科撰科入学

○李岸＝李叔同（1880.10.23～1942.10.13）

直隷省天津県出身。

1901年、南洋公学の経済特科班に入学し、蔡元培に日本語を習う。日本語文献の翻訳・出版に従事。直隷高等工業学堂教習松長（曽根）長三郎（明治32年東京美術学校図案科卒）と知り合う。1905年来日。私費。

中国人留学生が発行していた月刊誌『醒獅』に寄稿。随鷗吟社に入り、本田種竹、森槐南、日下部鳴鶴その他の漢詩人と交流。東京美術学校入学後間もない明治39年10月４日付『国民新聞』に訪問記（李岸肖像写真、スケッチとも）が掲載された。同年冬には曾延年と劇団「春柳社」を結成、自ら舞台に立った。在校中には白馬会第12回展（明治42年春）、第13回展（同43年春）に出品。

明治44年３月卒業。★卒業制作自画像。

◇卒業後、直隷省高等工業学堂、次いで杭州第一師範学校に勤務。1914年、第一師範学校において中国最初の裸体モデルを使用。1915年、東京美術学校に手紙を送り、篆刻クラブの作品集『楽石』ほかを学校に寄贈した〔月14-1、大正4-4〕。その寄贈図書（中型帙入本。東京芸術大学附属図書館蔵）は次のとおりである。

『楽石』第１集～第５集、第７集、第８集　７冊

『楽石社友小伝』　１冊

（主任の李岸の小伝は「李息　字叔同　一字息翁　燕人　或曰当湖人　幼嗜金石書画之学　長而碌碌無所就　性奇癖不工媚人　人多悪之　生平易名字百十数名之著者曰文涛　曰成蹊　曰広平　曰岸　曰哀　曰凡　字之著者曰叔桐　曰漱筒　曰惜霜　曰桃谿　曰李廬　曰壙廬　曰息霜　又自謚曰哀公」とある。）

『楽石集』　１冊

（表紙に「李岸敬贈呈　丙辰六月　東京美術学校」と墨書あり。）

また、同年、『葉氏存古叢刻』２冊、『印人伝』２冊、『続印人伝』３冊、『再続印人伝』３冊も寄贈したことが東京美術学校の記録文書「金品寄付ニ関スル書類　自大正三年至大正五年」に記載されている。ただし、この４種の図書は所在不明である。

以上のことから、李岸は美校日本人生徒ないし教員と篆刻を通じて交流があったと推測される。

1918年、李岸は出家した。これについて母校に次のような手紙〔月17-2、大正７-７〕を送っている。

拝啓　仲夏緑蔭惟校友諸君動静安豫為頌　不慧近有所感定於七月一日入杭州大慈山定慧寺　俗名虎跑寺　為沙弥　寺為臨済宗　但不慧所修者浄土　以末法衆生障重非専一念仏恐難有所感成就也　寺在深山之中　郵便不通　今係通信処在杭州第一師範学校内李増栄方　早々

六月廿五日　　　　　　李岸　法名演音号弘一

校友会諸君博鑒

李岸は『太平洋報』藝術副刊編集に従事し、文美会に所属、春柳詞人の別号もある。美術や音楽、詩、演劇、書等々、多方面に亙って活躍した。書は六朝の写経を学んで醇朴、近代の僧のなかで最も書名の高い一人（杉村邦彦著「勺園清聞録」14『書源』第364号、1997年4月）と言われる。一般には李叔同の名で知られる中国の偉人である。杭州師範学院の弘一大師・豊子愷研究中心（代表陳星）、逝去の地福建省泉州改元寺境内の弘一法師紀念館などで資料保存と研究が行なわれている。『李叔同——弘一法師』（1988年、天津古籍出版社）、林子青著『中国現代高僧年譜系列・弘一法師年譜』（1995年、宗教文化出版社）、谷流彭飛編著『弘一大師談芸録』（1998年、河南美術出版社）、陳慧剣主編『弘一大師有関人物論文集』（1998年、台北弘一大師紀念学会）、陳星著『李叔同身辺的文化名人』（2005年、中華書局）、同著『弘一大師絵画研究』（2006年、北岳文芸出版社）をはじめ多くの関連文献が出版されており、上記の弘一大師・豊子愷研究中心では李叔同生誕120周年国際学術研討会が開かれ、そのときの発表が『弘一大師藝術論』（2000年、西冷印社）として刊行され、その英訳版（2001年）も刊行された。国家広播電影総局によって伝記映画「一輪名月」（監督陳家林、演出路奇、2003年）も製作されている。

○**曾延年**（1873～1936）

四川省出身。浙江省両級師範学校卒。官費。

明治44年3月卒業。★卒業制作自画像。同年4月12日研究科に入学、同45年3月8日無届け1ケ月以上欠席につき除名。

◇字は孝谷。のちに劇作家として活躍。

四川省城内会府西街42〔24名簿〕。

帰国後の消息が次のように伝えられている〔月13-3、大正3-7〕。これは東京美術学校大改築に伴い校友会倶楽部が改修された際、曾延年が修繕費として5円を寄付したときのことである。

西洋画科卒業生曾延年氏は、目下本国蜀の成都に在住せらるゝよしにて、此度本校二十五年紀念会寄附金を、遙かに寄与せられたる際左の手簡を添へたり、同氏の憂愁も亦察すべきものあるを以て、此に之を掲載して同学諸氏に報することゝせり。

拝啓、度々

御手牋頒下、皆已読悉、茲謹託友人、由天津寄附金拾貳円、到東京時、祈先生向各団代徼、（敝国因幣制未定、成都無為替、故由天津転寄）感謝無量、年前歳遭国変、総猝施上海、後又流落至天津、次年秋末、返成都故郷、不図慈母於八月已病亡、万里馳駆、遅行両月、遂抱終身之恨、且庶祖母於年帰里半月、又復病故、嗚呼痛已、去年得友人紹介、出勤行政官署、補工科技士、不久因減政裁決、任陶瓷講習所図案教習、聊以糊口、蜀西山重水複、交通閉塞、見聞孤陋、老父多憂、不能離左右、敝国政体未穏、兵事相仍、俯仰荊棘、魂夢恐怖、非特窮困而已、道路遙遠、返事遅延、乞宥之、

専此敬清

籌安、

校長先生

諸　教師

諸　同学

因にいふ此書状は五月二十三日付にして、六月十七日著したるもの、又同氏への通信は、中華民国四川省成都銭巻紙巷二十号にて同氏宛とすれば到着すべしといふ。

同　年．　．　．彫刻科撰科入学

談誼孫（　　～　　）

明治40年彫刻科第２年在学。同41年除名。

1908（明治41年）．９．25．西洋画科撰科入学

○**白常齢**（1883.9.15～1927〔90名簿〕〔40名簿には1936歿〕）

北京東安門北池子出身。神田区私立経緯校普通科修了。自費。

大正２年３月卒業。★卒業制作自画像。

◇北京東安門北池子北頭路西〔一覧大正５～６〕。

○**陳之駟**（1882. 5～　　）

直隷省天津県塘沽北豊台鎮出身。東亜同文書院第２年修了。官費。

大正２年３月卒業。★卒業制作自画像。

◇南京寄望街第八師団長陳之驥方〔一覧大正４～５〕。
南京寄留地〔24名簿〕。

1909（明治42年）. 9. 23. 西洋画科撰科入学

○**汪済川＝汪洋洋**（　　～　　）

山東省出身。

明治44年11月15日より45年７月10日まで事故により休学許可。大正元年10月23日授業料滞納除名。同２年９月８日再入学。官費。同４年厳智開、江新らと中華美術協会創立。同５年６月17日汪洋洋と改名届け出。白馬会第13回展（明治43年春）に油絵を出品。

大正６年３月卒業。★卒業制作自画像。

◇山東省済南府第一虹橋臨沂〔一覧大正７～８〕。
1930年天津市立美術館秘書長。

1910（明治43年）. 9. 26. 西洋画科撰科入学

○**潘寿恒**（1885.5.15～　　）

安徽省桐城県出身。天津日ノ出学館卒。明治41年４月17日来日。官費。

大正４年３月卒業。★卒業制作自画像。

◇北京西城祖家街農商部権度製造所〔一覧大正４～５〕、北京子傑廣東城下面胡同〔一覧大正６～７〕。

○**方明遠**（　　～1921〔65名簿〕）

四川省叙府富順県出身。明治39年５月９日来日。官費。

明治45年２月22日授業料滞納除名。同年３月29日復校許可。

大正６年３月卒業。★卒業制作自画像。

◇四川省富順県自流井堪井〔24名簿、一覧大正６～７〕。

1911（明治44年）．9．22．西洋画科撰科入学

○**雷毓湘**（1885.11.3〜1923〔65名簿〕）

広東省四会県城内（または広東省恵州府帰善県）出身。広東中学卒。明治39年6月10日来日。同43年4月葵橋白馬会洋画研究所入所、木炭画を学ぶ。

明治44年9月実技・学科試験特別免除。官費。

大正2年5月16日退学。「退学願　西洋画科撰科二年生　雷毓湘　現住所府下高田村大原1635番。同文陸軍第四宿舎　東京美術学校御中　私儀今般国事の都合により猝かに軍人志望の余儀なきに至り之が予備として同文書院に転学致候に付き御校退学致候間御許可相成度此段相願候也　大正2年5月12日」同3年1月30日西洋画撰科2年へ再入学。

大正6年3月卒業。★卒業制作自画像。同年5月2日研究生となり、同年12月27日家事都合退学。

◇神戸市内海岸通2の26、東成公司〔24名簿、一覧大正6〜7〕。

1912（大正元年）．9．25．西洋画科撰科入学

○**厳智開**（1894.7.24〜　　）

直隷省天津県出身。天津第一中学校卒。明治44年8月24日来日。同45年東京で木炭画を学ぶ。官費。入学試験特別免除。大正4年中華美術協会（前出）に参加。

大正6年3月卒業。★卒業制作自画像。同年4月25日研究生となり、翌7年2月23日米国留学のため退学。

◇字は季聡。厳修の子。兄の厳智怡は明治39年頃高等工業学校に在学。

正木直彦著『十三松堂日記』（昭和40、41年、中央公論美術出版）の昭和5年2月25日に「民国厳修氏の子息啓〔智の誤り〕開来訪　同人は我校洋画科の卒業生にて卒業後英国仏国に十年も学ひたる後帰国　今天津に天津美術館といふを興せるよし　其云ふ処を聞くに其事業は黒田記念館の美術研究所の如きものなり　太た啓発したる容子なりき」とあり、また、3月11日には対支文化事業部主催の厳智開送別会があったことが記されている。

1931年天津美術館館長に就任。34〜36年国立北平芸術専科学校校長となり、東京美術学校に倣い絵画科（国画組、西画組）、雕塑科（雕刻組、塑造組）、図

工科（図案組、工芸組）、芸術師範科に分かつ。
東京美術学校正木記念館建設会に10円寄付。

○**江新**（1894.2.16〜1939）

江蘇省呉県出身。蘇州府立中学校卒。大正元年７月20日来日。私費。入学試験特別免除。大正４年中華美術協会（前出）に参加。

大正６年３月卒業。★卒業制作自画像。

◇字は小鶼。帰国後フランス留学。東京美術学校教授和田英作の日記（手塚恵美子編「和田英作日記」『近代画説』第16号、2007年）に和田が大正10年８月16日にパリ、プティパレ美術館で江新に出会って話したことが記されており、また同年10月17日の同日記には「東京美術学校卒業生江新君来訪、夕食を共にし、十時頃迄語る。支那の最初の官費美術留学生として、此地に送られたるなり。」とある。

上海美術専科学校教員。1919年劉海粟らと上海で展覧会開催、裸体画陳列。同年、天馬会創立に参加。28年藝苑絵画研究所設立に参加。34年工芸美術公司を組織。他に中日芸術同志会、中国画会に参加。

1913（大正２年）．９．23．西洋画科撰科入学

○**李廷英**（1888.12.17〜1929.2.2）

雲南省雲南府晋寧州出身。雲南府立第二中学校卒。明治42年８月20日来日。官費。

大正７年３月卒業。★卒業制作自画像。

◇1914年川田芳子と結婚し、同伴帰国して昆明師範学校および雲南省立第一中学校図画教員をつとめた後、雲南省立美術学校創立（1924）に尽力、同校教務長となり絵画を指導。

雲南省大東門外金牛寺街実盛酒房〔24名簿〕。大正15年現在雲南省立美術学校長兼教務長〔月24-7、大正15-2〕。1925年彫塑研究科指導のため東京美術学校卒業生吉川保正を招聘。雲南省の美術に新気運をもたらしたが、30年学校廃止。

参考文献に紅帆・曾徳鈞著「西南地区第一所現代芸術学校的創業者――李

廷英生平」(『雲南芸術学院学報』2003年第１期) あり。

○**劉鏡源** (1888.8.12～　　)

広東省恵陽県出身。広州中学校卒。大正元年９月２日来日。官費。

大正７年３月卒業。★卒業制作自画像。校友会月報に漢詩を投稿〔月17-4、大正７-４〕。

◇広東省城大東門外麥欄街安々薬房〔24名簿〕。

福建省厦門中山公園事務所〔40名簿〕。

凌驥 (1894.2.10～　　)

広東省広州番禺県出身。広州中学校卒。大正元年３月10日来日。私費。

大正３年１月28日家事都合退学帰国。

同　年．同月．同日．彫刻科牙彫部撰科入学。

楊鋳成 (1894.9.4～　　)

四川省安県出身。明治42年７月８日来日。官費。

大正３年９月病気退学。

1914 (大正３年)．9．21．西洋画科撰科入学

○**崔国瑶** (1894.5.15～1994)

広東省南海県出身。香港聖士提反学校卒。大正元年12月～同３年６月白馬会研究所で修業。私費。

大正８年３月卒業。★卒業制作自画像。同年４月９日～同９年４月９日研究生。

◇滝野川町田端493、原田方〔24名簿〕。

○**許敦谷** (1893.9.17〔『中国現代美術家人名大辞典』では1892.11〕～1983.12)

福建省漳州府龍渓県出身。広東官立旅粤中学校４年修了。大正２年10月来日。同３年２月より赤坂溜池の白馬会研究所入所。同６年第４回二科展に「蔭」を出品。同８年陳抱一、胡根天、関良らと東京で芸術社を創設。

大正９年３月卒業。藤島教室。★卒業制作自画像。

◇号太谷。広東省番禺。北平芸術専科学校・広州芸術専科学校・武昌芸術専科学校教授歴任。1962年雲南省博物館で個展開催。

『広東画人録』（後出参考文献参照）には1891年生まれとあり、経歴は上記の他に1927年広州尺社美術研究会加入、29年第１次全国美術展に洋画を出品、上海神州女校・上海東方芸専教員、昆明師範学院芸術系教師、中国美術家協会会員とある。

潘元牧（1896.4.20～　　）

広東省広州南海出身。東京同文書院出身。住所・神田猿楽町２－１、清寿館。保証人・中渋谷54、北園方、広東経理員、熊退。私費。

大正５年５月27日授業料滞納除名。

同　年．同月．同日．金工科撰科入学

史秉彝（1895.1.5～　　）

雲南省雲南県城内出身。東京同文書院出身。保証人・麹町区永田町、中国公使館内、雲南経理員、王九齢。官費。

大正３年12月10日～同４年9月11日家事都合休学。同年11月４日授業料滞納除名。

1915（大正４年）．9．21．西洋画科選科（同３年撰科を選科と改正）入学

○**李長元**（1893.1.10～　　）

雲南省晉甯県出身。雲南省立中学校卒。大正３年２月神田区、東亜予備学校入学。同４年川端洋画研究所入所。官費。

大正７年５月31日授業料滞納除名。同８年１月21日復校許可。同年４月14日第４年級へ特別進級。

大正９年３月卒業。岡田教室。★卒業制作自画像。

◇大正10年、雲南省城内三区六段46号の自宅へ帰省〔月20－３、大正10－９〕。

○**胡毓桂＝胡根天**（1892.9.23～1985.6.23）

広東省開平県出身。広東省高等師範学校図画手工専修科卒。私費。

大正９年３月卒業。岡田教室。★卒業制作自画像。

◇号抒秋。又の号志抒。別署天山一叟（『広東画人録』)。東京で中華美術協会、芸術社（前出）創立に参加。1921年上海で文学研究会に参加。同年広州で赤社（のち尺社）美術研究会創立に参加し、35年まで活動。22年以後広州市立美術学校教務主任のち校長、新華芸術専科学校教授、広東省立芸術専科学校教導主任、省立博物館長、中国美術協会広東分会副主席。

黄源煦（1892.5.5～　　）

雲南省弥勒県出身。雲南省会中学校卒。保証人・雲南学生経理員・神田区錦町３の９、美豊館方、竇維藩。

大正５年２月26日授業料滞納除名。

陳丘山（1895.12～　　）

広東省広州府南海県出身。南海県立中学校中退。大正３年７月来日。同年９月葵橋洋画研究所入所。私費。

大正５年11月13日授業料滞納除名。

1916（大正５年)．10．4．西洋画科選科入学

○**陳洪鈞**（1894.12.16〔または11.18〕～1945.7.27)

広東省新会県出身。上海聖方済書院出身。大正２年来日。東京、日本美術学院〔校カ〕入会。白馬会葵橋研究所入所。翌年帰国。上海図画美術学院教師、東方画会所属。大正５年再来日。同年および７年川端画学校で修業。私費。東京で芸術社（前出）創立に参加。

大正10年３月卒業。藤島教室。★卒業制作自画像。

◇上海麥特赫司徳路福田村３号〔40名簿〕。

号抱一。1921年上海で晨光美術会創立に参加。25年上海で個展開催。同年丁衍鏞と私立中華芸術大学を設立。「上海画家のプロフィル」(大熊卓蔵。『アトリエ』第７巻第２号。昭和５年２月）に、初め同大学洋画部主任となったが、内訌により退職。夫人は日本人と紹介されている。1927年『油画法之

基礎』を著し立達学園で個展開催。28年『陳抱一画集』刊行。29年秋田義一と上海で晞陽美術院を開設。30年「日本洋画発展之概況」を『前峰月刊』第2期に発表。同年上海芸術専科学校創設に際して西画科主任となる。36年徐悲鴻らと黙社を組織。38年『静物画研究』『人物画研究』出版。42年第1次文芸茶会に参加。同年上海洋画学会常務理事。44年個展開催。娘は陳緑妮（1947年美校入学）。『広東画人録』『十三松堂日記』等にも関連記事あり。

1917（大正6年）．9．22．西洋画科選科入学

○**汪亜塵**（1893.8.6～1983）

浙江省杭州府出身。浙江杭州中学校卒。民国2年上海外国語学校で修業。同3年2月～5年7月上海洋画研究所で修業。上海美術学院教師、東方画会所属。大正5年9月～6年7月川端画学校で修業。東京で中華美術協会（前出）創立に参加。私費。

大正8年9月28日授業料滞納停学。同年同月上海で劉海粟らと展覧会開催、天馬会を組織。同9年4月11日復校許可。

大正11年5月卒業。和田教室。

◇上海西門、白雲観美術学校に在職〔40名簿〕。

1922年関良、兪寄凡らと上海芸術師範大学内に東方芸術研究会を創立。28～31年フランス留学。33年徐悲鴻らと杭州で芸風社を創設。35年南京で王祺と合作展、上海湖社で個展。36年黙社創立に参加、北京で個展。41年北京で個展。42年第1次文芸茶会に参加。46年上海美術会創立に参加。他に新華芸術専科学校校長、上海美術専科学校教授、中国画会理事、工商美術協会会員。

解放後渡米。のち台湾へ移る。金魚大王と称す（『特別展　橋本コレクション　中国近現代絵画』平成元年、松涛美術館）。拙著「大村西崖と中国」にも関連記事あり。西崖と親交あり、西崖遺品中に汪亜塵の書簡が14通ある。

○**周勤豪**（1894.6.6～　　）

広東省潮陽県出身。上海中国体操学校卒。大正3年3月東京に留学。同年4

月日本体育会体育学校入学、同5年3月卒。同年5月中華美術協会に入会して洋画を研究。同年9月川端洋画研究所入所。私費。

東京美術学校への届出に「拝啓　私儀去る七月当地に帰りました。本学期上海美術学校で西洋画科主任の任務をして居ります　来春まで卒業制作を提出すべく何分よろしく御願います……五年生周勤豪　上海西門白雲観　上海美術学校……大正十年九月二十四日」とある。

大正11年3月卒業。和田教室。★卒業制作自画像。

◇上海法界金神父路花園坊75号〔40名簿〕。

東方絵画研究所（学校）を創設。これがのちに芸術師範大学と合併して上海芸術大学となる。劉海粟妹婿。

費徳堃（1897. 11～　　）

江蘇省蘇州出身。江蘇省第二甲種農業学校卒。大正6年5月川端画学校入学、また、日本美術学院で修業。

大正7年6月落第。同年10月14日授業料滞納除名。

1918（大正7年）. 9. 21. 西洋画科選科入学

○**伍子奇**（1894.11.14～　　）

広東省台山県出身。三民高等小学校卒。大正6年4月川端画学校入学。私費。

大正11年11月2日授業料滞納除名。同年同月29日復校許可。同12年3月落第。

大正12年6月卒業。藤島教室。

◇卒業後の住所・広東省台山県沖簍行善新公司〔東京美術学校記録文書〕。

○**周天初**（1896〔『中国現代美術家人名大辞典』では1894〕. 12.20～1970.10.27）

浙江省奉化県出身。浙江第四中学校卒。上海図画美術学校卒、教員。私費。

大正9年10月14日弟周天祐（高師在学）より病欠届。

大正12年3月卒業。藤島教室。★卒業制作自画像。

◇号畊雲。油画、国画に長ず。1922年豊子愷らと杭州で西湖画会を創立。杭州報国寺工業学校在職〔24名簿〕。

杭州市第一師範学校・女子師範学校・杭州市師範学校・国立杭州芸専・国

立英士大学芸術系に勤務。中国美術家協会会員。

高春萊（1900.1.10～　　）

直隷省天津県出身。直隷第一師範学校卒。大正７年４月22日川端画学校入学。私費。

大正９年10月22日授業料滞納除名。

夏伯鳴（1899.10.8～　　）

浙江省嘉善県出身。天津南開中学校卒。大正６年10月川端画学校入学。私費。

大正12年２月卒業期（和田教室）のとき授業料滞納除名。

同　年．10．7．図画師範科別科生入学

○**馬宝恒**（1895.3.5～　　）

直隷省饒陽県出身。直隷第一〔一覧大正11～12では第二〕師範学校出身。

大正８年４月１日より本科生に準じて取扱い第２年級へ仮編入。同９年10月修学旅行に参加。同年12月２日競技成績優良のため１円給与、翌年２月19日同３円給与。

大正10年３月図画師範科特別修了。次いで４月12日～同12年３月31日研究生。

◇第二師範学校勤務〔一覧大正９～11〕。中華民国天津文昌宮〔40名簿〕。

○**李景綱**（1898.11.20～　　）

直隷省蠡県出身。直隷第二師範学校出身。

（以下のデータは馬宝恒と同一）

大正10年３月図画師範科特別修了。

◇直隷省保定府第二師範学校勤務〔一覧大正９～11〕。

1919（大正８年）．9．23．西洋画科選科入学

張戴泗（1899～　　）

福建省龍巌県出身。福建省立第九中学校出身。大正８年３月１日川端画学校入学。私費。藤島教室。

大正11年6月5日授業料滞納除名。

○**陳元澣**（1896～　　）

広東省台山県出身。台山中学校卒。大正8年2月1日川端画学校入学。私費。

大正13年6月卒業。藤島教室。

◇広東省台山孫石竜頭郵局〔24名簿、40名簿〕。

○**雷公賀**（1901～　　）

広東省台山県出身。上海青年会中学校卒。大正8年6月13日川端画学校入学。私費。

大正13年6月卒業。和田教室。

◇広東省台山県石橋坊郵便局〔24名簿、40名簿〕。

香港九龍深水捗茘枝角道58号3楼〔65名簿〕。

○**譚華牧**（1897～　　）

広東省台山県出身。広東中学校卒。大正8年2月1日川端画学校入学。私費。

大正13年6月卒業。藤島教室。特別学生。

◇1924年広州で主潮美術学校創立に参加。のち広州芸術専科学校教授。

『広東画人録』に上海芸術大学教授兼西画系主任、上海中華芸専・新華芸専・上海美専教授、広州市立美術学校教務主任・西画科主任、広東省芸専教授兼美術科主任等を歴任とある。

広東省台山西寧市東華街徳祥転〔24名簿、40名簿〕。

○**何善之＝何三峰**（1896～　　）

広東省台山県出身。広東省立第一中学校卒。大正8年2月10日川端画学校入学。私費。

大正13年6月卒業。和田教室。特別学生。

◇広東省台山県海口準広綸綱傑方〔24名簿、40名簿〕。

『広東画人録』所載の何三峰（東京美術学校に留学し、帰国後広州市立美術学校で教えたとある）と同一と思われる。

1920（大正９年）．９．22．西洋画科選科入学

○王道源（1896.5.4～　　）

湖南省常徳出身。長沙第一甲種工業学校卒。大正６年10月来日、東亜高等予備学校入学。同９年４月川端画学校入学。官費。公費（外務省文化事業部補給）。

大正13年10月28日授業料滞納除名。同年12月再入学。同14年３月落第。

大正15年４月20日卒業。藤島教室。特別学生。★卒業制作自画像。同年４月21日～昭和４年９月30日研究生。

東京美術学校中国人留学生同窓会で挨拶をした記事と記念写真あり〔月24-1、大正14-4〕。昭和４年２月青年芸術家連盟を組織〔左連〕。

◇1930年上海芸術専科学校創設（第１次上海事変で全校破壊）。40年代広州芸術専科学校教授。『十三松堂日記』の昭和５年１月25日に関連記事あり。

○蔡侃（1897.11.23～　　）

湖北省宜昌県出身。湖北省立第二中学校卒。川端画学校で修業。官費。

大正13年３月落第。

昭和２年７月20日卒業。和田教室。特別学生。★卒業制作自画像。同窓会記念写真あり〔月24-1〕。

◇湖北省武昌武勝門外竹紙廠竹字１号〔40名簿〕。『十三松堂日記』昭和６年２月２日に南京、国立中央大学学芸教育科諸員の正木直彦招宴に徐悲鴻とともに出席したとあり。

張境（1898.3.6～　　）

湖北省宜昌県出身。湖北省立第二中学校卒。大正９年４月２日川端画学校入学。

大正10年２月28日授業料滞納除名。

余蘭初（1899.8.19～　　）

広東省台山県出身。台山高等小学校卒。大正９年７月３日川端画学校入学。

大正10年９月28日授業料滞納除名。

同　年．4．7．図案科選科入学

○**陳杰**（1896.9.14〜1962.1.15）

浙江省余姚県出身。浙江省立工業学校卒。民国5年〜8年同校に勤務。官費。大正9年4月7日図案選科第1部第1年級へ仮編入。同年9月11日第1年級に編入。

大正14年3月卒業。特別学生。

◇号之仏。別号雪翁。1929年広州芸術会副会長。30年『図案法ABC』を出版。32年「現代フランスの美術工芸」（『藝術旬刊』創刊号）を発表。34年『西洋美術概論』を、37年『図案構成法』を出版。40年『西洋絵画史』を共編。42年重慶で個展開催。46年徐悲鴻、傅抱石と南京で聯合展。60年江蘇省美術館で陳之仏花鳥画展。他に国立芸術専科学校（北京美術学校の後身、中央美術学院の前身）校長。50年代南京芸術学院副院長。中国美術家協会会員。参考文献に『陳之仏九十周年誕辰紀念集』（江蘇省教育委員会他編、1986年）、『陳之仏文集』（李有光、陳修范編、1996年、江蘇美術出版社）等がある。

1921（大正10年）．9．20．西洋画科選科入学

○**丁衍鏞**（1902.4.10〜1978.12.23）

広東省茂名県出身。茂名県立中学校卒。大正10年4月川端画学校入学。私費。大正13年第5回中央美術展に「食卓の上」を出品。

大正15年3月卒業。和田教室。特別学生。★卒業制作自画像。同年帰国。同窓会記念写真あり〔月24-1〕。

◇字叔旦、肖虎。1925年陳抱一らと私立中華芸術大学を創設。29年広州芸術会副会長。36年野草社を創設。39年上海における聯合油画展に参加。45年重慶における現代絵画聯展に参加。外に広東芸術専科学校を創設。立達学園、中華芸術大学教授。『広東画人録』には以上の外に1949年香港に移住、香港中文大学校外进修部国画課教授兼徳明書院芸術系主任・清和書院芸術系主任とある。なお、『意象之美・丁衍鏞絵画芸術』（2003年、中華民国国立歴史博物館）によって詳細に画歴を辿ることができる。

○**衛天霖**（1899.6.4〔8.4或いはまた1898.7.6ともあり〕～1977）

山西省汾陽県出身。山西省立河汾中学校卒。国立山西大学校予科修業。大正9年10月4日川端画学校入学。私費。のち外務省文化事業部補給。

大正15年3月卒業。藤島教室。特別学生。★卒業制作自画像。次いで同年4月13日研究生となり、昭和2年10月1日家事都合退学帰国。同窓会記念写真あり〔月24-1〕。

◇字雨山。1933年、天津、河北、中山美術館在職中に東京美術学校正木記念館建設会に5円寄付。82年東京芸術大学に自作油絵を寄贈。

北京弓弦胡同12号、北京大学芸術学院〔40名簿〕。

中法大学孔徳学院芸術部主任、北京大学西画系主任・造型芸術研究会導師、華北大学文芸学院教授、北京芸術専科学校教授を経て1949年以後北京師範大学教授、北京芸術師範学院副院長、中央工芸美術学院装飾絵画系教授等を歴任。中国美術家協会会員。

1922（大正11年）．9．20．西洋画科選科入学。

○**譚連登**（1901.11.6～　　）

広東省台山県出身。台山中学校第2年修了。私費。のち外務省文化事業部補給。和田教室。

昭和2年3月卒業。藤島教室。特別学生。★卒業制作自画像。同年6月1日研究生(文化事業部選抜学生)となり同3年11月20日家事都合退学。同窓会記念写真あり〔月24-1〕。

○**林丙東**（1904.5.7～　　）

福建省閩侯県出身。北京畿輔中学校卒。東亜高等予備学校卒。半自費。

昭和2年7月20日卒業。和田教室。特別学生。★卒業制作自画像。同年9月15日～同5年9月15日研究生。同6年4月現在外務省文化事業部選抜学生。同7年3月31日まで在学許可。同窓会記念写真あり〔月24-1〕。

中華留日学生作品展（昭和6年6月、於東京堂書店画廊）西洋画之部に出品。上杜会会員。正木記念館建設会に5円寄付。

◇満州国文教部に就職〔『校友会会報』第6号、昭和10年12月〕。1937年新京美術協会会員。38年第1回満州国美術展覧会西洋画部に出品。

同　年．同月．同日．図案科第一部選科入学。

李湘波（1899.7.30～　　）

直隷省保定道徐水県出身。徐水県立高等小学校卒。

大正13年2月21日授業料滞納除名。★平常成績（写生）5点。

1923（大正12年）．11．1．西洋画科選科入学。

鄭暟生（1903.5.15～1925.8.20）

安徽省桐城県出身。安徽省六邑中学校卒。大正9年11月来日。同11年まで東亜予備学校で修業。同年4月日本美術学校入学。公費。藤島教室。

在学中大正14年8月20日歿。同窓会記念写真あり〔月24-1〕。

1925（大正14年）．4．5．西洋画科入学（特別学生）

○**許達＝許幸之**（1904.4.5〔2.19ともあり〕～1991.12.11）

江蘇省江都県〔『中国現代美術家人名大辞典』では安徽歙県〕出身。1919年8月より鳳子洋画会で修業。上海美術専科学校卒。周勤豪らの東方芸術研究所に入所。川端画学校で修業。私費。のち外務省文化事業部補給（月35円）。昭和2年帰国中、4･12クーデターに関連して逮捕投獄3ケ月間。岡四郎を介して正木直彦校長に保釈願いを出して貰い釈放、復学。同4年2月青年芸術家連盟を組織〔左連〕。

昭和5年3月23日卒業。藤島教室。★卒業制作自画像。

◇1930年上海で時代美術社創設に参加、中国左翼美術家聯盟を組織、主席となる。31年蘇州左翼美術家聯盟を組織、板垣鷹穂著『仏蘭西近代絵画』訳出。34年上海で呉印成との聯合展および第1回個展。62年『達・芬奇』（ダ・ヴィンチ）編著。外に中華芸術大学教授、中央美術学院教授、中国美術家協会理事。『わが青春の日本』（1982年、東方書院）に留日回想記あり。故山崎坤象氏談話録音テープ（芸大教育資料編纂室）中に許についてのコメントあり。『夏衍自伝・上海に燃ゆ』（後出参考文献参照）によれば、許達は1929（1930の誤りか）年当時、上海の中華芸術大学演劇科の中心人物（もう一人は沈西苓）

であり、創造社のメンバーであって、同年、上海芸術社成立時に屈文（東京美術学校の後輩司徒慧敏のこと）とともに加わり、美術監督に推薦され、同年、時代美術社にも参加、30年7月、中国美術家連盟を結成して主導的地位につき、その頃「新興美術運動の任務」「中国美術運動の展望」などの論説を発表したという。なお、許達はプロレタリア美術運動最盛期の留学生で、美校同級生の間でもその運動が盛んであった。

○**熊汝梅**（1902.9.2～　　）

広東省梅県出身。汕頭省立甲種商業学校卒。大正14年4月20日川端画学校入学。

昭和5年3月23日卒業。藤島教室。★卒業制作自画像。次いで研究生となり、同6年6月中華留日学生作品展（前出）洋画部に出品。同7年3月4日授業料滞納除名。

1926（大正15年）．4．5．西洋画科入学（特別学生）

葉仲豪（1905.1.30～　　）

広東省広州府新会県出身。国立広東高等師範学校卒。広東市美術学校西洋画科2年修了。大正13年10月～同15年3月川端画学校在学。私費。

昭和3年第3年より岡田教室。

在校中、中国人留学生の左翼組織「社会科学研究会」に所属。昭和4年10月の東京特支事件の際逮捕され、強制送還される〔左連〕。昭和5年3月1日授業料滞納除名。

1928（昭和3年）．4．5．西洋画科入学（特別学生）

○**王文溥＝王曼碩**（1906〔『中国現代美術家人名大辞典』では1905〕.6.15～1985.1.11）

山東省肥城県出身。済南育英中学校卒。1924年北京国立芸術専門学校で1年間修業。

昭和3年1月7日川端画学校入学。本郷絵画研究所でも修業。私費。のち外務省文化事業部補給（月50円）。

昭和6年6月中華留日学生作品展書之部・東洋画之部・西洋画之部・篆刻之

部に出品。

昭和８年３月卒業。和田教室。★卒業制作自画像。同年４月12日～同10年３月31日研究生。同９年６月中華美術展覧会（府美術館）に参加。

◇号万石。1935年帰国。京華美術学院教員、国立北平芸術専科学校絵画科西画組講師、1938年魯迅文学芸術院美術系主任。1950年代中央美術学院副院長。『簡明芸用人体解剖図』『曼碩印存』等の著述あり。遺族・北京市前海西街〔90名簿〕。

○**龔讃**（1903.8.8～　　）

江蘇省海門麒麟鎮出身。上海美術専門学校卒。昭和元年川端画学校入学。同２年日本美術学校入学。私費。のち外務省文化事業部補給。

昭和６年６月中華留日学生作品展西洋画之部に出品。

昭和８年３月卒業。藤島教室。★卒業制作自画像。同年４月12日～同９年研究生。東京美術学校中華学生同窓会代表として正木記念館建設会へ10円寄付。

◇中華民国江蘇海門啓秀中学校〔40名簿〕。

同　年．５．22．学科聴講生（特別学生）

陳迹（1906.7.28～　　）

広東省出身。昭和３年川端画学校入学。

「遠近法」「解剖学」受講。昭和４年３月31日まで在学。

◇『中国現代美術人名大辞典』にある陳迹（1914年生まれ。江蘇人。中国画に長じ、中国美術家協会会員）と同一か。

1929（昭和４年）．４．５．西洋画科入学（特別学生）

○**陳洵**（1906.3.1～　　）

江蘇省宜興用鉄橋出身。南京美術専門学校出身。昭和２年川端画学校入学。

昭和６年６月中華留日学生作品展東洋画之部・西洋画之部に出品。

昭和９年３月24日卒業。藤島教室。★卒業制作自画像。同年４月11日～同10年２月25日研究生（外務省文化事業部補給）。

同　年．同月．同日．図案科入学（特別学生）

司徒慧敏（1910.11.12～　　）

広東省開平県出身。広東省立工業専門学校出身。広東コンミューンに参加。難を逃れて来日。廖承志の友人。昭和３年川端画学校入学。同４年青年芸術家連盟結成。同年東京特支事件の際逮捕、留置。同５年３月落第。留学中に演劇や映画も研究。『夏衍自伝・上海に燃ゆ』に司徒慧敏は美校在籍中の1930年１月、上海の芸術劇社第１回公演に出演し、同年３月の上海演劇運動連合会成立時に団体として参加、33年３月に映画サークルに参加したとある。

昭和５年５月31日授業料滞納除名。★平常成績（写生）７点。

◇号屈文。のち映画プロデューサー、監督となる。中国文化部副部長、中国電影工作者協会副主席。1980年来日。『わが青春の日本』(前出) に回想録収録。

1930（昭和５年）．４．５．西洋画科入学（特別学生）

○**林乃幹**（1907.6.10～1992）

広東省蕉嶺県出身。上海新華芸術大学西洋画科卒。昭和４年10月15日川端画学校入学。

昭和６年４月10日～同７年３月31日事故により休学。

昭和10年３月25日卒業。岡田教室。★卒業制作自画像。同年４月24日～同12年３月31日研究生。同９～12年度外務省文化事業部補給（月50円）。

◇別名林泮橋。中国画、油画に長ず。国立北京芸術専科学校・北京芸術職業学校・京華美術学院教員、中央工芸美術学院副教授、中国美術家協会会員。昭和14年４月現在住所・北京東城総布胡同、勤務先・国立北京芸術専科学校〔65名簿〕。

○**林栄俊**（1906.1.9～　　）

広東省出身。広東台山県立中学校卒。川端画学校・東亜学校で修業。

昭和６年９月11日～同７年３月31日事故により休学。同７年３月落第。同年６月９日授業料滞納除名。同８年４月１日再入学。同10年４月臨時版画教室木版画兼修。同９～11年度外務省文化事業部補給（月50円）。

昭和12年３月卒業。★卒業制作自画像。

◇香港九龍蘭街418号２楼〔65名簿〕。

鍾恵若（1909.8.15～　　）

広西省出身。1926年３月広州市立美術専門学校西洋画科入学、28年6月上海新華芸術大学専門部西洋画系３年に転入、29年７月卒。

昭和４年10月川端画学校入学。同年11月東亜高等予備学校にも入学。

昭和６年４月10日～同７年３月31日休学帰国。同７年３月落第。同年９月５日～同８年３月31日病気休学。同８年油画科第１年。同年11月16日授業料滞納除名。

◇1941年桂林で11人油画展に参加。46年広西で聯合展に参加。

譚顕勲（1909.11.14～　　）

広東省英徳県出身。1926年３月広州市立美術専門学校西洋画科入学。28年４月１日上海新華芸術大学専門部西洋画系３年に転入、29年４月卒。昭和４年10月川端画学校入学。同６年６月中華留日学生作品展西洋画之部に出品。

昭和６年12月１日～同７年３月31日事故により休学。同７年３月落第。同年６月９日授業料滞納除名。

同　年．同月．同日．彫刻科塑造部入学（特別学生）

○**金学成**（1906.10.10～　　）

江蘇省奉賢県出身。国立中央大学芸術科（別文書では同大学教育学院）卒。第一外国語学校で修業。昭和６年６月中華留日学生作品展彫刻之部に出品。

昭和10年３月卒業。同年二科展入選。同年４月10日～同12年３月31日研究生。同９～11年度外務省文化事業部補給（月60円）。同11年新文展に中華民国人として初めて入選（本書54頁参照）。同12年５月研究科入学。研究題目「日本美術発達史」。同年12月授業料滞納除名。

◇上海北京路384、通易大楼〔40名簿〕。在上海〔90名簿〕。

1931（昭和６年）．４．５．図案科入学（特別学生）

盧景光（1910. 8. 15～　　）

広東省東莞県出身。広州市立美術専門学校図案科卒。私費。昭和６年６月中華留日学生作品展西洋画之部に出品。同年11月６日授業料滞納除名。

同　年．同月．同日．彫刻科塑造部入学（特別学生）

蔣玄佁（1906. 6. 19～〔『中国現代美術家人名大辞典』では1903～1977〕）

浙江省富陽県出身。上海中華芸術大学卒。国立杭州芸術専科学校研究部修業１年。昭和６年２月川端画学校入学。同年６月中華留日学生作品展書之部・東洋画之部・西洋画之部・彫刻之部に出品。

昭和７年３月落第。同年６月９日授業料滞納除名（「満州事変のため帰国」とあり）。

同年９月復校許可とあるも以後在校の形跡なし。

◇中国画、水彩画に長ず。上海、同済大学教授、中国美術家協会会員。『中国絵画材料史』（1986）ほか著述多し。

1934（昭和９年）．４．１．彫刻科塑造部予科入学（特別学生）

胡光弼（1912. 1. 22～　　）

広東省開平県出身。開平県立中学校卒。中華芸術学校卒。川端画学校・東亜学校で修業。私費。のち昭和10、11年外務省文化事業部選抜（月50円）。同12、13年授業料免除。同12年12月帰国（「支那事変のため」とあり）。

昭和20年３月31日除名。

於中和（1909. 12. 19～　　）

江蘇省宜興県出身。蘇州美術専門学校卒。東亜学校で修業。

昭和11年12月26日授業料滞納除名。

◇1931年茉莉書画会創立に参加。32年現在蘇州美術学校教員、藝声美術会会員。

同　年．同月．同日．油画科予科入学（特別学生）

兪成輝（1912. 6. 18〔『中国現代美術家人名大辞典』では1911. 7〕～1992）

江蘇省太倉県出身。太倉中学校卒。蘇州美術専門学校卒。東亜学校で修業。私費。

岡田教室。昭和12年９月11日より休学帰国（「支那事変のため」とあり）。

昭和20年３月31日除名。

◇油画、美術史論に長ず。山東大学、華東芸専、南京芸術学院教授、中国美術家協会会員。南京市青石村162〔90名簿〕。

薛瀛〔瀛生ともあり〕（1911.9.1～　　）

江蘇省無錫出身。蘇州美術専門学校卒。私費。

昭和10年以来出校せず。昭和11年３月31日授業料滞納除名。

1935（昭和10年）．４．１．彫刻科塑造部入学（特別学生）

○**林達川**（1912.9.1～1985〔作品集に1912.8.4～1985.11.21とあり〕）

広東省新開県出身。国立西湖芸術専科学校出身。昭和７年東亜予備学校・川端画学校で修業。同９年帝国美術学校入学。

私費。昭和12年９月11日より休学（「支那事変のため」とあり）、帰国して香港で小写真館経営。同14年再来日し15年１月13日より出校。在校中より梅原龍三郎、安井曽太郎に私淑して油画を研究。

昭和18年９月卒業。

◇卒業後、日本で画家生活に専念し、1948年一水会・新構造社連立会に入会。49年第５回日展で特選、50年日展無鑑査、第１回個展開催、51年中国人としてただ一人日本美術家連盟加入、第２回個展開催。53年周恩来の呼びかけにより家族を連れて帰国、中央美術学院華東分院教員となる。59年杭州市政治協商委員会委員、62年同市帰国華僑聯合会副主席・中国美術家協会会員。同年浙江美術学院油画系に方干民、胡善余、林達川の工作室開設（～64年）。68年以後、文革による下放中も油画を描く。82年浙江美術学院陳列館で個展。83年浙江省油画研究会顧問。

日本で修得した油画の技法・作風に基づいて自然を題材とした清新な作風を展開した。歿後90年浙江美術学院・浙江省市美術家協会・同省市華僑聯合会共催「帰国芸術家林達川遺作展」（浙江美術学院陳列館）開催。94年『林達川油画集』、2006年『大璞不雕ー林達川油画作品集』出版。08年3月北京の中国美術館で遺作展および中日研究者によるシンポジューム開催。
広州岳攻栖霞38号楼322室〔90名簿〕。

同　年．同月．同日．工芸科彫金部予科入学（特別学生）

徐文熙（1911.11.15～　　）

江蘇省呉県出身。上海美術専門学校卒。昭和11年7月帰国。同年9月10日～同12年3月31日病気休学。同12年7月5日授業料滞納除名。

◇1944年現在国立芸術専科学校図案講師。

同　年．同月．同日．工芸科鋳金部予科入学（特別学生）

沈寿澄（1911.2.2～　　）

浙江省嘉興県出身。国立杭州芸術専科学校卒。1929年西湖一八藝社に参加。東亜学校で修業。私費。西洋絵画史選択受講。

昭和12年9月11日より病気休学（「支那事変のため」ともあり）。同20年3月31日除籍。

同　年．同月．同日．油画科予科入学（特別学生）

趙琦（1914.11.9～　　）

江蘇省円徒県出身。上海美術専門学校卒。東亜学校で修業。私費。小林（万吾）教室。

昭和12年9月11日より休学（「支那事変のため」とあり）。同19年3月31日除籍。

1936（昭和11年）．4．1．油画科予科入学（特別学生）

王式廓（1911.5.16～1973）

山東省掖県出身。省立第九中学校卒。上海美術専門学校卒。東亜学校・川端画学校で修業。私費。

昭和12年第1年藤島教室。同年9月11日より休学帰国（「支那事変のため」とあり）。

同19年3月31日除籍。

◇帰国後各地で抗日宣伝画の制作に従事。1938年魯迅芸術学院教員となり、のち北方大学、華北大学教員。特に素描に優れる。1982年北京人民出版社より『王式廓画集』刊行。鶴田武良著「留日美術学生——近百年来中国絵画史研究　五——」(後出参考文献参照) に略伝および作品図版５点掲載。

同　年．同月．同日．建築科予科入学 (特別学生)

許統璋 (1915.4.9〜　　)

広東省潮安県出身。広州復旦高級中学校卒。東亜学校・大黄学社で修業。私費。

昭和12年９月11日より休学帰国 (「支那事変のため」とあり)。同20年３月31日除籍 (17年３月31日退学〔中退名簿〕)。

◇小森五郎氏 (昭和13年美術工芸科漆工部卒) によれば、氏は在校中に山岳部リーダーであり、富士山ハイキングに清家清や許統璋らを連れて行ったので許をよく知っていた。戦時中、陸軍自動車部隊に所属して南方各地へ行った際、バンコクで危険を冒して許の家を訪問し、旧交を温めた。その父親は南方華僑の大物で、蒋介石の干渉を避けてバンコクに一家して移住しており、歓迎してくれたという (2002年３月31日杜人会展会場にて聞き取り)。

1937 (昭和12年)．4．1．工芸科図案部予科入学 (特別学生)

沈柏年 (1917.2.12〜　　)

江蘇省上海県出身。上海楽〔東カ〕華中学校卒。私費。

昭和12年９月11日より休学帰国 (「支那事変のため」とあり)。同19年３月31日除名 (17年３月31日退学〔中退名簿〕)。

1941 (昭和16年)．4．1．油画科予科入学 (特別学生)

朱坤 (1923.1.28〜　　)

江蘇省嘉興県出身。省立嘉興中学校卒。私費のち官費 (興亜院より月55円)。

昭和17年４月１日〜同18年９月29日病気休学。同19年４月10日休学帰国。同22年３月31日長期休学につき一旦除籍。

同　年．同月．同日．彫刻科塑造部入学（特別学生）

閻振宇（1921.1.28～　　）

河北省北京市出身。私立北京美術学校出身。私費。

昭和19年4月1日～同20年3月31日休学帰国。同21年塑造部第3年に在学。

同22年3月31日長期休学につき一旦除籍。

1943（昭和18年）．4．1．油画科入学（特別学生）

呉譲賓（1920.5.20〔『中国現代美術家人名大辞典』では1918．6〕～　　）

河北省正定県出身。北京市立第一中学校卒。国立北京芸術専科学校卒（絵画科油画組）。

中華民国華北政務委員会教育総署駐日弁理留学事務専員弁事処の推薦により入学。公費。

昭和18年9月1日より病気休学。同22年3月31日長期休学につき一旦除籍。

◇1950年以後北京市人民美術工作室、北京芸術師範学院、北京師範学院等に勤務。中国美術家協会会員。

同　年．同月．同日．日本画科入学（特別学生）

○**崔燿義（佐井義久）**（1919.8.30～　　）

広東省南海県出身。広州市私立教忠中学校卒。前出崔国瑶の甥。父崔国瑝は東京薬学専門学校卒。母原田武子は広東女子美術学校を経営。

昭和16年8月来日、児玉希望塾に入門。同17年多摩帝国美術学校入学。私費。

昭和23年3月卒業。のち日本国籍取得。佐井永輝と改名。

◇1941年広東で日中美術家合同の東方新美術家聯盟創立紀念展に東洋画を出品(同パンフレットによる)。神田8－2、東方学会ビル、創美社経営〔65名簿〕。

同　年．10．31．油画科聴講生入学

劉栄夫（1909.12.31～　　）

山西交城出身。中華民国教育総署派遣留日学生・国立北京芸術専科学校教授。

昭和19年11月現在通学中（住所・千葉県房総東線、土気街土気旅館内）。

昭和20年2月10日退学。

◇別名劉草梦。油画、彫塑に長ず。国立北京芸専教授、哈尔濱東北画報社美術訓練班主任、魯迅美術学院教授・彫塑系主任、中国美術家協会会員。

1944（昭和19年）．4．1．油画科選科入学

李曼曾（1916.9.26～　　）

河北省北京市出身。

昭和19年11月15日現在油画科第1年選科通学中。同21年4月1日家事都合休学。

昭和22年3月31日長期休学につき一旦除籍。

同　年．同月．同日．工芸科図案部聴講生入学

郭明橋（1916.3.26～　　）

山東省出身。

昭和19年11月15日現在通学中（住所・杉並区高円寺5の878、日ノ出荘）。

昭和22年3月31日長期休学につき一旦除籍。

1945（昭和20年）．4．25．油画科予科入学

励俊年（1920.11.9～　　）

浙江省出身。

昭和20年6月7日～12月20日家事都合休学。同22年3月31日長期休学につき一旦除籍。

1946（昭和21年）．　．　．油画科予科入学（特別学生）

花震南（1924.10.27～　　）

南京出身。

6月15日入学。入学願書に名のみあり。昭和22年3月31日除籍。

招瑞娟（1925.3.24～　　）

広東省出身。

5月15日入学。梅原教室。

昭和23年３月31日無届長期欠席のため除名。(26年３月修了〔90名簿〕)

◇版画家として日本で活躍。

詹永年（1926.5.3～　　）

福建省出身。

５月15日入学。梅原教室。昭和25年３月31日除籍。(26年３月修了〔90名簿〕)

1947（昭和22年）．2．1．油画科予科入学（特別学生）

陳緑妮（1924.5.4～1996.4）

広東省出身。前出陳抱一の娘。梅原教室。

昭和24年３月31日無届長期欠席のため除名。(26年３月修了〔90名簿〕)

◇のち赤坂で中華料理店経営。

中国東北部

1913（大正2年）．9．23．日本画科撰科入学

陳英（1892.11.8～　　）

奉天省蓋平県出身。奉天省官立高等工業学校出身。大正2年3月19日来日。私費。

住所・府下入新町、大森浩然方。

大正3年5月30日授業料滞納除名。

孟憲章（1892.6.19～　　）

奉天省海城県出身。奉天省官立高等工業学校出身。大正2年3月19日来日。私費。

住所も陳英に同じ。

大正3年5月30日授業料滞納除名。

1920（大正9年）．9．22．西洋画科選科入学

○胡桂馨＝胡貴新（1900.5.25～　　）

吉林省汪清県出身。吉林省中学校卒。大正8年10月川端画学校入学。公費。

大正13年6月22日胡貴新と改名。

大正14年7月西洋画科卒業。和田教室。特別学生。同年同月15日～昭和2年5月18日研究生。

◇吉林省延吉県、新文書社〔40名簿〕。

1931（昭和6年）．4．5．図案科入学（特別学生）

李顚塵（1908.10.22～　　）

遼寧省金県大連市外柳樹屯出身。上海南国芸術学院卒。昭和5年10月川端画学校入学。私費。

昭和6年9月22日～12月20日帰国。同7年3月4日授業料滞納除名（「満州事変のため帰国」とあり）。同年9月復校許可とあるも以後在校の形跡なし。

★平常成績（写生）5点。

1934（昭和９年）．４．１．油画科予科入学（特別学生）

○**唐国卿**（1913.5.22～　　）

満州奉天出身。北平今是高等中学校卒。川端画学校で修業。昭和10、11年外務省文化事業部選抜（月50円）。図学、美学、フランス語も聴講。

昭和14年３月卒業。藤島教室。★卒業制作自画像。

○**楊佳福＝左輝**（1912.11.7～1992.10.7）

関東州旅順出身。旅順師範学校卒。昭和10、11年度官費（満州国文教部補給月50円、45円）。

昭和14年３月卒業。藤島教室。★卒業制作自画像。

◇別名楊凝。1939～45年北平芸術専科学校油画系教授。北平解放後華北聯合大学文芸学院教授（45～47年）、華北大学三院教授（47～49年）、北京師範大学教授（49～53年）、北京人民美術工作室にて制作（50～57年）、中央美術学院教授（53～57年）、北京芸術師範学院美術系教授（57～63年）、中央美術学院美術研究所教授（63～70年）、文化部文芸研究院研究員教授（70～80年）。洋画家として北京で活躍。天安門の毛沢東の肖像画を描く。82年東京芸術大学デザイン科教授吉田左源二の仲介により美術学部学生を対象に集中講義「近代中国様式論」（４時間）を講演。

1935（昭和10年）．４．１．彫刻科塑造部入学（特別学生）

趙冠洲（1912.3.17～　　）

吉林省吉林市出身。北平美術専門学校卒。

昭和12年３月10日塑造部１年時授業料滞納除名。

◇天津市北站外中山北路制綫宿舎２幢７-205〔90名簿〕。

1936（昭和11年）．４．１．油画科予科入学（特別学生）

田風（1912.8.9～　　）

奉天省瀋陽県出身。奉天第一高級中学校卒。北平美術専門学校第２年修了。成城学校・東亜学校で修業。私費。

昭和12年8月現在帰国中。同14年9月10日より1年間休学許可。藤島教室。同16年6月行方不明。同19年3月31日除籍。(17年3月31日退学〔中退名簿〕)

1937(昭和12年). 4. 1. 日本画科入学(特別学生)

朱国勤(1914.1.12～　　)

関東州金州出身。旅順高等公学校師範部卒。昭和12年8月現在帰国中。同13年10月大連へ帰国中。同14年5月現在在校(満州国補助費学生。油画科第2年藤島教室)。

同16年1月家庭の事情で休学帰国(大連市明治街1の51)。同年現在油画科第3年、休学中。同19年3月31日退学。

同　年. 同月. 同日. 工芸科図案部予科入学(特別学生)

○**李楨泰**(1913.1.2～　　)

奉天省遼陽出身。奉天省立東豊師範学校卒。私費。

昭和12年8月現在帰国中。同14年5月現在在校。同16年6月現在住所・麻布区笄町25。

昭和16年12月卒業。

◇別名李堅白。工芸美術色彩研究に造詣深し。長春女高師美術科教授、長白師範学院教授。長春電影制片廠美術顧問。1964年現在沈陽市魯迅美術学院工芸美術系教員(東京芸術大学森田武宛年賀状より)。1942年9月東京美術学校工芸科図案部卒の由良玲吉(2000.4.19歿)が同学院に勤務していたときも李は在職中であったという。中国美術家協会会員。『色彩辞典』『芸用色彩学』等の著書あり。

1941(昭和16年). 4. 1. 油画科予科入学

閻家仁(1917.12.8～　　)

関東州金州出身。旅順高等公学校(校長村井栄蔵)師範部卒。1937年3月31日金州董家溝会第一普通学堂勤務。40年1月6日金州黄咀子第二普通学堂勤務。同年9月5日より大連伏見台公学堂勤務。現職。私費。

昭和17年3月18日家事都合退学。(21年修了〔90名簿〕)

1943（昭和18年）．　．　．油画科聴講生入学

萬金声（1913.4.5〔『中国現代美術家人名大辞典』では1912.5.7〕～1993）

満州国遼寧省出身。師道大学卒。同大学教員。満州国昭和18年度派遣留学教官。

昭和19年11月現在通学中。同年現在満州美術家協会委員。昭和22年３月31日長期休学につき一旦除籍。

◇1944年帰国。吉林師道大学教員。53年東北美専絵画系主任。58年魯迅美術学院油画系主任。中国美術家協会会員。

1944（昭和19年）．　．　．油画科聴講生入学

李炳三（平川）（1910.11.16～　　）

朝鮮江原道出身。安東省立女子国民学校教諭。1939年第２回満州国美術展洋画部で特選、40年第３回展、41年第４回展入選。満州国昭和19年度派遣留学教官。留学期間19年４月１日～20年３月31日。35歳。川端画学校出身。昭和19年11月現在通学中。

◇ソウル特別市江南区盤浦洞257-３、新盤浦韓信４次APT、201-101〔90名簿〕。

1946（昭和21年）．5．15．油画科予科入学（特別学生）

李敏徳（1927.2.13～　　）

遼寧省復県出身。

安井教室。昭和24年12月東京芸術大学第１回芸術祭の美術学部展に出品。

昭和27年３月29日修了。（26年３月修了、横浜市金沢区東朝比奈1-43-7〔90名簿〕）

以上の外に大正13年12月25日から同14年３月31日まで**王紹維**（光緒26年２月10日生まれ。吉林省楡樹県出身。和龍・延吉師範学校教員）に西洋絵画史授業の聴講を許可した記録がある。

朝　鮮

1908（明治41年）．9．　．日本画科撰科入学

朴鎮栄（　　～　　）

明治42年12月現在すでに在籍していない。

1909（明治42年）．9．23．西洋画科撰科入学

○**高羲東**（1886.3.11～1965）

京畿道京城府出身。漢学、フランス語を学び、宮内府に勤務し、小琳、心田に東洋画を習う。明治44年6月落第。

大正4年3月卒業。★卒業制作自画像。卒業記念写真（黒田清輝旧蔵）あり。

◇号春谷。朝鮮京報県范洞164〔40名簿〕

帰国後はじめは油絵（身辺の人物を描いた外光派風の作および自画像）を描き、また、私立中央学校美術教師として西洋画の普及に力を注ぐ。韓国最初の西洋画家。1918年韓国最初の美術家団体書画協会を結成指導。第1、2回鮮展出品。20年代半ば頃東洋画に転向し東西画折衷的な山水画を制作。解放直後新しい民族美術建設のための朝鮮美術建設本部中央委員長となり、左右分裂後右派系の朝鮮美術協会会長となる。48年ソウル文化賞受賞。49年創立の大韓民国美術展覧会（国展）運営に主導的役割を果たす。53年大韓美術協会会長。6回にわたり国展東洋画部審査委員長。60年参議院当選（～61.5.16）。2005年にソウル国立大学美術館で「春谷　高羲東40周忌特別展」が開催された。

1911（明治44年）．9．22．西洋画科撰科入学

○**金観鎬**（1891.11.1～1959）

平安南道平壌郡出身。7～13歳、私塾で漢文修業、17歳、平壌郡私立東亜同文会日語学校卒。18歳、9月来日、10月芝区明治学院普通部入学、第2学年まで修業、20歳、明治43年9月より私立正則予備学校・正則英語学校で修業し、また、白馬会講義録により西洋画を学習。官費。入学試験特別免除。

大正5年3月卒業。★卒業制作自画像。★卒業制作「夕ぐれ」(95点の最高得点。

同年文展に出品)。

主席卒業のことは諸新聞が肖像写真入りで採り上げ、祝った。次のように詳しく報じたものもある。

最優等卒業の朝鮮人　本年の美術〔学校〕洋画科

今期美術学校の洋画専《〔撰〕》科を一番で卒業したのは朝鮮人の金観鎬氏である。平壌の生れで当年廿七歳京城の中学校を卒業した後、上京したのが七年前であつた。

初の二年間は明治学院に在学したが出京三年目に美術学校へ入学した、現在は神田猿楽町十九の下宿岩下館に止宿してゐるが大久保に在住の頃は日々郊外の景をカンバスに描き出して蛍雪の苦を積むだ、卒業画は裸体婦人の背向《うしろむき》で二人連と云ふ構図である、猿楽町へ移つてからは余り自宅でも筆を取らなかつたが之は光線の具合が悪いので親しまなかつたのだそう、得意は人物画で卒業の得点は九十五点

此の点数は専《〔撰〕》科本科を通じての最高点で希に見る上成績である、廿九日午後八時猿楽町の寓を訪ふと上野精養軒に行はれた卒業生一同の謝恩会から戻つて来た許りの処、五尺八寸と云ふ背の高い身体に紺の制服を着し白面の貴公子に似た好男子である、語つて曰く「卒業画は郷里平壌で筆を取つたのですがモデルは無し、光線が気に入らず想像で描きました、郷里朝鮮は日本画と唐画とを突混ぜた如き朝鮮画がありますが更に振いません、少しは名のある画家が三四人は居ますが名前を申上げる程の人でもありません、昨年京城の高義《〔羲〕》東と云ふ人が私同様美術学校を卒業して今朝鮮に帰つてゐます、私も朝鮮へ帰つて洋画を拡める考へで居ます〔。〕最初工業に志して上京しましたが自分の叔父が不承知で美術の方を承知しましたので美術学校へ入学したのです」云々と内地に同化した頼母敷《たのもし》さが其言葉に溢れてゐた。

(大正5年3月30日『読売新聞』)

なお、同じ日の『万朝報』は出自について「朝鮮平壌舘後里の生れ、同地の大成中学に学んだが、廃校となつた為明治四十二年中上京して明治学院に学び、明治四十四年美術学校に入学」と、別な情報を伝えている。

大正４年４月、国民美術協会第３回展に「教室にて」（パステル、価格50円）、「川辺」（油絵、価格24円）を出品。同７年４月、立太子式奉祝記念として全国高等文官より東宮へ献上の歴史画帖「精華」とともに制作された領土景観油絵（25号）７枚のうち「牡丹台」を描いたことも諸新聞が報じている。

◇号東愚。1916年帰郷し朝鮮人として最初の西洋画個展開催。23年「湖水」が鮮展入選。25年平壌で朔星絵画研究所を設立。解放後北朝鮮の美術界の指導者となる。46年平壌市美術同盟常務委員・北朝鮮芸術総連盟美術同盟中央委員・常務委員。平壌の風景を描いた作品が多い。

平壌府寿町21〔40名簿〕。ソウル市冠岳区上道第二洞350-９〔90名簿〕。

1912（明治45年）．９．25．西洋画科撰科入学

○**金瓚永**（1893.3.20～1960）

平壌内川面出身。明治41年来日し明治学院入学。同43年７月帰国。同44年再来日し油絵、木炭画を自習。官費。入学試験特別免除。

大正６年３月卒業。★卒業制作自画像。

◇1917年帰国し、しばらく批評活動に従事（トルストイ芸術論・民衆芸術論紹介）。25年朔星美術研究所で西洋画指導。

1914（大正3年）．４．７．彫刻科牙彫部撰科入学

金鎮奭（1891.12.5～1917.5.22）

京城府北部桂洞出身。私立普光学校中学科卒。普成専門学校商科中退。大正３年３月正則英語学校入学。

大正６年在校中病死。

1918（大正７年）．９．11．日本画科選科入学

○**李漢福**（1898.2.29～1940）

京畿道富川郡出身。京城学院国語部甲組・渼洞公立簡易実業学校卒。1913（大正２）年４月書画美術会（1911年発足。校長李完用）第１期生として入学し書画両科を修業。また、京城学院夜学部入学。14年２月文芸倶楽部漢文講習所入所。15年書画美術会卒業後、心田安中植に入門。書画協会会員。官費。大正

７年４月２日日本画科選科仮入学許可。

大正12年３月卒業。★平常成績写生「鬼薊」写生。

在校中、東洋美術史教授大村西崖と親交があったらしく、次の手紙（仏国寺石窟庵釈迦像写真入り葉書）が西崖の遺品中に残っている。

　東京市牛込区矢来町三、旧殿十二号　大村西崖先生侍史

　朝鮮京城貫鉄洞五十一、李漢福　〔大正十年〕七月二十三日

拝啓　出発の際は色々御世話に預り厚く御礼申上候　御蔭様を以て海陸無事到着仕り候間御放心被下度願上候　陳者御依頼の密教発達志一帙は早速金允植先生に差上候処御芳志難有拝読の由御礼申上度御伝言有之候間　何卒御承知被下度願上候　尚御話の瑜伽廬の書も御承諾仕候　来月初旬出発帰東の予定に有之候　先は右御礼旁夏中御見舞まで如斯に候　早々頓首

◇号無号。鮮展の東洋画部門、書道部門で活躍。1920年代まで数回受賞。正木直彦の京城訪問の際は古美術見学の案内をした（『十三松堂日記』参照）。正木記念館建設会へ３円寄附。京城府宮井町40、京城府進明高等女学校〔40名簿〕。

同　年．9．21．西洋画科選科入学

○**李鍾禹**（1899.12.22～1981）

黄海道鳳山郡万泉面出身。平壌高等普通学校卒。大正６年４月～7月正則英語学校で修業。同年９月～同７年６月京都関西美術院にて修業。私費。大正11年、平和記念東京博覧会に「娘」を出品。

大正12年３月卒業。岡田教室。★卒業制作自画像。

◇号雪樵、悠然。帰国後一時高麗美術院研究所でデッサンを教える。1924年第３回鮮展三等賞。25年韓国人として最初のフランス留学。サロン・ドートンヌに入選。帰国後平壌朔星美術研究所で西画指導。書画協会展に出品。34年張勃、具本雄、金瑢焌、吉鎮燮らと牧日会を組織したが弾圧される。解放直後朝鮮美術建設本部西洋画部委員。朝鮮美術協会副会長を経て大韓美術協会副会長歴任。49年以後国展審査委員。弘益大学校美術大学教授・学長。61年芸術院賞受賞、62年文化勲章受章。74年回顧展開催。初期には古典主義的な画風の人物画を、解放後は主に写生を中心とした風景画を制

作。『韓国現代美術代表作家100人選集・李鍾禹』あり。ソウル市麻浦区下水洞103〔90名簿〕。

1920（大正9年）. 9. 22. 西洋画科選科入学

○**金昌燮**（1888.2.8～　　　）

京畿道京城府出身。東京小石川区の朝鮮基督青年会にて国語を研究。明治43年9月明治学院中学部で修業。同44年4月朝鮮基督教中央青年会中学科英語部卒。同年10月京城東部崇教坊官立成均館卒。大正元年8月～同6年7月朝鮮総督府書記（江原道在勤）。同9年4月朝鮮時事新聞記者となる。官費（朝鮮総督府給費）。

大正14年3月卒業。岡田教室。★卒業制作自画像。

◇号東海。京城中央高等普通学校へ就職〔月24-7、大正15-2〕。鮮展西洋画部門で活躍し数回受賞。京城府授恩町30-1、京城女子商業学校〔40名簿〕。

張勃（Louis Pal Chang. 1901.4.3～　　　）

京畿道京城府出身。京城私立普成高等普通学校卒。京城中等学校図画展覧会で特等銀牌賞受賞。大正9年3月京城中央基督教青年学校夜学部卒。

藤島教室。第1年で東洋美術史・西洋美術史・美術解剖・英語・遠近法・西洋絵画史を、第2年で美術解剖・英語・西洋絵画史を履修。

大正11年9月6日ニューヨークへ留学のため退学。

◇号雨石。コロンビア大学美術科で美学・美術史専攻。解放後ソウル大学校美術大学学長就任。韓国美術家協会所属。画集あり。イコンを思わせる画風。ソウル美大派のリーダーで作品はカトリック聖画が主。アメリカへ移住し、東洋的な情調の強い非具象絵画に専念。

○**孔鎮衡**（1900.8.7～1988）

京畿道開城郡松都面出身。開城公立第一普通学校卒。京都同志社中学4年修了。大正8年10月太平洋画会研究所石膏部入所。同9年4月本郷洋画研究所人体部入所。私費。

大正14年3月卒業。岡田教室。特別学生。★卒業制作自画像。同年5月15日

〜15年２月25日研究生。

◇1934年牧日会創立会員。55年大韓美術協会展出品。国展推薦作家歴任。
京城府体洞67〔40名簿〕。

同　年．同月．同日．彫刻科木彫部選科入学

○**金復鎮**（1901.9.24〜1940.8.18）

忠清北道永同郡永同面出身。京城私立培材高等普通学校卒。官費。

大正９年塑造部選科第２年に編入。同11年第３年、建畠（大夢）教室。

大正14年３月塑造部卒業。特別学生。

在学中大正13年に第５回帝展初入選。のち第７、８回帝展、第２回新文展入選。

◇号井観。1925年帰国後第４回鮮展で自塑像「三年前」が三等賞受賞。高麗美術院研究所で彫刻を教える。第16回鮮展「裸婦」、第19回鮮展「少年」特選。韓国近代彫刻界の独歩的存在。

1923年安碩柱と土月美術研究会創立。36年西洋画家朴広鎮、東洋画家金殷鎬、許百錬らと朝鮮美術院を創立し彫刻指導を担当。第二世代彫刻家の文錫五、金景承、尹孝重、李国詮らはその弟子。

美術・文芸評論でも活躍。鮮展評の外に「朝鮮の歴史そのままの反映である朝鮮美術の輪郭」（1926年）をはじめ“人生の為の芸術”に基づいた種々の文芸短評を書く。社会主義運動にも参加。27年プロレタリア芸術同盟中央委員。28年第３次朝鮮共産党中央委員。高麗共産青年中央委員兼京畿道責任秘書として綱領作成。社会主義運動関連で逮捕され28年から６年あまり獄中にあり。35年より暫く京城中央日報学芸部長をつとめた。

当時代人物の肖像彫刻や金堤郡金山寺弥勒仏（60尺）などを制作し、忠北報恩僧離山法住寺弥勒仏（80尺）制作中に死去。同年遺族が遺作展開催。写実的傾向の作風。青銅像は植民地時代末期に供出され、外は朝鮮戦争で焼失し殆ど現存しない。韓国近代彫刻の先駆者・美術評論家として著名。

昭和16年版『日本美術年鑑』に死亡記事が掲載されている。

1921（大正10年）．9．20．西洋画科選科入学

○**張翼**（1900.8.7〜　　　）

平安北道竜川郡北中面出身。竜川公立普通学校卒。中東学校高等科修了。京城専修学校を経て大正9年12月私立正則学校および川端画学校に入学。私費。

大正10年9月～同11年7月学科聴講（西洋美術史・英語）。同12年11月1日～13年2月22日休学。

大正15年3月卒業。藤島教室。特別学生。★卒業制作自画像。

◇鮮展入選。京城府協成実業学校へ就職〔月29-2、昭和5-6〕。

○**李昞圭**（1901.1.24～1974）

京畿道安城郡瑞雲面出身。京城養正高等普通学校卒。京城専修学校中退。大正9年4月東京私立正則英語学校入学。同年10月3日川端画学校入学。官費（朝鮮総督府給費）。

大正10年9月～11年7月学科聴講（解剖学・西洋美術史・遠近法）。

大正15年3月卒業。岡田教室。特別学生。★卒業制作自画像。

◇号梧下。1946年養正中学校監となり財団理事長も歴任して30年間教育に尽くす。書画協会展や牧日会展に出品。49～71年国展審査委員。71年大韓民国文化芸術賞受賞。『韓国現代美術代表作家選集特輯・李昞圭』あり。ソウル特別市西大門区万里洞二街197〔90名簿〕。

○**李済昶**（1896.1.27～1954）

京畿道京城府出身。私立京城普成高等普通学校2年修業。仁川商業学校出身ともあり。

朝鮮総督府臨時土地調査局・京城山田工務所勤務ののち、1919年10月1日京城高麗洋画研究会を設立。私費。

大正15年3月卒業。岡田教室。特別学生。★卒業制作自画像。次いで研究生となり15年11月5日授業料滞納除名。

◇帰国後培材高等普通学校へ就職〔月25-5、大正15-10〕。のち中東高校美術教師。鮮展出品。

○**金貞埰**（1897.11.25～　　　）

平安北道竜川郡府羅面出身。私立儆新中学校卒。大正9年11月正則英語学校普通科修了。同10年1月川端画学校西洋画科入学。私費。

大正12年11月1日～13年3月31日休学。

昭和2年3月卒業。和田教室。選科。★卒業制作自画像。

◇1928年第8回鮮展入選。平安北道竜川郡府羅面徳岩洞〔40名簿〕。

同　年．同月．同日．彫刻科塑造部選科入学

郭胤模（1902.10.6～　　　）

平安北道鎮南浦府出身。定丹郡五山中学校卒。大正8年9月東京神田区普及英語学校入学。同10年2月より本郷洋画研究所でデッサンを学ぶ。同年5月北村西望に入門。

北村（西望）教室。大正10年9月～11年7月学科聴講（西洋美術史・フランス語）。

大正11年6月5日授業料滞納除名。

1922（大正11年）．9．20．西洋画科選科入学

都相鳳（1902.1.6～1977）

咸鏡南道洪原郡洲翼面出身。私立京城普成高等普通学校卒。同校在学中3・1独立運動に参加、投獄される。私費。

昭和2年3月卒業。岡田教室。選科。★卒業制作自画像。同年6月1日研究生となり、同年10月28日授業料滞納除名。

◇号陶泉。帰国後培花高等女学校に勤務。鮮展不参加。朝鮮人美術団体の書画協会に数度参加。解放後1948年淑明女子大学教授。49～61年国展審査委員。大韓美術協会会長、芸術院会員歴任。70年大韓民国文化芸術賞受賞。『韓国現代美術代表作家100人選集・都相鳳』あり。作品は花、静物、風景などを素材に写実的に再現したものが主で安定した構図、穏やかな色彩を見せる。画家・美術教育家・美術行政家として活躍した。

孫昌漢（1902.2.18～　　　）

平壌府出身。平壌高等普通学校出身。

大正11年9月より学科聴講（東洋美術史・英語）。同12年4月5日～7月10日休

学。

大正13年２月21日授業料滞納除名。

金貴龍（1898.6.25～　　　）

慶尚南道釜山府出身。東莱高等普通学校出身。

大正11年９月より学科聴講（東洋美術史・西洋美術史・英語)。

大正13年２月21日授業料滞納除名。

1923（大正12年）．4．5．西洋画科入学（特別学生）

○**朴広鎮**（1902.11.6～　　　）

京畿道開城郡松都面出身。開成第一公立普通学校卒。開成簡易商業学校卒。開成学堂修了。大正12年本郷洋画研究所入所。私費。

昭和２年４月16日選科に転入。

昭和３年３月卒業。岡田教室。選科。★卒業制作自画像。

◇1928年緑郷会創立会員。36年金殷鎬らと朝鮮美術院創立。

○**金鴻植**（1898.1.11～1960）

全羅南道麗水郡麗水面出身。京城第一高等普通学校卒。大正11年10月川端画学校入学。私費。昭和２年４月選科に転入。

昭和３年３月卒業。藤島教室。選科。★卒業制作自画像。

○**康弼祥**（1903.5.4～　　　）

黄海道載寧郡南栗面出身。京城培材高等普通学校第３年修業。東京日進英語学校高等科修了。大正12年２月川端画学校入学。私費。

昭和２年４月選科に編入。

昭和３年３月卒業。岡田教室。選科。★卒業制作自画像。

◇第８回鮮展入選。

同　年．4．5．図案科第一部入学（特別学生）

○**任璹宰**（1900.8.16〔級別名簿による〕～1937）

忠清南道天安郡葛田面出身。私立京城中東学校中学科卒。徽文高等普通学校中退。大正11年東京正則英語学校および川端画学校日本画科入学。私立日本美術学校図案科第1年修業。私費（大正14、15年官費。総督府給費）。昭和2年4月16日選科に編入。

正木直彦の『十三松堂日記』の昭和2年2月4日に「図案科在学朝鮮任璹宰は米粒に書画を描くに妙を得たり　今朝斎藤総督に由りて宮中に伝献せらるゝ由にて米粒に一は聖徳太子一は聖観音一はイロハ四十八文字に昭和二年二月一日と書きたる三粒を箱に納めたるものを持参し之に題辞をせよといふにより表面には凝神の二字を書し箱蓋裏に朝鮮任璹宰恭写と書して遣したり　凝神は荘子の故事也」とある。細字の妙技については大正15年11月2日の『国民新聞』も任の肖像写真入りで報じているが、そのなかに任は朝鮮の名族閔丙奭の甥で14、5歳の頃から細字の練習をし、上京後は田口米舫に書道を習っていると記されている。

昭和3年3月卒業。選科。★卒業制作「書棚及飾付工芸品図案」。

◇京城特別市西大門区大貌洞56-63、任洪淳〔90名簿〕。

同　年．同月．同日．図画師範科入学

○**兪亨穆**（1903.8.24～　　　）

江原道鉄原郡葛末面出身。京城第一高等普通学校卒。官費（総督府給費）。関東大震災で罹災〔月22-6、大正12-12〕。

大正15年3月卒業。同年5月27日～昭和2年3月24日研究生。

◇鮮展に数回入選。京城府、培花女子高等普通学校〔40名簿〕。

1924（大正13年）．4．5．西洋画科入学（特別学生）

○**申用雨**（1903.6.25～　　　）

京畿道京城府水標町出身。京城中東学校卒。中央学校中退。大正11年4月本郷洋画研究所入所。同13年1月川端画学校入学。私費。

昭和4年3月卒業。和田教室。特別学生。★卒業制作自画像。

◇在東京美術協会展出品。

○**金浩龍**（1904. 12. 26〜　　　）

慶尚北道大邱府明治町出身。大邱私立嶠南学院高等科卒。大正13年1月川端画学校入学。私費。

昭和2年東京音楽学校選科（唱歌、男子の部）にも在学〔『東京音楽学校一覧従昭和二年至昭和三年』〕。

昭和4年3月卒業。岡田教室。特別学生。★卒業制作自画像。

◇鮮展に数回入選。在東京美術協会展に出品。正木記念館建設会に2円寄附。大邱府明治街2-166、勤務先・京城府京城貞信女学校〔40名簿〕。

金溶煥（1902. 10. 20〜　　　）

京畿道高陽郡恩平面出身。平壌高等普通学校卒。大正12年4月より東京、日進英語学校で修業。同年11月より川端画学校で修業。

大正13年10月28日授業料滞納除名。

尹聖鎬（1904. 8. 22〜　　　）

平安南道平壌上需里出身。平壌高等普通学校卒。1923〜24年同校雇員。私費。

大正14年4月1日〜15年3月31日休学。

大正15年3月30日家事都合退学〔退学名簿〕。

1925（大正14年）. 4. 5. 西洋画科入学（特別学生）

○**黄述祚**（1904. 11. 14〜1939. 11. 12〔40名簿〕）

慶尚北道慶州郡慶州面出身。京城養正高等普通学校卒。大正13年4月川端画学校入学。

私費。昭和2年10月28日授業料滞納除名。同年12月復校。

昭和5年3月卒業。和田教室。特別学生。★卒業制作自画像。

◇帰国後黄海道開成で美術教師を5年間つとめ、故郷の慶州に帰り古蹟保存会に参加しながら作家活動をする。書画協会展や東美展に参加したが発表は希で死去1年後にソウルで吉鎮爕、李昞圭らが遺作展開催。作品は速い筆遣いと東洋画を思わせる輪郭線を駆使した人物画や風景画、花卉画などが僅かに残るのみ。

○**李海善**（1905.6.19～1983）

京畿道京城府出身。華族。京城中学校第1年修業。大正13年9月川端画学校入学。私費。

在校中鮮展に入選。

昭和5年3月卒業。和田教室。特別学生。★卒業制作自画像。

◇1940年から写真に転じ、白洋写友会を組織して後進を指導。李王家美術館嘱託。解放後大韓写真芸術家協会を創立、会長を歴任。

ソウル市鐘路区安国洞109〔90名簿〕。

○**宋秉敦**（1902.3.22～1967）

忠清南道公州郡公州面出身。公州公立普通学校卒。忠清南道雇員、公州金融組合書記を経て大正13年11月川端画学校入学。私費。第3年より和田教室。

昭和5年3月卒業。特別学生。★卒業制作自画像。

◇号公州、石泉。卒業後公州永明女学校へ就職〔月29-3、昭和5-7〕。牧日会会員。解放後国展推薦作家。創作美術家協会展に出品。ソウル美大非常勤講師。

慶尚北道、金泉中学校（住所も同）〔40名簿〕。

姜信鎬（1904.6.19～1927.7.24）

慶尚南道晋州郡井村面出身。晋州公立普通学校卒。京城徽文高等普通学校第2年修業。大正13年11月川端画学校入学。私費。

藤島教室。大正15年2月第7回中央美術展に洋画「静物」「椅子の上の果物」を出品。

昭和2年在校中死亡。同年8月19日より3日間、京城で友人らが遺作展開催〔月26-3、昭和2-9〕。

同年．同月．同日．図案科入学（特別学生）

朴南洙（1905.9.16～　　　）

全羅南道海南郡花山面出身。京城培材高等普通学校第3年修業。私費。事故

により大正15年４月５日より休学。昭和２年５月24日長期欠席により除名。

同　年．同月．同日．図画師範科入学

○**金周経**（1902.8.1～1981）

忠清北道鎮川郡文白面出身。京城第一高等普通学校卒。大正13年１月京城高麗美術院西洋画夜学部入学。私費。のち貸費（月30円）。

昭和３年３月卒業。同４年10月25日研究科入学。同５年５月31日授業料滞納除名。在校中鮮展西洋画部門に連続出品、また、ナップに加盟。

◇帰国後京城府内貴洞75の高城女子美術学校に就職〔月27-1、昭和３-４〕。のち一時京畿中学校などで美術教師。1928年朴広鎮、呉之湖らと緑郷会を結成し展覧会開催。評論活動を展開し鮮展評などを残す。38年呉之湖と二人画集を刊行。

京畿道、京畿道中学校〔40名簿〕。

解放直後には朝鮮美術建設本部洋画部委員長。46年南朝鮮美術家同盟委員長。46年10月越北。平壌美術大学の前身である平壌美術専門学校の創設とともに校長となり12年間在勤。47年８月第１回北朝鮮美術展に鮮干澹、鄭寛徹、韓相益、金河鍵ら美校同窓生たちとともに出品、一等賞受賞。国旗および国章図案に参加。49年北朝鮮美術家同盟中央委員。54年以後は朝鮮美術家同盟中央委員歴任。58年ピョンヤン美術大学から他へ移籍させられ、不遇のうちに死去。

作品は30年代は感傷的な祖国愛を込めた印象主義的な風景画が多く、北朝鮮においては北朝鮮の歴史・現実をテーマにした作品、そして風景画を多く描いた。

1926（大正15年）．4．5．西洋画科入学（特別学生）

○**金瑢焌（俊）**（1904.2.3～1967）

金瑢俊として著名。旧名は瑢甲。大正13年10月改名。東京美術学校の記録文書では瑢焌。

慶尚北道大邱府南山町出身（両班）。京城中央高等普通学校卒。在校中鮮展入選。大正14年４月川端画学校入学。私費。

昭和６年３月卒業。藤島教室。特別学生。★卒業制作自画像。

◇号公花、近園。画家・美術評論家・美術史学者として著名。留学帰国後は書画協会にのみ出品。1930年東京美術学校出身者団体の東美展と芸術至上主義を標榜する白蛮洋画会を、34年牧日会（のち反日団体として分類される）を創設し、30年代画壇を主導。また、プロレタリア芸術運動には反対しながら民族的な立場から芸術至上主義を主張する評論も発表。30年代後半には美術史研究につとめ『朝鮮美術大要』（48年）の成果あり。その頃から伝統的な朝鮮絵画の技法を研究。

京城府普成高等普通学校〔40名簿〕。

解放後には凡美術人団体の朝鮮美術建設中央本部で中心的役割を果たし、ソウル大学校美術大学教授となる。国立大学設立案反対運動に参加。収監され、朝鮮戦争のとき左翼美術団体の朝鮮美術同盟の一員として活躍。ソウル修復の際に北へ行き画壇の中心的存在となる。以後、平壌美術大学教授をつとめ新しい朝鮮画の創造に尽くし、北朝鮮の朝鮮画家の殆どが彼に学んだといわれる。『朝鮮画技法』（60年）、『朝鮮画彩色法』（62年）などの著述を通じて新しい彩色画の発展を模索するなど、今の北朝鮮における朝鮮画の理論的土台を提供した。『檀園金弘道』『高句麗壁画研究』など美術史の著もある。67年自殺。

作品は初期は油絵の外に雑誌の表紙画や挿絵も描いたが、のち伝統絵画に転向。北朝鮮では風景や歴史画を多く描いた。代表作としてモスクワで開催の美術展（57年）で金賞を獲得した「僧舞」（列車事故で焼失）の模写作品（58年）が朝鮮美術博物館に収蔵されているという。2001年に韓国で『近園・金瑢俊全集』の刊行が始まった。

○呉占寿＝呉之湖（1905.12.24～1982）

全羅南道和順郡同福面出身。大正14年３月徽文高等普通学校卒。翌年２月10日川端画学校入学。緑郷会に参加。私費。

昭和４年第10回中央美術展に、同５年一九三〇年協会展に出品。

昭和６年３月卒業。藤島教室。特別学生。★卒業制作自画像。

◇第７回～第10回鮮展出品。1935年之湖と改名。開城松都中学校在職〔40名簿〕。

解放後は朝鮮美術建設本部主催解放記念美術展に出品しその活動にも参加。朝鮮美術家同盟結成のとき中央執行委員・美術評論担当として活動。同同盟と朝鮮造形芸術同盟が合体して朝鮮美術同盟が成立したとき李仁星とともに共同副委員長となる。48年光州で光州美術研究会を発足させ、翌年朝鮮大学校美術科教授となる。朝鮮戦争のとき左翼に参加、一時投獄、53年釈放、復職。68～73年国展審査委員。

美術理論分野でも活発な活動をし、38年には印象主義芸術論を論じた「純粋絵画論」を『東亜日報』に連載。『呉之湖・金周経二人画集』(韓国最初のカラー画集) あり。39年『東亜日報』にピカソを批判する「ピカソと現代絵画」を5回連載し波紋を投じた。69年国語学者たちと国語語文研究会を創設し、翌年にはハングル専用反対を趣旨とする「国語に対する重大な誤解」を発表するとともにハングル専用反対運動のための個展を開催。73年国民勲章牡丹章受章。76年大韓民国芸術院会員。

作品では朝鮮的な印象主義を追求。明るい色彩と軽快なタッチの風景画が多い。『韓国現代美術代表作家100人選集・呉之湖』あり。

○**林学善**（1904.9.26～　　　）

京畿道京城府出身。大正10年3月培材高等普通学校卒。同11年3月同校補習科卒、川端画学校入学（～12年)、同12年10月培材高等普通学校第3年に転学、同13年3月卒。同年4月～14年2月京城延禧専門学校に在学。15年1月6日川端画学校入学。

昭和6年3月卒業。藤島教室。特別学生。★卒業制作自画像。

◇号晩香。京城府體洞150〔40名簿〕。

○**金応杓（金城文治）**（1902.4.8～　　　）

平安北道義州郡義州面出身。義州養実学院卒。医師の次男。21歳のとき川端画学校入学。震災で帰郷。22～24歳のとき京城書画学院在学。川端画学校再入学。私費。

昭和6年3月卒業。藤島教室。特別学生。★卒業制作自画像。

◇朝鮮新義州府梅枝町10、新義州東公立中学校〔40名簿〕。「朝鮮民事令改正ノ趣旨ニ基キ創氏改名セシ旨昭和十五年五月十一日届出」〔記録文書〕

同　年．同月．同日．彫刻科塑造部入学（特別学生）

○**金斗一**（1902.8.20〜　　　）

平安南道平壌出身。平壌公立高等普通学校（斉藤欣二校長）師範科卒。大正12〜15年平壌上需公立学校訓導。同15年川端画学校入学。私費。

昭和2年4月16日選科へ転科。

昭和6年3月卒業。選科。

◇鮮展に数回入選。正木記念館建設会に2円寄附。ソウル市麻浦区西橋洞340-12〔90名簿〕。

同　年．同月．同日．図案科入学（特別学生）

○**李順石**（1905.1.7〜1986）

京畿道京城府出身。父は薬商。忠清南道牙山公立普通学校卒。京城府神品学校（仏人経営）でラテン語を学び卒業。大正12年10月京城高麗美術研究所にて洋画研究。同13年4月京城私立加明普通学校教員。同年7月夏期教員講習会にて国語および白浜徴（東京美術学校図画師範科教授）の図画を講習。同年9月元山府海星普通学校に転任。同地でオーストリア伯爵ラパテル（美術家）の洋画個人教授を受ける。主に独語、ペン画を学習。同14年5月より川端画学校にて石膏像写生を学び、午後は丹羽某の画室で図案を研究。私費。

『十三松堂日記』の昭和2年6月26日の記事に「朝鮮の李順石来りて高麗焼を贈る」とあり。

昭和6年3月卒業。特別学生。★卒業制作「装幀各種図案」。

◇卒業後京城府の三和信商会図案部へ勤務〔月30-2、昭和6-6〕。昭和6年、コロンビア大学留学のため英文証明書発行を母校に請求した記録あり。のちソウル美大教授。国展運営委員・審査員。芸術院会員。

同　年．同月．同日．図画師範科入学

○**鮮于澹**（1904.9.13〜1984）

平安南道大同郡斧山面出身。平壌公立高等普通学校師範科卒。大正13年3月黄海道白川公立普通学校訓導。同14年6月黄海道沙里院公立普通学校勤務。私費。

昭和4年3月卒業。

◇昭和4年12月17日黄海道海州公立高等普通学校に就職。鮮展西洋画部門に出品。解放後1946年3月北朝鮮芸術総連盟常務委員兼黄海南道委員長。同年10月～48年9月北朝鮮美術同盟委員長。朝鮮戦争のときは中央美術製作所所長。53年以後朝鮮美術同盟絵画分科委員長。56年から朝鮮美術博物館館長。58～62年平壌美術大学学長。57年12月功勲芸術家。

作品は植民地時代の苦しい民衆の生活を描いた外、解放後は北朝鮮の歴史や風景、人物肖像などを描いたものが多い。

1927（昭和2年）．4．5．西洋画科入学（特別学生）

○**朴根鎬**（1902.1.13～　　　）

全羅南道麗水郡麗水面出身。京城貞洞培材高等普通学校第3年修業。大正13年10月20日川端画学校石膏部入学。同15年4月10日現在新宿同舟舎石膏部に在学。私費。在校中鮮展に入選。

昭和7年3月卒業。藤島教室。特別学生。★卒業制作自画像。

○**朴魯弘**（1905.9.17～　　　）

全羅北道全州高砂町出身。京城貞洞培材高等普通学校（校長H.Dアッペンゼルラー）卒。大正14年川端画学校入学。

昭和7年3月卒業。岡田教室。特別学生。★卒業制作自画像。

◇朝鮮全州高砂町323〔40名簿〕。

○**李景溱**（1901.12.23～　　　）

慶尚南道陜川郡陜川面出身。京城五星学校第3学年修業。大正13年3月京城書画学院西洋画科卒。同14年9月川端画学校入学。

昭和7年3月卒業。藤島教室。特別学生。★卒業制作自画像。

○**李馬銅**（1906.5.1～1981）

忠清南道牙山郡霊仁面出身。京城徽文高等普通学校卒。大正15年4月川端画学校入学。

私費。昭和3年3月20日本科へ転入。

昭和7年3月卒業。藤島教室。本科。★卒業制作自画像。

◇号青駒。1928年第7回鮮展入選。32年特選。34年牧日会結成に参加。書画協会にも参加。39～51年普成高校美術教師。63年以後弘益大学校美術大学教授・学長歴任。大韓民国美術展覧会推薦作家・招待作家・審査員。58年牧友会を結成し会長となり、71～72年韓国美術協会会長。美術文化に寄与した功労によりソウル特別市文化賞・文化勲章冬柏章を授与される。

京城府長沙洞30、朱益相方〔40名簿〕。ソウル特別市永登浦区黒石洞199-6〔90名簿〕。

作品は堅固な構図に重厚な色彩、写実的な描写が特徴。作品写真は『韓国現代美術代表作家100人選集・李馬銅』その他にあり。

○**韓三鉉**（1907.6.12～　　　）

平安北道義州郡古津面出身。定州五山高等普通学校第3年修業。大正15年8月京城書画学院西洋画科修業。同年9月川端画学校入学。私費。

昭和7年3月卒業。和田教室。特別学生。★卒業制作自画像。

◇正木記念館建設会に2円寄附。朝鮮平北新義州弥勒洞115〔40名簿〕。

○**吉鎮燮**（1907.2.20～1975）

平安南道平壌府出身。牧師の子。平壌崇実中学校第4年修業。大正14年4月京城書画学院洋画部入学。同年鮮展洋画部入選。同15年3月川端画学校入学。私費。

昭和7年3月卒業。和田教室。特別学生。★卒業制作自画像。

◇1930年白蛮洋画会結成に参加。31年コロンビア大学入学のための英文証明書発行を東京美術学校に請求（英名 Chinsyup Kiel）した記録あり。34年牧日会結成に参加。37年平壌で初の個展開催。文芸雑誌『文章』編集員。美術教師。40年木浦で、42年平壌で個展開催。解放直後美術宣伝隊隊長。朝鮮

美術同盟ソウル支部長。47年5月朝鮮美術同盟委員長。48年越北。北朝鮮最高人民大会代議員。国立美術製作所所長。52年美術家同盟絵画分科委員長。53年朝鮮美術家同盟副委員長。

作品は北朝鮮の歴史と風景を描いたものが多い。

○**金応璡**（1907.8.29〜1977）

京畿道京城府出身。京城普成高等普通学校第2年修業。大正14年秋川端画学校入学。私費。在校中鮮展に入選。

昭和7年3月卒業。和田教室。特別学生。★卒業制作自画像。

◇号以白。1946年から養正高校美術教師。国展審査員歴任。韓国ソウル特別市西大門区万里洞2街、養正中高校〔65名簿〕。

同　年．同月．同日．彫刻科塑造部選科入学

○**文錫五**（1904.1.27〜　　　）

平安南道平壌府出身。平壌第二公立普通学校卒。昭和2年川端画学校入学。私費。

昭和7年3月24日卒業。選科。次いで4月26日研究生となり同年12月10日授業料滞納除名。

◇鮮展に数回出品。第12回帝展に入選。

同　年．同月．同日．図画師範科入学

○**金道卿**（1907.10.12〜　　　）

京畿道京城府出身。京城第一高等普通学校卒。私費。

昭和5年3月卒業。中等学校図画並びに手工教員免許状取得。

◇昭和15年現在京城府玉水町292番地に在住。

1928（昭和3年）．4．5．西洋画科入学（特別学生）

○**洪得順**（1908.3.10〜　　　）

京畿道水原郡水原面出身。京城培材高等普通学校卒。昭和2年川端画学校入学。私費。

昭和4年4月1日本科へ転入。同5年4月10日～9月11日休学。

昭和8年3月卒業。岡田教室。本科。★卒業制作自画像。

◇号西啞。在校中から鮮展に出品。帰郷後1935年にシカゴ美術学校入学のため英文証明書発行を東京美術学校に請求した記録あり。

○**金斗済**（1908.11.4～　　　）

全羅南道海南郡馬山面出身。光州公立高等普通学校卒〔4年修業ともあり〕。

昭和2年4月より淀橋町角筈の同舟舎洋画研究所で学ぶ。私費。

昭和8年3月卒業。和田教室。特別学生。★卒業制作自画像。

◇全羅南道海南郡馬山面松石里〔40名簿〕。

崔鳳彬（1907.4.23～　　　）

平安北道義州郡義州面出身。養実学院高等科第3年修業。大正15年川端画学校入学。私費。昭和5年5月31日授業料滞納除名。

1929（昭和4年）．4．5．西洋画科入学（特別学生）

○**権雨沢**（1911.3.11～　　　）

全羅北道全州郡伊東面出身。全北高敞高等普通学校出身。在校中に鮮展入選。

昭和9年3月卒業。藤島教室。特別学生。★卒業制作自画像。

◇京城府貞洞街32、梨花高等女学校〔40名簿〕。

○**李鳳栄**（1905.8.11～　　　）

忠清南道牙山郡温陽面出身。京城公立第二高等普通学校第4年修了。昭和2年川端画学校入学。

昭和9年3月卒業。和田教室。特別学生。★卒業制作自画像。

◇京城府寿松洞28-1〔40名簿〕。

同　年．同月．同日．西洋画科本科入学

○**孫一峰（伊山）**（1907.5.5～1985）

慶尚北道慶州郡見谷面出身。京城師範学校卒。昭和4年川端画学校入学。同

7年光風会F氏賞受賞。

昭和9年3月卒業。岡田教室。本科。★卒業制作自画像。

◇函館市、大谷高等女学校〔40名簿〕。第2～7回鮮展に入選。第8～11回帝展に入選。解放後国展推薦作家・招待作家。韓国新美術会創立委員。作品写真は『韓国現代美術代表作家100人選集・孫一峰』にあり。

同　年．同月．同日．漆工選科入学

姜昌奎（1906.2.17～1977〔90名簿〕）

慶尚南道咸安郡咸安面出身。岡山工芸学校出身。漆工選科第2年に入学。

昭和8年3月24日選科卒業。同年4月26日研究科入学。同年11月16日授業料滞納除名。第14回帝展入選（美術工芸の部）。

◇号菖園。鮮展特選、推薦。解放後国展審査員歴任。

1931（昭和6年）．4．5．西洋画科入学

○**沈亨求**（1908.6.4～1962）

京畿道竜仁郡外四面出身。京城第二高等普通学校卒。昭和4～6年川端画学校在学。私費。同10年4月東京美術学校臨時版画教室兼修。

昭和11年3月卒業。本科。★卒業制作自画像。同年4月13日研究科入学。同年文展入選。同12年12月6日授業料滞納除名。

◇号雲峰。1936年鮮展特選。37年鮮展最高賞の朝鮮総督府賞受賞。40年鮮展推薦作家。豊島区長崎東街1-2391〔40名簿〕。

戦時体制強化のなかで積極的な親日活動を展開し、種々の展覧会に参加。1945年梨花女子大学校美術科を創設し初代主任科長・教授となり、48～49年同大芸術大学初代学長をつとめる。ソウル市文化委員。49年大韓民国芸術院会員。鮮展、国展を中心に活躍した代表的な官展画家。63年遺作展開催。

作品はアカデミックな姿勢に基づいた人物像が多く、厳格な構成と写実的な描写が主な特徴。作品写真は77年刊行『沈亨求画集』、『韓国現代美術代表作家100人選集・沈亨求』参照。

1932（昭和７年）．４．５．西洋画科入学

○**金仁承**（1911.1.19～2001.6）

京畿道開城府北本町出身。蔘業・両班の子として生れる。開城公立商業学校（校長久保田敬太郎）卒。昭和５年５月川端画学校入学。私費。

昭和12年３月卒業。本科。★卒業制作自画像。同13年11月５日～15年１月15日研究科に在学。在校中、文展、光風会展に出品。

◇1937年鮮展最高賞の昌徳宮賞を受賞。40年推薦作家。ソウル特別市大庁洞２街19、必勝園内、梨花女子大学美術科〔40名簿〕。戦時下、沈亨求らとともに積極的親日活動をする。47～59年梨花女子大学校美術科教授。49年国展開設とともに推薦作家兼審査員。58年牧友会創設。韓国美術協会理事長・梨花女子大学学長をつとめ57年芸術院会員となり69年文化勲章受章。73年東京で個展開催。74年アメリカへ移住。ソウル市城北区城北洞山5－29〔90名簿〕。

作品は充実したデッサンに重厚な色調、静的な雰囲気などが特徴。鮮展や国展など官展にふさわしい内容と様式を示す。人物座像や裸婦などの主題が多く、著名人の肖像画も多く描いた。70年以降は多様な種類の薔薇も描いた。官展のアカデミズム画風の定着に大きな役割を果たした代表的な官展画家の一人。作品写真は『韓国現代美術代表作家100人・金仁承』にあり。参考文献に畑山康幸著「金仁承油絵展――ある洋画家の“傷跡”――」（『ＮＨＫラジオ・ハングル講座』2001年12月）等あり。

1934（昭和９年）．４．１．油画科予科入学

○**徐鎮達**（1910.8.13～1947）

慶尚北道大邱府鳳山街出身。東莱公立高等普通学校卒。私費。

昭和11年（第２年）小林教室。

昭和14年３月卒業。本科。★卒業制作自画像。

◇号白雲。1931年第10回鮮展入選後６回にわたり入選。卒業後40年東京美術協会展に出品。板橋区中新井３-1926、アトリエ北２号〔40名簿〕。41年大邱で美術教師。42年満州合爾濱大学講師。43年個展開催。解放後釜山で美術研究所を経営したが、結核で死去。48年遺作展開催。

作品はヌードが多く、充実したデッサンをもとに力強さを感じさせるタッチ、明暗対比など多様な表現を見せている。セザンヌ崇拝者としての面も窺わせる。

同　年．同月．同日．彫刻科塑造部予科入学

○**尹承旭**（1914.6.21～　　　）

京畿道京城府出身。京畿徽文高等普通学校卒。同校在校中より鮮展洋画部門に出品。私費。

昭和14年3月卒業。本科。同年4月28日～17年3月31日研究科在学。第3回新文展入選。世田谷区北沢3-1016守山館〔40名簿〕。

◇在校中から鮮展彫刻部門に出品。解放後ソウル美大教授。国展審査員歴任。朝鮮戦争のとき拉致される。呉光洙著『韓国近代美術思想』に作品写真あり。

○**金景承**（1915.7.18～1992）

京畿道開城府北本町出身。前出金仁承の弟。松都高等普通学校卒。私費。

昭和14年3月卒業。本科。

◇京城府黄金町5丁目、京城師範学校〔40名簿〕。ソウル市麻浦区新水洞392〔90名簿〕。鮮展西洋画部門、彫刻部門に出品し、1941年彫刻部門で昌徳宮賜賞、42年朝鮮総督賞受賞。のち国展審査員、弘益美大教授、芸術院会員。作品の写真は『韓国現代美術代表作家100人選集・金景承』にあり。

1935（昭和10年）．4．1．彫刻科塑造部予科入学

禹東和（1913.12.21～　　　）

黄海道海州郡海州村出身。海州高等普通学校卒。私費。

昭和11年12月～12年4月家事都合休学。同12年12月6日授業料滞納除名。

1936（昭和11年）．4．1．油画科予科入学

○**李純鍾（青山）**（1915.4.4～1979）

京城府出身。京城第一公立高等普通学校卒。私費。昭和15年11月28日青山と

創氏改名届。

昭和16年３月卒業。藤島教室。本科。★卒業制作自画像。

◇1941年鮮展に出品。

奇義闘（杉浦）（1913.9.12～　　　　）

慶尚南道金海郡金海邑出身。培材高等普通学校卒。私費。

昭和14年９月10日家事都合退学。

同　年．同月．同日．彫刻科塑造部予科入学

○**金鍾瑛**（1915.6.26～1982）

慶尚南道昌原郡昌原面出身。徽文高等普通学校卒。同校で張勃に教わり、勧められて彫刻を専攻。私費。

昭和16年３月卒業。次いで４月11日研究科入学。18年４月10日授業料滞納除名。

◇解放後ソウル大学校に美術科が設置されたとき教授となり1980年まで在職。53～80年国展推薦作家兼審査員。韓国美術協会代表委員。韓国デザインセンター理事長を経て76年芸術院会員。53年ロンドン開催国際彫刻展で「無名政治囚のための記念碑」が入賞。以来頭角を顕し木材、石材、鉄材など多様な材料を用いて具象から抽象に至るまで様々な様式の作品を制作。記念彫刻物の制作にも参加して58年浦項の「戦没学生慰霊塔」、63年ソウルのパゴダ公園の「３・１運動記念塔」などを制作。抽象彫刻の先駆者。作品写真は『韓国現代美術代表作家100人選集・金鍾瑛』にあり。

ソウル市城北区三仙洞３-105-２〔90名簿〕。

1937（昭和12年）．４．１．油画科予科入学

○**金在善（金子善三郎）**（1918.1.15～1948）

慶尚南道馬山府俵町出身。東莱公立高等普通学校卒。私費。

昭和16年12月卒業。小林教室。本科。★卒業制作自画像。同年10月20日創氏改名届。在校中鮮展入選。

◇第４回新文展入選。解放後ソウル中学校教師。1948年金在善・宋琦遺作展

開催。

同　年．同月．同日．彫刻科塑造部予科入学

○**曺圭奉**（1917.3.18～　　　）

京畿道仁川府花水町出身。京城儆新学校卒。私費。

昭和16年12月卒業。

◇紀元2600年奉祝展、第4回新文展に入選。在校中より鮮展に出品し、1941年朝鮮総督賞受賞、無監査。43年第6回満州国美術工芸書道展彫塑部特選。

同　年．同月．同日．彫刻科木彫部予科入学

○**尹孝重（伊東）**（1917.12.5～1967）

京畿道長湍郡津南面出身。培材高等普通学校卒。私費。

昭和15年セメント美術兼修。紀元2600年奉祝展入選。

昭和16年12月卒業。

◇号仏斎。在校中より鮮展に出品し、1943年朝鮮総督賞、44年昌徳宮賞、同年決戦美術展で京城日報社長賞受賞。解放後弘益大学に美術科が設置されたとき彫刻科長となる。国展推薦作家兼審査員。芸術院会員。弘益大学校美術大学学長。大韓美術協会副委員長。韓国美術協会副理事長歴任。51年イタリア開催ユネスコ国際芸術家会議の韓国代表となり53年ロンドン国際彫刻展に出品。66年4月～67年3月東京美術学校の「人体美学」（西田正秋担当）の聴講生となる。

50年代に美術作品をめぐる論争や美術界主導権争いに関わる。54年国展出品作「十字架」がキリスト教を冒涜したとして論争のきっかけになったこともあり、彼が導いた大韓美術協会と張勃が主導した韓国美術協会との国展主導権争奪戦はソウル美大派と弘益美大派の争いという国展時代韓国現代美術史の一断面とも言える。

初期の作品は木彫人物像が多く、解放後にもアカデミックな人物像が多かったが、51年ユネスコ国際芸術家会議で会ったMarino MariniやPercle Fazziniからの影響も受けた。李承晩大統領銅像をはじめとする種々の記念彫刻、著名人の肖像彫刻に多くの力作を残し記念彫刻の第一人者といわ

れる。呉光洙著『韓国近代美術思想』に作品写真あり。

1938（昭和13年）．4．1．油画科予科入学

○**金河鍵**（1915.2.13〜　　　）

咸鏡北道鏡城郡梧村面出身。鏡城公立高等普通学校（校長渡辺三吉）卒。私費。昭和17年9月卒業。藤島教室。本科。★卒業制作自画像。

◇在校中から美術文化協会展に出品、会員となる。1942年新ロマン派協会展に参加。

43年清津宮内大丸で清津日報社北鮮文化会・鏡城公立中学校同窓会主催金河鍵洋画個人展開催。

○**鄭寛澈**（1916.11.23〜1983）

平壌府出身。平壌公立高等普通学校（校長今井嘉一）卒。同校在校中より鮮展に入選。私費。

昭和17年9月卒業。藤島教室。本科。★卒業制作自画像。

◇京畿道開豊郡嶺北面古徳里402〔40名簿〕。金河鍵・韓相益らと黄土会を結成。1943年以後平壌公立商業学校美術教師。解放後朝鮮共産党平安南道地区委員会宣伝部で活動。平壌市美術同盟常務委員長。49年2月北朝鮮美術家同盟委員長。朝鮮戦争従軍。宣伝画や油画制作。最高人民会議第5期代議員。金日成賞、人民賞受賞。美術分野で初の功勲芸術家。人民芸術家。86年鄭鍾汝との二人展が開催され、99年『チョン・グァンチョル作品集』が刊行される。作品は北朝鮮の歴史に取材した歴史画、宣伝画、風景画が多い。

○**鄭宝永（烏川）**（1918.7.18〜　　　）

黄海道海州邑出身。海州公立高等普通学校（校長三宅広祐）卒。同校在校中鮮展に入選。私費。

昭和17年9月卒業。藤島教室。本科。★卒業制作自画像。

韓相益（1917.9.2〜　　　）

咸鏡南道咸州郡州西面出身。昭和10年3月咸興公立高等普通学校（校長横田峰

三郎）卒。同年大邱師範学校講習科入学。同11年３月より13年１月まで公立普通学校訓導をつとめる。私費。藤島教室。本科。

昭和17年３月10日家事都合退学（配属将校に抵抗したため。金興洙著「戦時下の留学生活裏表」〔『杜』第４号、1990年11月〕参照）。

◇第22、23回鮮展に出品。

1939（昭和14年）．４．１．油画科予科入学

○**李海晟**（1916.5.11～　　　）

京畿道出身。私立徽文中学校卒。第２年より南（薫造）教室。

昭和18年９月卒業。本科。

◇鮮展に出品。北朝鮮在住〔90名簿〕。

金永旻（1921.1.13～1940.8.25）

平安南道平壌府柳町出身。平壌第二公立中学校卒。

昭和15年在校中死亡。小林（万吾）教室。

1940（昭和15年）．４．１．油画科予科入学

○**金興洙**（1919.11.17～　　　）

咸鏡南道咸興府大和町出身。昭和13年３月咸南公立中学校（校長横田峰三郎）卒。同年４月川端画学校入学。中学在校中より鮮展、京城美術展、鮮満美術展に入選。昭和16年南教室。

昭和19年卒業〔「昭和18年度各科生徒級別名簿」には油画科３年・家事都合退学とあり、また、同19年同名簿には19年１月８日より20年１月７日まで志願入隊のところ不志願のため19年３月31日退学とあり〕。

◇ソウル特別市城東区下往裡696、勤務先・ソウル大学校美術大学〔65名簿〕。Kimsou（Kim, Heung-Sou）4833 Pulaski Ave., Philadelphia, Pa. 1944. USA〔90名簿〕。

1955～61年パリに留学しアカデミー・ド・ラ・グランド・ショーミエールで学ぶ。61年帰国後国展推薦作家。67～79年アメリカ、フィラデルフィアのMoore Art College招聘教授。77年ワシントンD.C.のTMP美術館で

造形主義宣言展を開き、異質的な要素と形式を一つの画面に調和させるHarmonismを発表。彼のHarmonismは両極的なすべての存在の状況を含蓄しており、陰と陽、動と静、写実と抽象、現実と理想など異質なものの共存を通じて、美術が、世界の一面だけを表現するのを克服し、総体的に表現しようとした。作品は55年まで写実主義的な傾向が強かったがフランス留学以後変わり始め、キュービズムを経て抽象的な傾向を示している。67年以後アメリカでは弾皮、釘、時計部品、車輪などをカンバスに貼って新しい造形性を追及し、画面を幾つかに分けて独立的な内容を表現。そのHarmonismはこの時期に成立した。90年パリのリュクサンブール美術館で大規模な展覧会を開催。

○**李達周**（1920.10.19～1962）

黄海道延白郡花城面出身。昭和14年3月31日海州東公立中学校（校長三宅広祐）卒。第2年小林教室。

昭和19年9月卒業〔「昭和18年度各科生徒級別名簿」には18年11月10日退学とあり〕。

同　年．同月．同日．彫刻科木彫部予科入学

○**朴勝亀（木戸）**（1919.9.14～　　　）

京畿道京城府司諫町出身。昭和12年3月京畿公立中学校（校長岩村俊雄）卒。

昭和18年1月28日木戸と改姓届。同年11月30日入営休学。

昭和19年9月卒業。

1941（昭和16年）．4．1．彫刻科塑造部入学

仁川相哲（1921.2.17～　　　）

咸鏡北道鏡城面出身。昭和15年3月鏡城公立農業学校（校長橋本秀二）卒。

在校中志願入隊。昭和21年彫刻科第3年。同22年3月31日長期休学につき一旦除籍。

1942（昭和17年）．4．1．油画科予科入学

○孫東仁（杉野仁彦）（1920.6.27～　　　　）

京畿道出身。京畿公立商業学校卒。

昭和19年1月20日～22年2月5日志願入営休学。

昭和25年3月卒業。梅原（龍三郎）教室。

牧山佳秀（李）（1924.6.14～　　　　）

忠清北道出身。清州第一公立中学校（校長升谷宗七）卒。

昭和19年4月12日退学。

◇鮮展に入選。

同　年．同月．同日．彫刻科塑造部入学

安田光男（安賛閠）（1921.11.10～　　　　）

平安南道出身。平壌第二公立中学校（校長今井嘉一）卒。

昭和19年1月20日志願入隊休学。同21年第2年生。同22年3月31日長期欠席につき一旦除籍。

1943（昭和18年）．4．1．油画科予科入学

○李寅斗（藤本）（1922.1.5～　　　　）

慶尚北道出身。昭和16年大邱公立商業学校卒。

昭和19年1月8日退学、入営。同22年9月9日再入学。同27年3月3日藤本を李に変更届け。

昭和27年3月29日卒業。安井（曽太郎）教室。

同　年．同月．同日．彫刻科塑造部入学

白川泰敏（白泰敏）（1921.1.15～　　　　）

慶尚北道出身。大邱啓聖学校卒。

昭和19年3月31日退学。

同　年．同月．同日．工芸科鍛金部入学

大原泰景（1921.4.20～　　　　）

京畿道出身。私立養成中学校卒。

昭和18年12月１日入営。同24年度未復員。

1945（昭和20年）．4．1．彫刻科木彫部入学

張島基殷（1922.4.15～　　　）

忠清南道出身。私立東京工業学校卒。

昭和22年３月31日長期休学につき一旦除籍。

1946（昭和21年）．5．1．油画科予科入学

竹野宏（呉炳学）（1929.1.21～　　　）

平安北道出身。平壌商業学校卒。昭和16年来日、太平洋美術学校で学ぶ。

安井教室。昭和23年３月31日無届け長期欠席につき除籍。

◇退学後東京に留まり制作活動を続け現在に至る。

1947（昭和22年）．9．12．油画科予科入学（特別学生）

南知鉉（1925.12.1～　　　）

忠清北道出身。

昭和25年３月31日除籍（〔90名簿〕に昭和27年３月修了、忠清北道、清州市岡倉洞社稷APT 13-207とあり）。

李承徳（1929.5.8～　　　）

慶尚北道出身。

昭和27年３月29日修了。安井教室。

以上の外に大正15年度、**林応九**（1907.9.13生れ。釜山富民公立普通学校卒。日本画家滝秋方・柴田春章門人）が美術解剖学を聴講した記録がある。また、朝鮮人として最初に帝展入選を果たした**金殷鎬**が大正14年総督府の和田一郎の紹介状を携えて上京、正木直彦を訪ね、その紹介で東京美術学校日本画教授結城素明に入門し、東京美術学校聴講生となり、昭和３年に帰郷したことを自著『韓国書画の百年』（後出参考文献参照）に記している。

台　湾

1915（大正４年）．９．21．彫刻科木彫部選科入学

○**黄土水**（1895.7.3～1930.12.30）

台北州台北出身。大稲埕公学校（のちの太平公学校）卒。1915年台湾総督府国語学校（のちの台北第一師範学校）卒。同年３月31日台湾公学校訓導、4月1日大稲埕公学校分校勤務。

大正９年３月卒業。同年の第２回帝展より連続入選し、第６回で落選以後不出品。大正９年４月１日～12年３月31日研究生。12年池袋1091番地（立教大学付近）にアトリエを作る。昭和４年久邇宮胸像とレリーフ制作。聖徳太子奉賛展出品。

◇留学して近代彫塑を学んだ最初の台湾人。歿後1931年５月遺作展（台湾）開催。「黄土水君を偲ぶ」（昭和６年６月『台湾教育』）、『黄土水彫塑展』（1990年、国立歴史博物館）、『台湾美術全集19　黄土水』（1996年、芸術家出版社）その他の参考文献あり。日本には得意としたモチーフによる「水牛群像」（ブロンズ）がある。これは昭和３年の御大典奉祝献上品で、宮内庁三の丸尚蔵館に収蔵されており、同館発行『どうぶつ美術園――描かれ、刻まれた動物たち』（平成16年）に収録されている。

1916（大正５年）．10．４．西洋画科選科入学

○**劉錦堂＝王悦之**（1895〔または1894〕．2.2～1937〔『中国現代美術家人名大辞典』では1931〕．3.15）

台中州出身。1901年台中公学校卒。15年台湾総督府国語学校師範部中退、台中公学校雇、16年９月川端画学校入学。

大正10年３月卒業。藤島教室。★卒業制作自画像。在校中漢詩投稿〔月18－２、大正８－７〕。

◇号月芝。卒業後上海に赴く。国民党元老王法勤の養子となり王悦芝と改名、月芝と号す。北京大学文学院に入る。国立北京美術学校西画教授となる。1928年以後国立西湖芸術院西画系教授その他要職歴任。30年京華美術専科学校長。ほかに私立北平美術学院長、北平大学芸術院教授。34年北平美術

専科学校長。正木記念館建設会に10円寄附。北京にて歿。遺族・北京市西便門小区７号楼二門706、王平〔90名簿〕。息子劉芸（書家、在北京）は中国書法家協会副主席。

1922（大正11年）．９．20．西洋画科選科入学

○**顔水龍**（1903.6.5〔９ともあり〕～1997.9.24）

台南州出身。台南州下営公学校卒。日本の正則中学第３年に編入。私費。

大正11年９月より学科聴講（東洋美術史、西洋美術史）。

昭和２年３月卒業。はじめ藤島教室、のち岡田教室。★卒業制作自画像。同年４月10日～同５年３月31日研究生。

◇1930年８月11日渡仏（昭和５年東京美術学校卒業者名簿）。グランド・ショーミエール、次いで現代美術学院で学ぶ。パリより校友会へ通信あり〔月29-５、昭和５-11〕。

1934年台展審査委員。台展、パリ・サロン、赤島社、台陽美術協会、台湾造型美術協会に出品。上杜会会員。中野区江古田１-247〔40名簿〕。

日本の美術界に知人が多く、「戦前はスモカ歯磨の新聞広告やポスターを担当。帰郷後は台湾の美術教育や伝統工芸の振興に尽力」（平成９年９月27日『朝日新聞』）した。

○**張秋海**（1899.9.15～〔『中国現代美術家人名大辞典』では1898.9～1988.8〕）

台北州出身。総督府国語学校（台北師範学校）出身。東京高等師範学校手工専修科卒。

公費。佐久間奨学費貸費。大正10、11年度学科聴講（フランス語、西洋美術史、東洋美術史、用器画、体操）。

昭和２年３月卒業。藤島教室。★卒業制作自画像。同年４月10日～５年３月31日研究生。５年帝展初入選。

◇1937～40年に来日し、通産省工芸指導所で研究。40年南亜工芸社を起こす。44年台南高等工業専科学校（成功大学の前身）講師。60年国立芸専工芸科兼任教授。65～68年私立台南家政専科学校美術工芸科教授兼主任。70～72年台北市政府顧問。北京市白塔寺居民大楼６屋〔90名簿〕。

1923（大正12年）．4．11．図画師範科入学

○**王白淵**（1902.11.3～1965）

台中州出身。台北師範学校卒。台中州公学校教諭、渓湖公学校訓導、補二水公学校訓導。私費。関東大震災で罹災〔月22-6、大正12-12〕。文学趣味旺盛にして在学中は国文を耽読。詩（和文自由詩）を投稿〔月24-1～4、6、大正14-6～9、12〕。日本画を研究。

大正15年3月卒業。

◇1926年岩手県女子師範学校へ勤務。31年和文詩集『蕀の道』出版。民族主義・反帝国主義運動を進め32年東京で留学生の文化政治運動に参加して投獄、解職される。33年上海に至り、35年上海美術専科学校図案教師となり、また、出版・文化活動に従事したが、抗日運動に加担して捕らえられ37年から43年まで台北の監獄で過ごした。『台湾美術運動史』(1954)、『対国画派系之争有感』(1959) 等の著があり美術評論家として著名。最晩年は大同工学院兼任教授。娘に横瀬（もと恩田）静子（日大芸卒。彫刻家）あり。

1924（大正13年）．4．5．図画師範科入学

○**陳澄波**（1895.2.2～1947）

台南州嘉義出身。1913年総督府国語学校師範科入学。石川欽一郎に水彩画を学ぶ。同上師範部乙科卒。23年台南師範学校講習科卒。私費。

田辺至に油画を学ぶ。外に岡田三郎助の本郷絵画研究所で5年間素描を学ぶ。

大正15年第7回帝展に初入選。以後帝展、槐樹社、聖徳太子奉賛展その他日本、台湾の諸展に出品。

昭和2年3月卒業。同年4月10日～同4年3月31日研究生。修了後帰台。

◇1929年より上海新華芸術専科学校、昌明芸術専科学校、芸苑絵画研究会で教えること5年。〔月29-8、昭和6-3〕に通信あり。嘉義市西門町2-125〔40名簿〕。

○**廖継春**（1902.1.4～1976）

台中州出身。台北師範学校卒。1922年より台中公学校訓導。私費。

昭和２年３月卒業。

◇台南長老中学兼長老高女勤務〔月26-１、昭和２-６〕。第９、12、15回帝展、昭和11年文展、第２回新文展等に入選。赤島社、台陽美術協会結成に参加。1932年台展審査委員。台南市高砂町１-103、台南州長栄中学校〔40名簿〕。台南一中、台中師範学院、国立芸術専科学校、中国文化学院美術系、国立師範大学等でも教えた。

1925（大正14年）．４．５．西洋画科入学（特別学生）

○**陳植棋**（1906.1.16～1931.4.13）

台北州出身。台北師範学校出身。私費。南港の富豪地主の家に一人っ子として生まれる。1924年台北師範学校学潮事件のとき退学。石川欽一郎、塩月桃甫に勧められて来日し本郷絵画研究所で学んでから東京美術学校に入学。ほかに吉村芳松（美校卒。台湾学生に親切で、李梅樹、李石樵なども入塾）の画塾でも学ぶ。

昭和５年３月卒業。岡田教室。特別学生。★卒業制作自画像。

◇卒業後７年間在日。第９、11回帝展入選。台展、光風会、槐樹社、聖徳太子奉賛展、白日会、七星画壇、赤島社等に出品。鬼才と謳われたが若くして病死した。

1926（大正15年）．４．５．西洋画科入学（特別学生）

○**張舜卿**（1906.1.10～　　　）

台南州出身。1923年新港公学校高等科卒、嘉義商工補習学校商科入学。中退し24年上海美術専門学校入学、同年７月南北軍開戦のため中退し帰台。25（大正14）年３月川端画学校入学。私費。

昭和６年３月卒業。藤島教室。特別学生。★卒業制作自画像。

◇台南州嘉義郡渓口庄頂坪164番地〔40名簿〕。

同　年．同月．同日．彫刻科塑造部入学（特別学生）

○**陳在癸**（1907.7.17～1934.12.29〔40名簿〕）

台中州出身。台北師範学校第２年修了。私費。昭和２年４月16日選科へ転科。

昭和6年3月卒業。選科。

同　年．同月．同日．図画師範科入学

○**范洪甲（高原）**（1904.12.12～1997）

新竹州出身。総督府台南師範学校卒。1923年4月台南女子公学校教員となり26年3月現在現職。私費。

昭和4年3月卒業。

◇台展に出品。高雄市堀江町1－6。台南地方院高雄支部検察局勤務〔40名簿〕。高原洪甲、中野区中央2-30-1、香港ヤクルト有限公司〔90名簿〕。

1927（昭和2年）．4．5．西洋画科入学（特別学生）

○**何徳来**（1904.8.14～1986.2.1）

新竹州出身。新竹苗栗生まれ。5歳で大地主何宅五の養子となり何鏡章と名乗る。9歳のとき来日。牛込山吹小学校卒。帰台して本名に戻る。1921年台中一中入学、24年退学し川端画学校入学。26年10月日本美術学校絵画科1部2年に入学。私費。

昭和7年3月卒業。和田教室。特別学生。★卒業制作自画像。

◇卒業後日本人の妻とともに帰郷。新竹美術研究会を組織。1934年赴日定居。戦後も新構造社で活躍。56年帰台。74年『私の道』(詩集) を著す。94年台北市美術館で「何徳来九十紀念展」開催。同美術館が遺作の大半を収蔵。

同　年．同月．同日．図画師範科入学

○**陳承潘**（1901.12.18～　　　）

台北州七星出身。台北師範学校卒。私費。

昭和5年3月卒業。

◇号仰仁。沖縄県国頭郡名護町字名護1206、県立第三中学校〔40名簿〕。1937年上海淪落後、上海や北平の日本人学校で教え、台湾解放後台北で個展を開いたが、美術よりもむしろ教育の方面で活動。

1928（昭和3年）．4．5．西洋画科入学（特別学生）

○**郭柏川**（1901.7.21～1974）

本籍福建普江県〔または台南市〕。台南並久居に生まれる。1921年台湾総督府台北師範学校本科卒。台南第二公学校勤務。25年台南師範学校乙科正教員・養成講習科講習３ケ月。26年来日して２月より川端画学校、次いで９月より本郷絵画研究所で学ぶ。私費。主として岡田三郎助に師事。

昭和８年３月卒業。特別学生。★卒業制作自画像。

◇赤島社、台展、槐樹社、光風会に出品。1936年大連、ハルビンを経て北平に転じ、北平芸術専科学校教師となる。北京滞在中の梅原龍三郎と親交、作風の影響を受ける。40年京華芸術専科学校に転任。47年台湾に居を定める。成功大学建築系で教える。52年台南美術協会を組織。台南市公園路５巷30号〔90名簿〕。

長廣敏雄著『北京の画家たち』に記事あり。東京芸術大学美術学部の記録文書に1965年２月26日美術学部長名で郭を招聘することが教授会で承認された記事あり。

同　年．同月．同日．図画師範科入学

○**陳慧坤**（1907.6.25～　　　）

台中州出身。台中龍井に生まれる。1927年台中一中卒業後来日して川端画学校で学ぶ。私費。29年赤島社に参加。

昭和６年３月卒業。

◇帰郷して美術教育に献身。〔40名簿〕に台中市楠町６-10、台中州立台中商業学校とあり。民国36～66年台湾師範学院（今の台湾師範大学）勤務。同80年11月「八五回顧展」（国立歴史博物館）開催。〔65名簿〕に台北市青田街５巷２号、台湾師範大学とあり。『陳慧坤画集』（1991年、台北歴博編輯委員会）あり。

1929（昭和４年）．４．５．西洋画科入学（特別学生）

○**李梅樹**（1902.2.4～1983.2.6）

台北州海山郡出身。三峡鎮の富家に生まれる。台北第一師範学校卒業後石川欽一郎の暑期美術講習会に参加。昭和３年川端画学校入学。

昭和９年３月卒業。岡田教室。特別学生。★卒業制作自画像。

◇帰台後台陽美術協会を結成。台展、光風会、新文展、台陽展に出品。三峡鎮祖師廟の建設に資金、精力を傾注。1964年文化学院美術系教授。64～72年国立芸専教授。67年同校に彫刻科開設。75年師範大学美術系教授。77年中国美術協会理事長。『李梅樹画集』全13冊（1990～93年、台北山峡鎮、劉清港医師・李梅樹教授昆仲紀念舘）、『李梅樹与三峡祖師廟』（1995年、三峡鎮、李梅樹紀念舘）その他。関係文献多し。

1931（昭和６年）．４．５．西洋画科入学

○**李石樵**（1908.7.13～1995）

台北州出身。1923年台北師範学校入学。27年官制改正により台北第二師範学校に移り、29年卒、石川欽一郎に学び、同年川端画学校入学。翌年台展で台湾日日新報社寄贈金賞牌受賞。私費。

昭和11年３月卒業。本科。★卒業制作自画像。（『台湾早期的西洋美術回顧展』に、特別生だったが３年のときその制度がなくなったので本科に入ったとあるが、東京美術学校の記録文書では入学時から本科生である。）

◇美校在学中から帝展入選。台湾人として最初の帝展無監査となる。裸婦を多く描く。帰台後郷里に李石樵画室を設け、後進を育成。台陽展に出品。

1933（昭和８年）．４．１．彫刻科塑造部予科入学

張昆麟（1912.5.2～1936.7.19）

台中州出身。岡山県、金川中学校卒。私費。

昭和11年７月在校中病死。

1935（昭和10年）．４．１．工芸科鍛金部予科入学

施丙火（1913.11.22～　　　）

台南州台南市出身。州立台南第二中学校第４年修了。私費。

昭和９年４月東京美術学校学科聴講生となり「建築装飾」「建築計画」「家具史」を受講。10年鍛金部入学。11年４月10日～12年３月31日病気休学。12年４月７日病気退学。

1936（昭和11年）．4．1．油画科予科入学

○**呉天華**（1911.3.1～　　　）

台中州彰市出身。東京、私立城西学園中学校卒。私費。

昭和16年卒業。本科。藤島教室。★卒業制作自画像。21年現在研究科在学中。

22年9月20日研究科廃止につき修了。

同　年．同月．同日．彫刻科塑造部予科入学

○**黄清埕（清呈）**（1913.1.6～1943.3.19）

澎湖島出身。東京、私立中野中学校卒。私費。紀元2600年奉祝展出品。

昭和16年3月卒業。本科。

◇昭和15年帝展入選。同17年日本彫刻家協会第6回展奨励賞受賞。翌18年3月19日帰台途中高千穂丸沈没により遭難死去。国立台湾美術館に数点の遺作が収蔵されている。

同　年．同月．同日．彫刻科木彫部予科入学

○**范徳煥**（1914.1.1～　　　）

新竹州出身。州立新竹中学校卒。私費。東京美術学校在校中校友会俳句部員。

『校友会会報』第8、9号（昭和11年6、12月）に入選俳句掲載。

昭和16年3月卒業。本科。

1940（昭和15年）．4．1．油画科予科入学

○**廖徳政**（1920.6.17～　　　）

台中州豊原郡出身。1938年台中一中（校長広松良臣）卒、来日。翌年3月医専受験に失敗して6月川端画学校入学。

昭和16年美校本科1年生となり南（薫造）教室に入る。同18年4月関西方面修学旅行に参加。同19年1月8日～20年1月7日休学、4月10日出校、安井（曽太郎）教室に入る。5月～9月勤労動員として江田島海軍兵学校に勤務。8月6日原爆投下を目睹。10月より級友宅（九州）に滞在。

昭和21年3月卒業。

◇1946年帰台。開南商工、実践家専、国立芸専で教えつつ洋画家として活躍。紀元美術会、青雲美術会所属。黄于玲著『日昇月落　廖徳政回憶録〈戦前篇〉』（1996年、南画廊有限公司）は廖徳政の日記と談話に基づいて編修されており、戦時下留学生活の様子が如実に把握できる貴重な資料である。

1943（昭和18年）．4．1．彫刻科入学

林忠孝（二木）（1921.9.1～　　　）

台北州台北市出身。東京、私立関東学院中学卒。

昭和19年1月8日～20年1月7日家事都合休学（19年8月16日志願入校）。

21年現在彫刻科第1年に在学。22年3月31日長期休学につき一旦除籍。

1944（昭和19年）．4．1．建築科入学

楊英風（1926.1.17～　　　）

台北州宜蘭市出身。北京、日本中学卒。

昭和21年1月10日病気休学。22年3月31日長期休学につき一旦除籍。

◇東京美術学校の外にローマ芸術学院彫塑系、北平輔仁大学、台湾師範大学で学び、『豊年』編集に従事。現代版画会創立に加わり、台北建築芸術学会会長、中国美術設計協会会長をつとめ、五行彫塑小集に参加した。

1946（昭和21年）．7．　．油画科特別研究生

許長貴（1910.6.25～1997.7.30）

台南市永楽町出身。1931年台南州立台南第二中学校卒。昭和9年本郷絵画研究所入所。同年末帰郷。11年台展入選。13年再渡日、和田三造の色彩研究所、熊岡美彦の熊岡絵画道場で学ぶ。15～20年東京府庁経済部商務課雇、夜間は吉村芳松画塾で修業。

昭和21年7月7日東京美術学校油画科特別研究生となる。安井教室。24年東京芸術大学美術学部絵画科入学。28年4月～32年3月外国人特別入学生（油画）。

◇日本に永住し、昭和22年「美校の庭」が日展に初入選し、以後断続的に出品。他に東光展、光風会展、日洋展、一水会展等に出品。31～63年一水会

会員。風景を多く描き、夕日の景色を描いた印象的な作品を遺す。夫人の編集による『許長貴画集』(2007年、ART BOX international) あり。

呉久子 (　　～　　)

昭和21年7月15日入学。23年現在在学中。

1947 (昭和22年). 6. 1. 彫刻科塑造部予科入学 (特別学生)

詹徳謹 (1923.4.16～　　)

新竹中学卒。

昭和27年3月29日修了。石井 (鶴三) 教室。

同　年. 同月. 同日. 油画科予科入学 (特別学生)

陳永森 (1913.4.16～1997)

台南出身。長老教会中学卒。廖継春に師事。昭和10年日本美術学校日本画科に入学して児玉希望に師事。

昭和25年3月25日退学。

◇台展、新文展、日展等に出品。戦後日本に長期居住。『日治時期台湾美術的「地域色彩」』(2004年、国立台湾美術館) に「1939年入東京美術学校油画科」とあるが誤聞か。

鄭炯灶 (1923.2.5～　　)

台南出身。昭和22年太平洋美術学校で修業。

梅原龍三郎に師事。日展に出品。

昭和25年3月31日除籍。

◇1950年以降38年間北京在住。現在東京で作家活動中。

その他諸外国

1934（昭和９年）．４．１．建築科予科入学

○**大住龍太郎**（1916.4.9～　　　）

アメリカ合衆国カリフォルニア州。

昭和14年３月卒業。本科。★卒業制作「セツルメント計画」。

1938（昭和13年）．４．　．日本画科予科入学（特別学生）

○**ウォング・パタナーノンタ**（Wong Phatananon　1912.11.1～　　　）

シャム国バンコック市。1930年文部省美術学校シャム画科卒。同年より同国宮内省（のち文部省）美術局に勤務。37年官費在外留学生試験合格。同年５月来日し日本語を学習。シャム国官費生（月120円）。輔導所属・国際学友会。昭和18年３月23日卒業。同年４月１日油画科入学（特別学生）。同21年現在通学中。同22年３月31日長期休学につき一旦除籍。

同　年．６．14．工芸科彫金部選科入学

○**ヌール・アーマッド・サベリ**（1910.2.22～　　　）

アフガニスタン国官費生。昭和15年２月現在31歳。渋谷区鉢山町24アサマアパート。

主任教授清水亀蔵（南山）の報告に「能ク日本語ヲ解シ対話頗ル上手」云々とあり。

昭和18年９月23日卒業。

1942（昭和17年）．５．12．油画科聴講生

チット・ブァブゥシア（**チト・ブァブット**、Jitr Buabusaya　1911.4.5～　　　）

タイ国バンコク市バンランプー街2499。仏師の子として生まれ、三木栄川や横田仁郎ら日本人教師のいたポーチャン美術工芸学校を1930年に卒業後、同校チェンマイ校および同校で10年余り教え、タイ文部省の奨学生として来日。昭和19年５月28日彫刻科聴講生となる。輔導所属・国際学友会。

在学中、日本中を旅行して外光派風の油画風景を描き、日動画廊で個展を開

いたが作品の多くは空襲で焼失。美校の桜並木を描いた油彩画「上野公園、東京美術学校」(福岡アジア美術館蔵) が現存する。

昭和21年8月10日退学帰国。

◇戦後の混乱期はタイ大使館で働く。帰国後、爆撃を受けて休校していたポーチャン美術工芸学校を再建し校長となった。後小路雅弘著「戦時下の留学生　近代日本とタイの美術交流」(『美術フォーラム21』Vol. 9. 2004年冬) によれば、ブァブゥシアは東南アジアの美術留学生 (日本) 中帰国後美術家として成功した唯一の人で、戦後のタイ人美術学生の日本留学のパイオニア的存在であったという。また、ポーチャン美術学校再建の際は「彼は、戦争中に自分が学んだ東京美術学校をモデルにした。とりわけ西洋の影響と日本の伝統とをバランスよく取り入れた教育方法に感銘を受けて、それを参考にカリキュラム編成をした。解剖学、構図法、色彩理論、美術史が、新しく授業科目に加えられた。また野外の写生も行われるようになった。さらに校舎の建築自体に、日本の和洋折衷のスタイル、いわゆる〈帝冠様式〉を取り入れて、西洋建築の上層にタイ風の屋根を乗せるデザインを採用した (チト自身が設計したと言われる)」(同書) という。

1944 (昭和19年). 7.　. 油画科聴講生

ラデン・マス・スハルジブミノト (1925〜　　　)

南方ジャワ。

昭和21年現在通学中。同22年3月31日長期休学につき一旦除籍。

1946 (昭和21年). 5. 25. 師範科入学 (特別学生)

ルシヤディ (1920. 11. 20〜　　　)

インドネシア。

昭和23年3月31日除籍。

1947 (昭和22年). 6. 1. 工芸科図案部入学 (特別学生)

ペリック・パネ (1924. 2. 16〜　　　)

インドネシア。

昭和23年３月31日除籍。

1948（昭和23年）．．．工芸科図案部入学（特別学生）

ムハデイ・ハルジヨプライロ（1922.12.22〜　　　）

インドネシア。

昭和24年３月31日除籍。

参考図版

東京美術学校外国人留学生が在校中に制作した作品の写真を掲載する。

作品の所蔵者および出典について

◇卒業制作自画像および平常成績は全て東京芸術大学大学美術館所蔵である。

東京美術学校は生徒に卒業制作を提出させ、特に優秀なものを買上げた。西洋画科（のち油画科）のみは別に卒業制作自画像（油彩）も提出させ、文庫に収蔵する慣例であった。しかし、生徒が持ち帰ったりしたため行方知れずになった自画像も少なくない。なお、図画師範科（のち師範科）生には卒業制作・自画像提出の義務はなかった。

◇下記の卒業制作は東京芸術大学大学美術館所蔵である。

〈朝鮮人留学生〉

73. 金観鎬　「夕ぐれ」

102. 任璹宰　「書棚及飾付工芸品図案」

122, 123. 李順石　「装幀各種図案」

〈台湾その他の留学生〉

196. 大住龍太郎　「セツルメント計画」

◇卒業制作は全て『東京美術学校校友会作品集』、写真アルバム「卒業制作写真」（ともに東京芸術大学附属図書館蔵）からの転載である。

◇下記は東京美術学校校友会機関誌からの転載である。

〈朝鮮人留学生〉

152. 沈亨求　「校内風景」＝『東京美術学校校友会会報』第７号（昭和11年２月）より転載。

〈台湾人留学生〉

176. 顔水龍　「旅行スケッチ」＝『東京美術学校校友会月報』第25巻第３号（大正15年６月）より転載。

初期留学生および中国人留学生

1. マリー・イーストレーキ
卒業制作自画像
明治40年

2. モム・チャオ・ポーン・プワナート　卒業制作　小判常地群蝶蒔絵巻莨入箱　明治43年

3. チャルン・スラナート　卒業制作　孔雀
明治43年

4. 李岸
卒業制作自画像
明治44年

5. 曾延年
卒業制作自画像
明治44年

6. 白常齡
卒業制作自画像
大正２年

7. 陳之駟
卒業制作自画像
大正２年

8. 潘寿恒
卒業制作自画像
大正４年

9. 潘寿恒
卒業制作　弾琴
大正４年

10. 方明遠
卒業制作自画像
大正６年

11. 方明遠
卒業制作　熟読深思
大正６年

12. 雷毓湘
卒業制作自画像
大正６年

13. 雷毓湘
卒業制作　編物
大正６年

14. 厳智開
卒業制作自画像
大正６年

15. 厳智開
卒業制作　西湖
大正６年

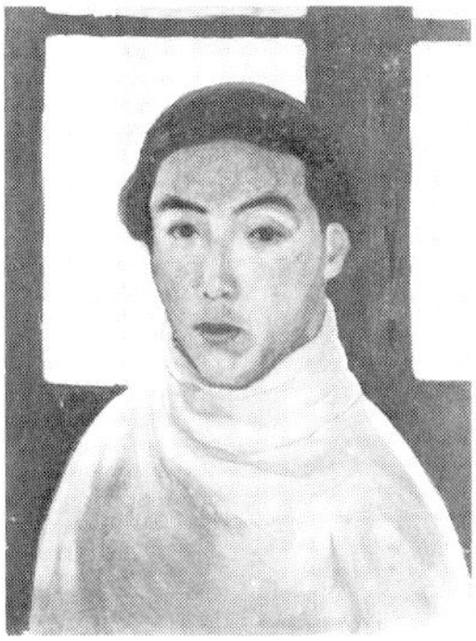

16. 江新
卒業制作自画像
大正６年

17. 江新
卒業制作　夜読
大正６年

18. 汪洋洋
卒業制作自画像
大正６年

19. 汪洋洋
卒業制作　読書
大正６年

20. 李廷英
卒業制作自画像
大正７年

21. 李廷英
卒業制作　春
大正７年

22. 劉鏡源
卒業制作自画像
大正７年

23. 劉鏡源
卒業制作　夕
大正７年

25. 崔国瑤
卒業制作自画像
大正８年

26. 崔国瑤
卒業制作　或人の像
大正８年

24. 伍霊
卒業制作　唐美人
大正８年

27. 許敦谷
卒業制作自画像
大正９年

28. 許敦谷
卒業制作　少女
大正９年

29. 李長元
卒業制作自画像
大正９年

30. 胡毓桂
卒業制作自画像
大正９年

31. 陳洪鈞
卒業制作自画像
大正10年

32. 陳洪鈞
卒業制作　室隅にて
大正10年

33. 周勤豪
卒業制作自画像
大正11年

34. 周勤豪
卒業制作　池
大正11年

35. 周天初
卒業制作自画像
大正12年

36. 周天初
卒業制作　西湖
大正12年

37. 王道源
卒業制作自画像
大正15年

38. 蔡侃
卒業制作自画像
昭和２年

39. 陳杰
卒業制作　モザイク装飾図案
大正14年

40. 丁衍鏞
卒業制作自画像
大正15年

41. 丁衍鏞
卒業制作　化粧
大正15年

42. 衛天霖
卒業制作自画像
大正15年

43. 衛天霖
卒業制作　閨中
大正15年

44. 譚連登
卒業制作自画像
昭和２年

45. 譚連登
卒業制作　俯視
昭和2年

46. 林丙東
卒業制作自画像
昭和2年

47. 李湘波
平常成績　花写生（5点のうち）　昭和2年

48. 許達
卒業制作自画像
昭和5年

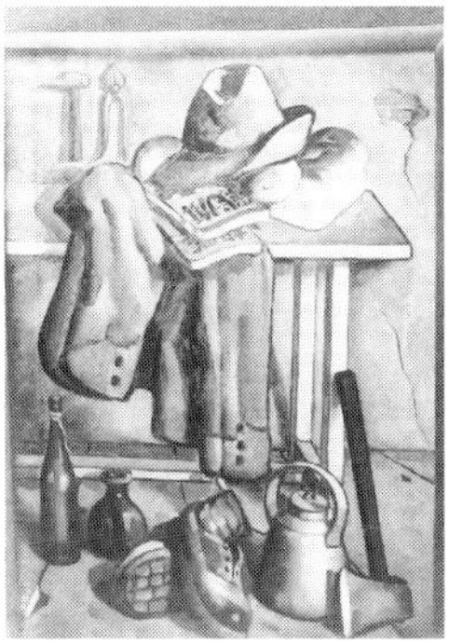

49. 許達
卒業制作　友人の家
昭和5年

50. 熊汝梅
卒業制作自画像
昭和5年

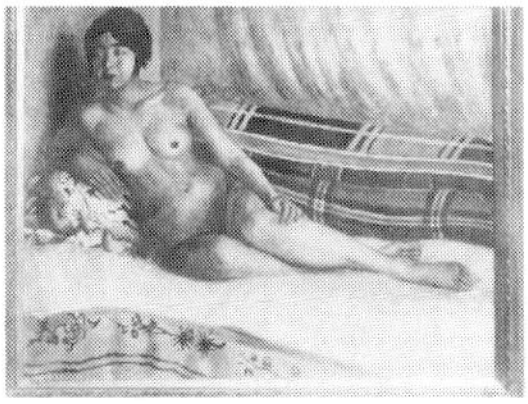

51. 熊汝梅
卒業制作　裸婦
昭和5年

52. 王文溥
卒業制作自画像
昭和8年

53. 王文溥
卒業制作　坐像
昭和8年

54. 龔謨
卒業制作自画像
昭和８年

55. 龔謨
卒業制作　モデル
昭和８年

56. 陳洵
卒業制作自画像
昭和９年

57. 陳洵
卒業制作　読書
昭和９年

58. 司徒慧敏
平常成績　花写生（7 点のうち）昭和4年

59. 林乃幹
卒業制作自画像
昭和10年

60. 林乃幹
卒業制作　弟
昭和10年

61. 林栄俊
卒業制作自画像
昭和12年

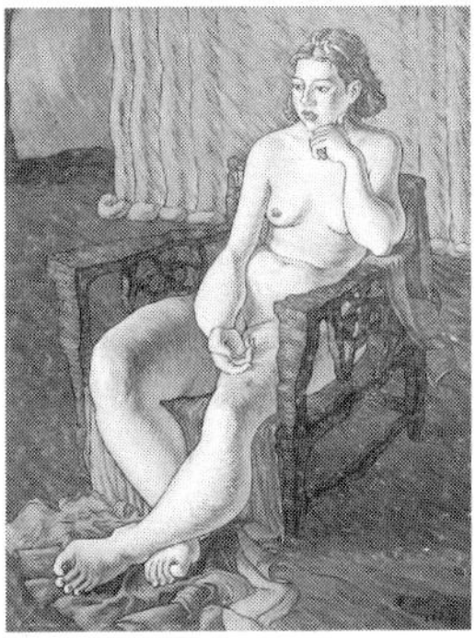

62. 林栄俊
卒業制作　裸体
昭和12年

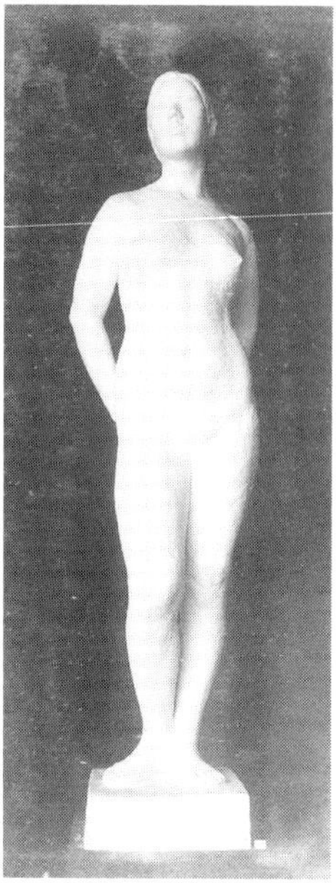

63. 金学成
卒業制作　立像
昭和10年

64. 李顚塵
平常成績　花写生（5点のうち）　昭和6年頃

65. 唐国卿
卒業制作自画像
昭和14年

66. 唐国卿
卒業制作　坐像
昭和14年

67. 楊佳福
卒業制作自画像
昭和14年

68. 楊佳福
卒業制作　裸婦
昭和14年

69. 李楨泰
卒業制作　ポスター
昭和16年12月

朝鮮人留学生

70. 高羲東
卒業制作自画像
大正４年

71. 高羲東
卒業制作　姉妹
大正４年

72. 金観鎬
卒業制作自画像
大正５年

73. 金観鎬
卒業制作　夕ぐれ
大正５年

74. 金瓚永
卒業制作自画像
大正６年

75. 金瓚永
卒業制作　ニンフの死
大正６年

76. 李漢福
卒業制作　鶴
大正12年

77. 李漢福
平常成績
鬼薊写生

78. 李鍾禹
卒業制作自画像
大正12年

79. 李鍾禹
卒業制作　小女
大正12年

80. 金昌燮
卒業制作自画像
大正14年

81. 金昌燮
卒業制作　書斎の婦人
大正14年

82. 孔鎭衡
卒業制作自画像
大正14年

83. 孔鎭衡
卒業制作　団扇を持てる女
大正14年

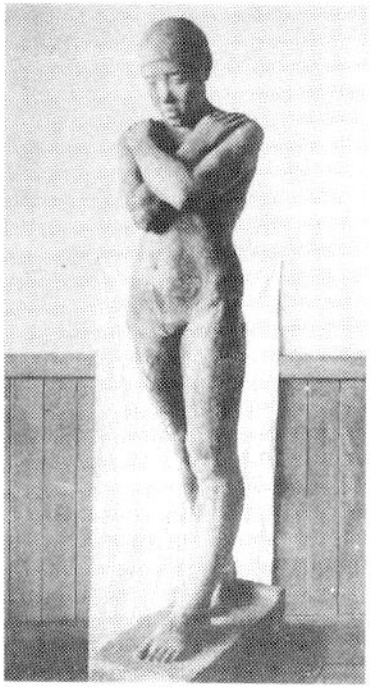

84. 金復鎭
卒業制作　おんな
大正14年

85. 張翼
卒業制作自画像
大正15年

86. 張翼
卒業制作　千字文
大正15年

87. 李昞圭
卒業制作自画像
大正15年

88. 李昞圭
卒業制作　娘
大正15年

89. 李済昶
卒業制作自画像
大正15年

90. 李済昶
卒業制作　臥女
大正15年

91. 金貞埰
卒業制作自画像
昭和２年

92. 金貞埰
卒業制作　静物
昭和２年

93. 都相鳳
卒業制作自画像
昭和２年

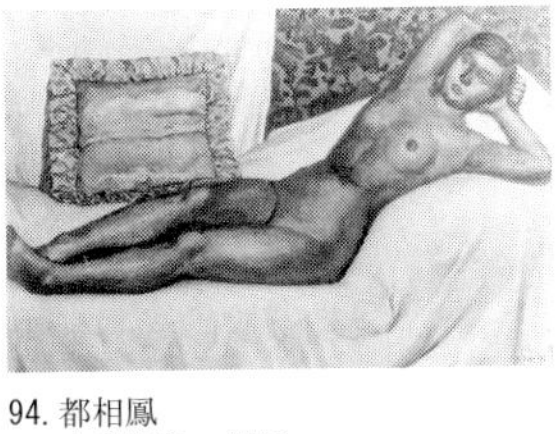

94. 都相鳳
卒業制作　裸婦
昭和２年

95. 朴広鎮
卒業制作自画像
昭和３年

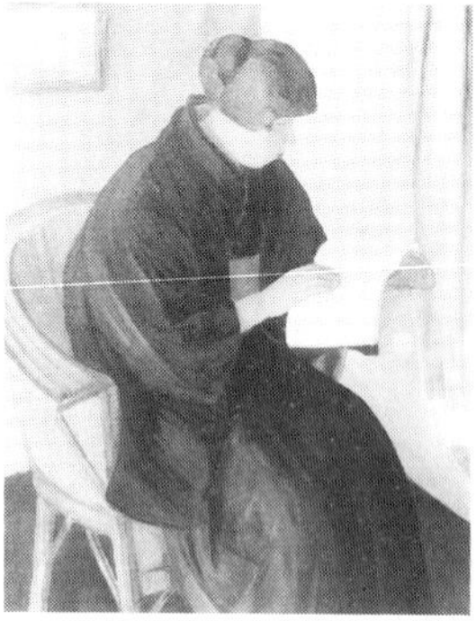

96. 朴広鎮
卒業制作　読書する女
昭和３年

97. 金鴻植
卒業制作自画像
昭和３年

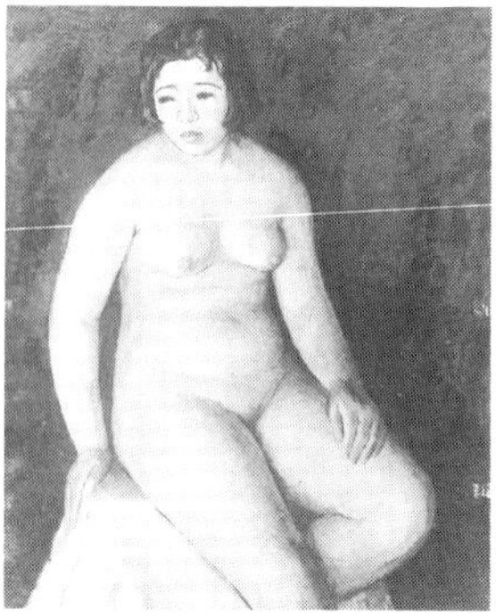

98. 金鴻植
卒業制作　裸女
昭和３年

99. 康弼祥
卒業制作自画像
昭和３年

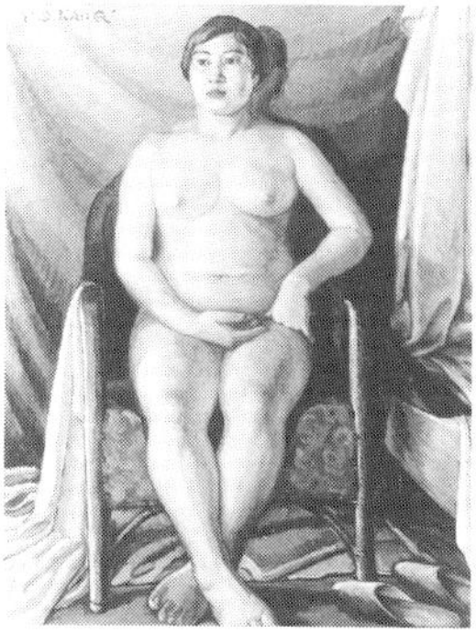

100. 康弼祥
卒業制作　裸婦
昭和３年

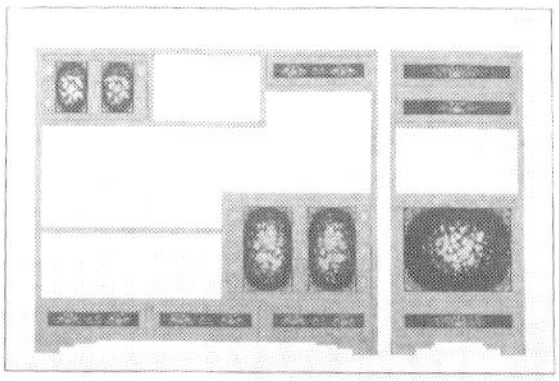

101. 任璹宰
卒業制作　書棚及飾付工芸品図案　昭和３年

102. 任璹宰
卒業制作　書棚及飾付工芸品図案　昭和３年

103. 申用雨
卒業制作自画像
昭和４年

104. 申用雨
卒業制作　友の像
昭和４年

105. 金浩龍
卒業制作自画像
昭和４年

106. 金浩龍
卒業制作　浴後
昭和４年

107. 黄述祚
卒業制作自画像
昭和５年

108. 黄述祚
卒業制作　R君の像
昭和５年

109. 李海善
卒業制作自画像
昭和５年

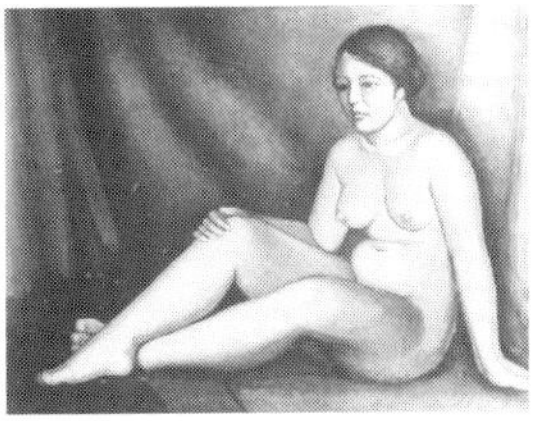

110. 李海善
卒業制作　裸婦
昭和５年

111. 宋秉敦
卒業制作自画像
昭和５年

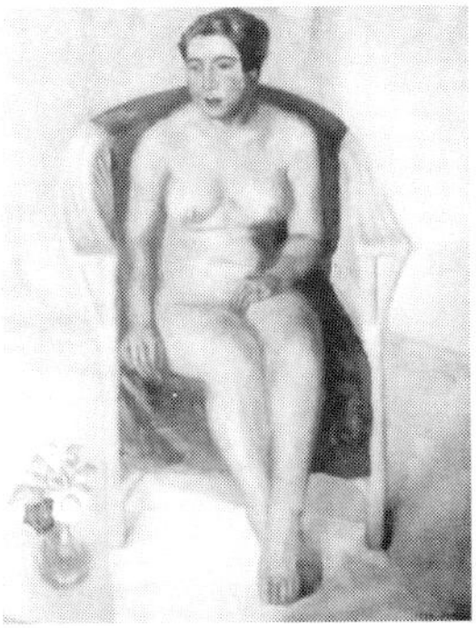

112. 宋秉敦
卒業制作　裸婦
昭和５年

113. 金瑢焌
卒業制作自画像
昭和６年

114. 金瑢焌
卒業制作　横見る女
昭和６年

115. 呉古寿
卒業制作自画像
昭和６年

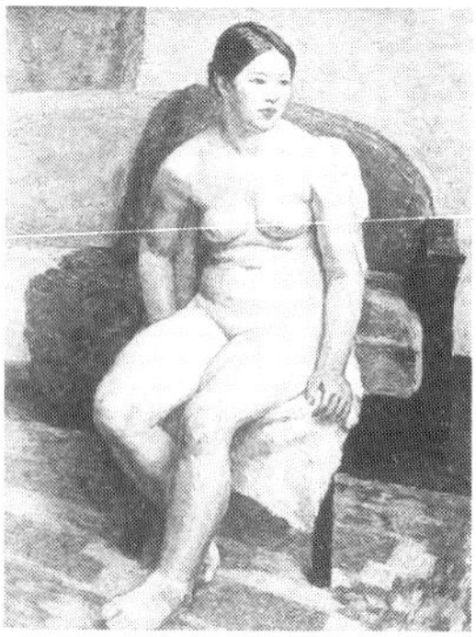

116. 呉古寿
卒業制作　裸婦
昭和６年

117. 林学善
卒業制作自画像
昭和６年

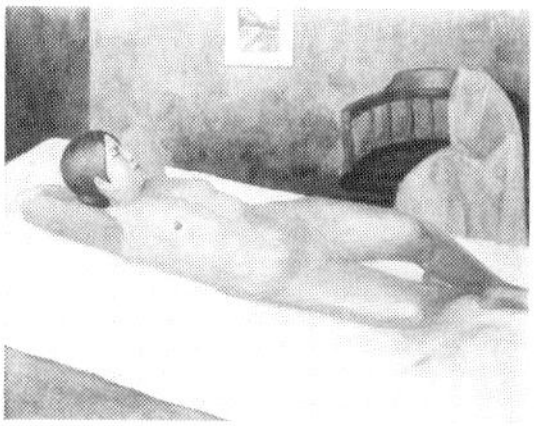

118. 林学善
卒業制作　裸婦
昭和６年

119. 金応杓
卒業制作自画像
昭和６年

120. 金応杓
卒業制作　裸女
昭和６年

121. 金斗一
卒業制作　男の首
昭和６年

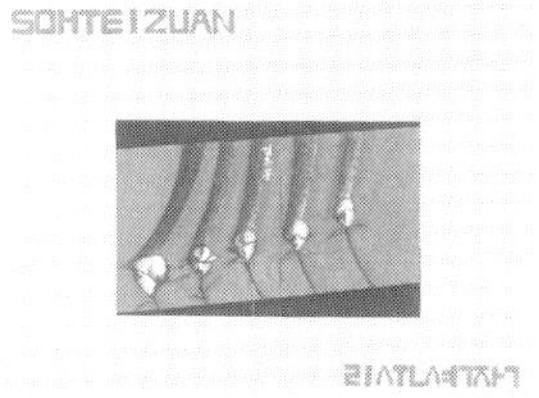

122. 李順石
卒業制作　装幀各種図案
昭和６年

123. 李順石
卒業制作　装幀各種
図案　昭和６年

124. 朴根鎬
卒業制作自画像
昭和７年

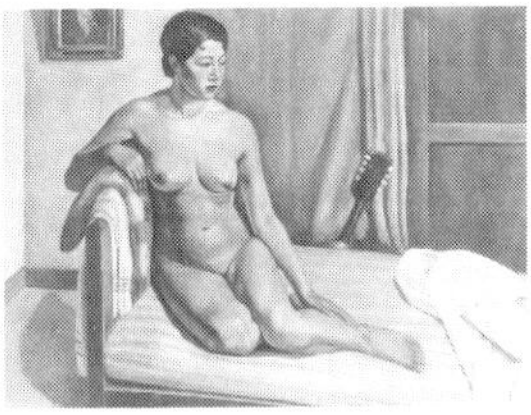

125. 朴根鎬
卒業制作　裸婦
昭和７年

126. 朴魯弘
卒業制作自画像
昭和７年

127. 朴魯弘
卒業制作　婦人像
昭和７年

128. 李景溱
卒業制作自画像
昭和７年

129. 李景溱
卒業制作　裸女
昭和７年

130. 李馬銅
卒業制作自画像
昭和７年

131. 李馬銅
卒業制作　男
昭和７年

132. 韓三鉉
卒業制作自画像
昭和７年

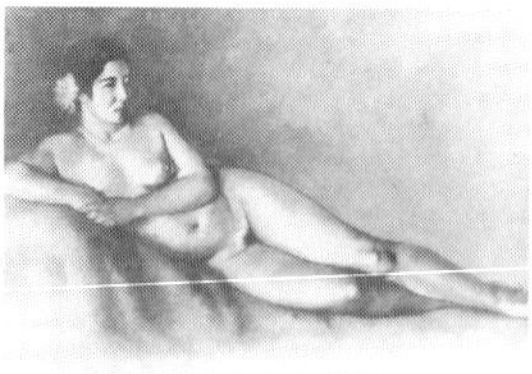

133. 韓三鉉
卒業制作　裸婦
昭和７年

134. 吉鎮燮
卒業制作自画像
昭和７年

135. 吉鎮燮
卒業制作　横たはれる裸婦
昭和７年

136. 金応璡
卒業制作自画像
昭和７年

137. 金応璡
卒業制作　椅子による女
昭和７年

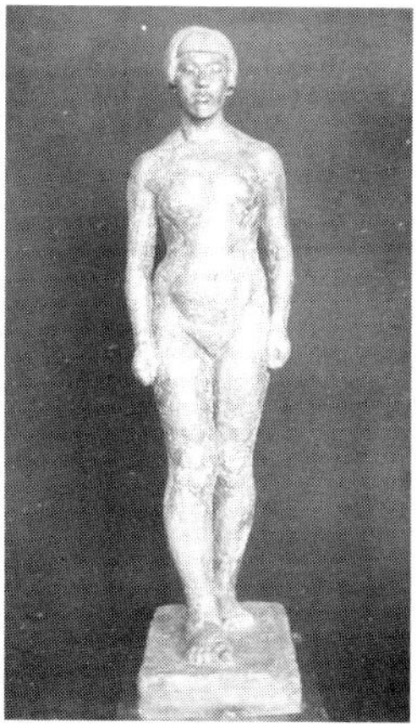

138. 文錫五
卒業制作　少女像
昭和７年

139. 洪得順
卒業制作自画像
昭和８年

140. 洪得順
卒業制作　裸体
昭和８年

141. 金斗済
卒業制作自画像
昭和８年

142. 金斗済
卒業制作　少女
昭和８年

143. 姜昌奎
卒業制作　乾漆八角盛器
昭和８年

144. 権雨沢
卒業制作自画像
昭和９年

145. 権雨沢
卒業制作　川辺の洗濯
昭和９年

146. 李鳳栄
卒業制作自画像
昭和９年

147. 李鳳栄
卒業制作　課題
昭和９年

148. 孫一峰
卒業制作自画像
昭和９年

149. 孫一峰
卒業制作　風景
昭和９年

150. 沈亨求
卒業制作自画像
昭和11年

151. 沈亨求
卒業制作　マドモアゼルK
昭和11年

152. 沈亨求
校内風景（エッチング）

153. 金仁承
卒業制作自画像
昭和12年

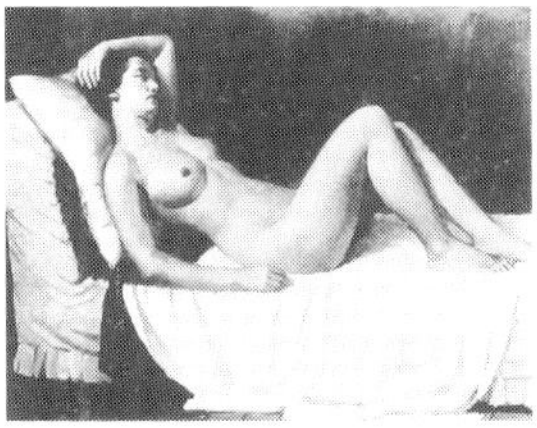

154. 金仁承
卒業制作　裸婦
昭和12年

155. 徐鎮達
卒業制作自画像
昭和14年

156. 徐鎮達
卒業制作　裸婦
昭和14年

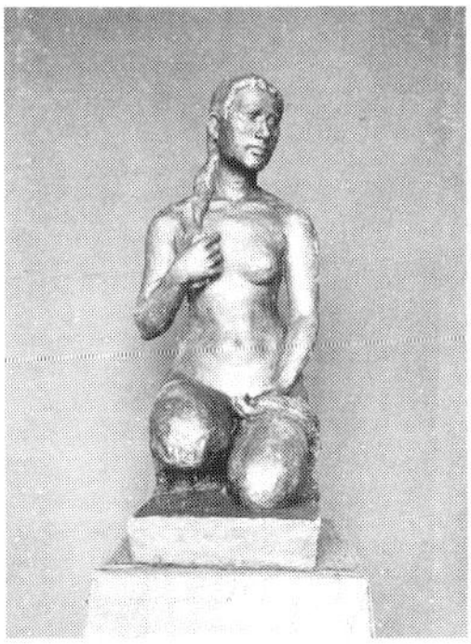

157. 尹承旭
卒業制作　沐浴
昭和14年

158. 金景承
卒業制作　立女
昭和14年

159. 李純鍾
卒業制作自画像
昭和16年

160. 金鍾瑛
卒業制作　裸婦立像
昭和16年

161. 金在善
卒業制作自画像
昭和16年12月

162. 金在善
卒業制作　画室にて
昭和16年12月

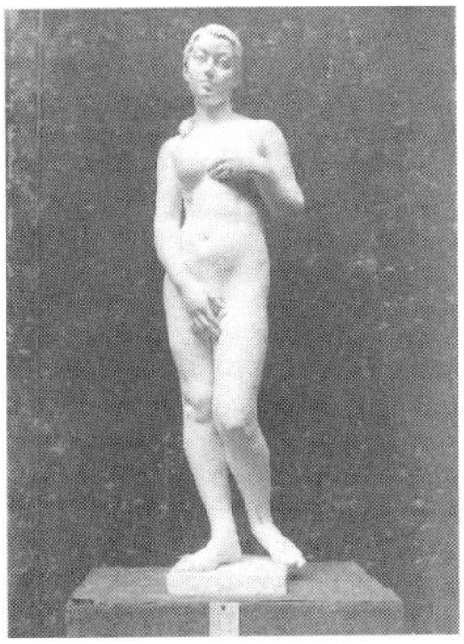

163. 曺圭奉
卒業制作　裸婦
昭和16年12月

164. 尹孝重
卒業制作　農夫
昭和16年12月

165. 金河鍵
卒業制作自画像
昭和17年９月

166. 金河鍵
卒業制作　睡眠
昭和17年９月

167. 鄭寛澈
卒業制作自画像
昭和17年９月

168. 鄭寛澈
卒業制作　朝朗
昭和17年

169. 鄭宝永
卒業制作自画像
昭和17年９月

170. 鄭宝永
卒業制作　婦人像
昭和17年９月

台湾その他の留学生

171. 黄土水
卒業制作　ひさ子さん
大正９年

172. 劉錦堂
卒業制作自画像
大正10年

173. 劉錦堂
卒業制作　母と侍童
大正10年

174. 顏水龍
卒業制作自画像
昭和２年

175. 顏水龍
卒業制作　裸女
昭和２年

176. 顏水龍
旅行スケッチ

177. 張秋海
卒業制作自画像
昭和２年

178. 張秋海
卒業制作　髪梳く女
昭和２年

179. 陳植棋
卒業制作自画像
昭和5年

180. 陳植棋
卒業制作　朱衣
昭和5年

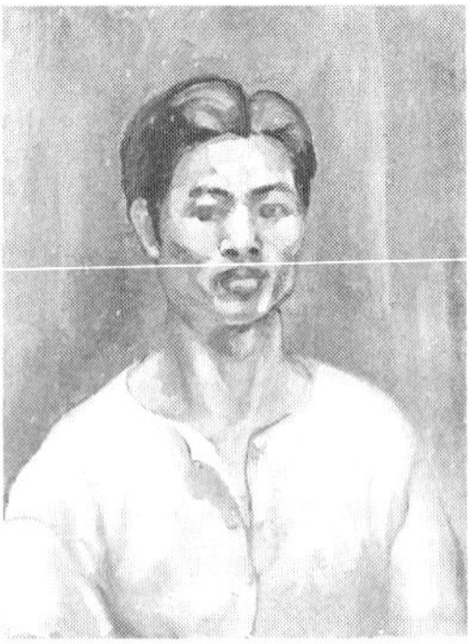

181. 張舜卿
卒業制作自画像
昭和6年

182. 張舜卿
卒業制作　裸女二人
昭和6年

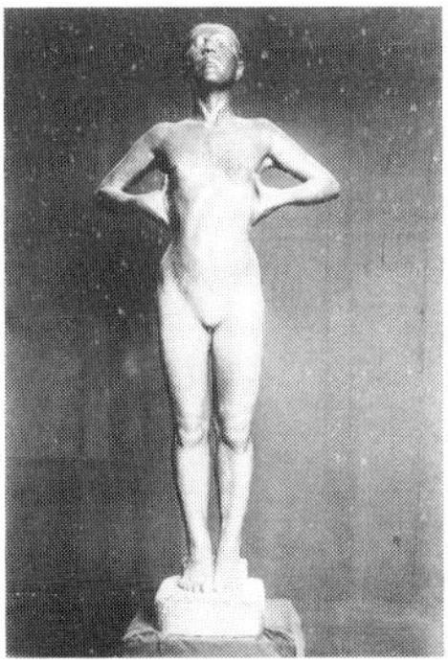

183. 陳在癸
卒業制作　女の立像
昭和6年

184. 何徳来
卒業制作自画像
昭和7年

185. 何徳来
卒業制作　大震災の思出
昭和7年

186. 郭柏川
卒業制作自画像
昭和8年

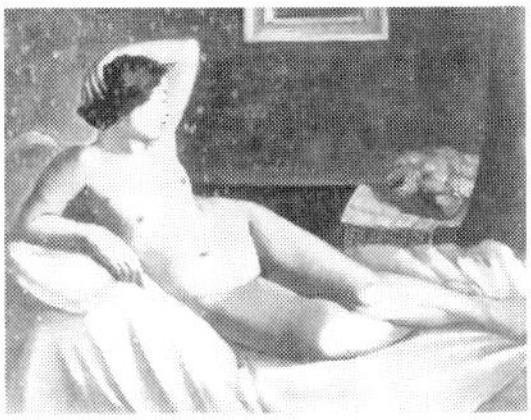

187. 郭柏川
卒業制作　裸婦
昭和8年

188. 李梅樹
卒業制作自画像
昭和９年

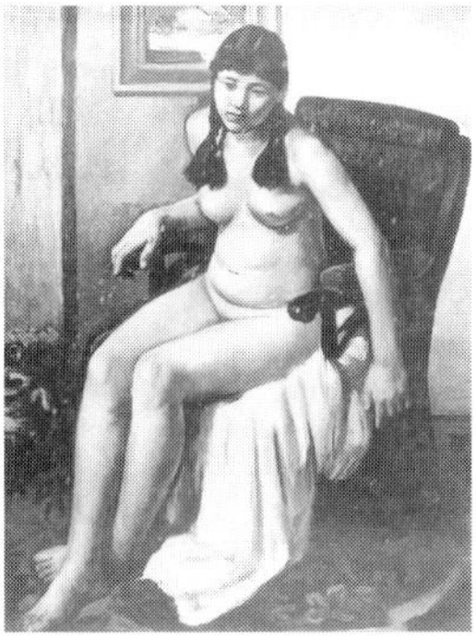

189. 李梅樹
卒業制作　裸婦座像
昭和９年

190. 李石樵
卒業制作自画像
昭和11年

191. 李石樵
卒業制作　紅衣
昭和11年

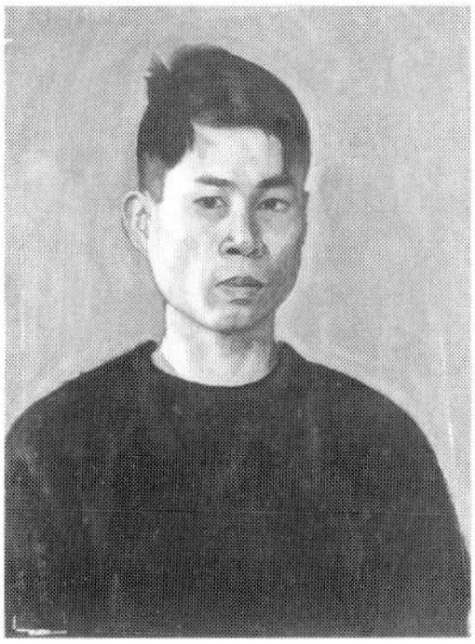

192. 呉天華
卒業制作自画像
昭和16年

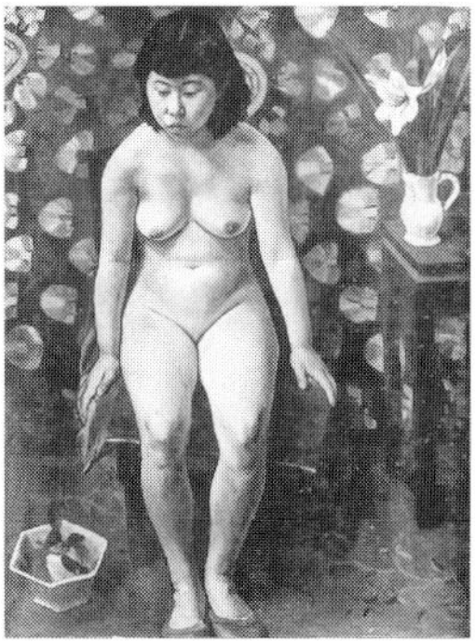

193. 呉天華
卒業制作　少女
昭和16年

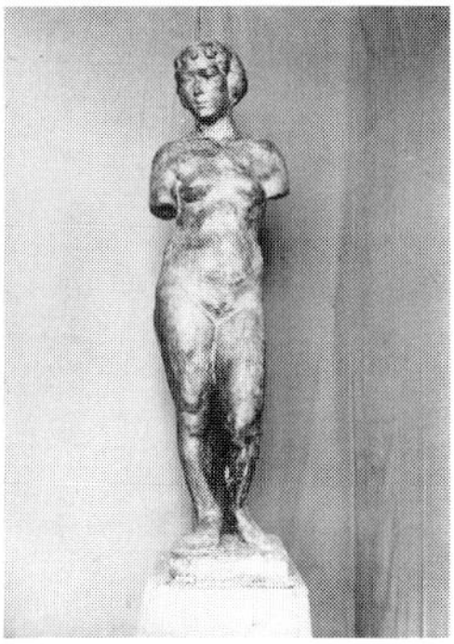

194. 黄清埕
卒業制作　トルソ
昭和16年

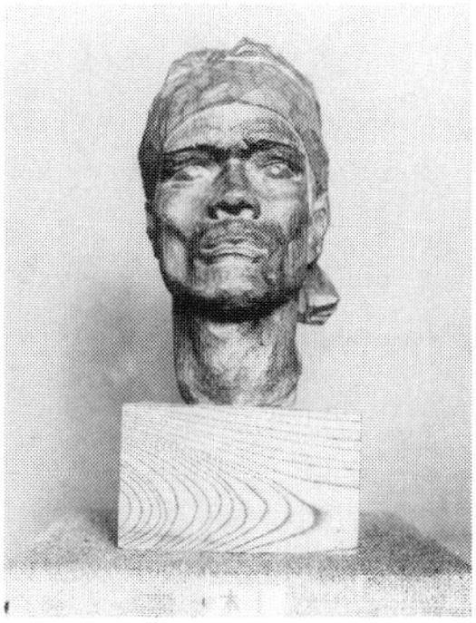

195. 范徳煥
卒業制作　台湾の男
昭和16年

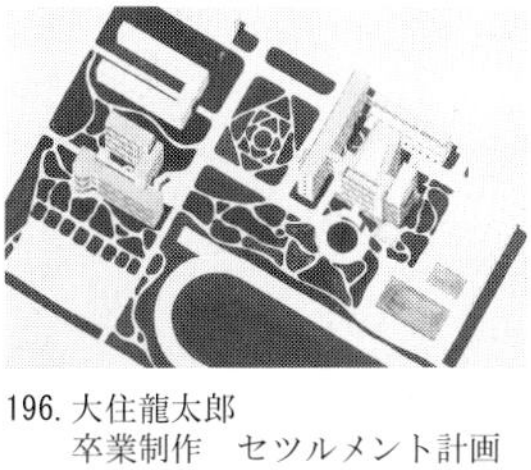

196. 大住龍太郎
卒業制作　セツルメント計画
昭和14年

197. ウォング・パタナーノンタ
卒業制作　戦況を聞く
昭和18年

198. ヌール・アーマッド・サベリ
卒業制作　フルーツ皿（3点のうち）　昭和18年9月

参考文献・史料

中　国

『増補　中国人日本留学史』さねとうけいしゅう　1981年　くろしお出版

『日中非友好の歴史』さねとうけいしゅう　1973年　朝日新聞社

『日中教育文化交流と摩擦』阿部洋（編）　1983年　第一書房

『中国の近代教育と明治日本』阿部洋　1990年　福村出版

『中華民国教育其他ノ施設概要』　1931年　外務省文化事業部

『満洲帝国概覧』３版　国務院総務庁情報処編纂　1937年　明文社

『第一回満洲国美術展覧会図録』　1938年　満日文化協会

『〈満州美術〉年表』飯野正仁　1998年　私家版

飯野正仁「〈国家主義的美術家〉を育てる――〈新京美術院〉と川端龍子」『あいだ』第92号　2003年８月

江川佳秀「大連のシュルレアリスム　〈五果会〉をめぐって」『日本美術襍稿：佐々木剛三先生古希記念論文集』1998年　明徳出版社

崔在爀「満洲国美術展覧会研究」『近代画説』第16号　2007年

「外務省記録・昭和十一年十二月　本邦展覧会関係雑件」外務省外交資料館蔵

『昭和十五年・康徳七年五月　満日文化協会紀要』同上

『昭和十六年・康徳八年一月　満日文化協会紀要』同上

「外務省記録　昭和八年日満文化協会雑件　設立関係」同上

鶴田武良「近百年来中国画人資料」一～四『美術研究』第293～307号　1974年11月～78年９月　東京国立文化財研究所

鶴田武良「留日美術学生――近百年来中国絵画史研究　五――」同上第367号　1997年３月　同上

鶴田武良「民国期美術学校畢業同学録・美術団体会員集成」『和泉市久保惣記念美術館、久保惣記念文化財団東洋美術研究所紀要』２・３・４　1991年３月

吉田千鶴子「大村西崖と中国」『東京芸術大学美術学部紀要』第29号　1994年

劉暁路「肖像后的歴史　檔案中的青春：東京芸大収蔵的中国留学生自画像（1905～1949)」中央美術学院報『美術研究』　1997年第３期（８月）

『左連研究』第１～３輯　1990、92、93年　汲古書院

『北京の画家たち』長廣敏雄　1946年　全国書房
『わが青春の日本』 1982年　東方書院
『特別展　橋本コレクション　中国の絵画　明・清・近代』 1984年　渋谷区立松濤美術館
『特別展　橋本コレクション　中国近現代絵画』 1989年　同上
『中国現代美術家人名大辞典』1989年　陝西人民美術出版社
『広東画人録』謝文勇編　1996年　広州美術館
『夏衍自伝・上海に燃ゆ』阿部幸夫訳　1989年　東方書店
『芸術揺籃・浙江美術学院六十年』宋忠元編　1998年　嶺南美術出版社
『現代中国の文化』張競、孫玄齢、潘世聖、陸偉栄、魯大鳴（共著）2005年　明石書店
陸偉栄「李叔同清末在日活動考」『藝術家』第308号　2001年１月（台湾）
陸偉栄「李叔同的在日演芸活動」同上第309号　2001年２月
陸偉栄「李叔同の在日活動について」『日中芸術研究』第37号　2002年4月
吉田千鶴子「紅一点」『藝大通信』第16号　2008年11月27日

朝　鮮

各年度朝鮮美術展覧会図録
渡辺浩三「鮮展以前の画壇」『朝鮮及満州』第374号　1939年１月
日吉守「朝鮮画壇の初期」同上第378号　同年５月
小場恒吉「追憶の二三」『画人岡田三郎助』 1942年　春鳥会
金殷鎬「韓国書画の百年」『統一日報』1976年11月2日～79年3月17日
中村義一「台展、鮮展と帝展」『京都教育大学紀要』Ａ（人文・社会）第75号　1989年９月
李仲熙「『朝鮮美術展覧会』の創設について」『近代画説』 第６号　1997年
『韓国現代美術史』（美術選書24）呉光洙　1979年　悦話堂
『韓国近代美術思想』呉光洙　1987年　一志社
李美那「韓国近代洋画略年表」『静岡県立美術館ニュース・アマリリス』第40号　1996年
『近代を見る目』韓国近代美術：油画、水墨・彩色画　1998年　韓国国立現代美

術館
李美那「韓国近代美術史をめぐる状況と『近代を見る眼』展の特徴について」『静岡県立美術館紀要』第13号　1998年
『東アジア／絵画の近代／油画の誕生とその展開』1999年　静岡県立美術館
『春谷　高羲東40周忌特別展』 2005年　ソウル国立大学美術館
『韓国美術100年』 2006年　韓国国立現代美術館
『韓国現代美術代表作家100人選集』1979〜82年　ソウル金星出版社
金炫淑「特集　近代韓国の油絵④（高羲東）」『月刊韓国文化』第114号　1989年4月
金炫淑「同上⑤（李鍾禹）」同上第116号　同年6月
『韓国現代美術の「韓国性」模索Ⅰ——韓国現代美術の黎明期——』 1991年　翰園 GALLERY
『朝鮮古蹟図譜　一』 1915年3月　朝鮮総督府
『失われた朝鮮文化』李亀烈　南永昌訳　1993年　新泉社
『太平洋戦争と考古学』坂詰秀一　1997年　吉川弘文館
『朝鮮の考古学』榧本杜人　1955年　同朋舎出版
関野克「亡き父を語る」『校友会会報』第6号　1935年12月　東京美術学校校友会
金興洙「戦時下の留学生活裏表」西大由編　『杜』（東京芸術大学美術学部同窓会会報） 第4号　1990年11月
「武蔵野の七月物語　帝国美術学校と近現代美術の歩み」『月刊美術』2007年7月
飯野正仁「『文学洙』探索——戦時下日本の朝鮮人画学生たち——」『朱夏』第17号　2002年9月　せらび書房
『韓国近代美術史深層研究』李仲熙　2008年　図書出版礼敬
『女子美の歴史』Vol. Ⅱ　2003年　女子美術大学
『帝国美術学校と朝鮮人留学生たち』（2003年11月、ソウル梨花女子大学におけるシンポジューム報告）韓国近現代美術記録研究会　2004年　ヌンピッ
佐藤由美・渡部宗助「戦前の台湾・朝鮮留学生に関する統計資料について」『植民地教育体験の記憶』植民地教育史研究年報　第7号　2005年3月

台湾その他諸外国

各年度台湾美術展覧会図録

『台湾美術運動史』謝里法　1978年　芸術家出版社

『台湾近代美術大事年表』顔娟英　1998年　雄獅図書股份有限公司

顔娟英「殿堂中的美術：台湾早期現代美術与文化啓蒙」『中央研究院歴史語言研究集刊』第64本第２分　1993年

『台湾早期西洋美術回顧展』1990年　台北市美術館

『日據時期台湾東洋画発展之研究』李進発　1993年　台北市美術館

中村義一「台展、鮮展と帝展」『京都教育大学紀要』Ａ（人文・社会）第75号　1989年９月

立花義彰「石川欽一郎　人と作品（上)」『静岡県立美術館紀要』第７号　1989年

立花義彰「同上（中)」同上第11号　1994年

「塩月桃甫画伯追悼特集」『南十字星』第１巻第４号　1984年　サザン・クロス会（台北一中33期生）

『中華民国現代十大美術家』1984年４月　木下美術館

『中国現代美術家人名大辞典』1898年　陝西人民美術出版社

『洋画の動乱―昭和10年、帝展改組と洋画壇―日本・韓国・台湾』1992年　東京都庭園美術館

『北京の画家たち』長廣敏雄　1946年　全国書房

『黄土水百年誕辰紀念特展』1995年　高雄市立美術館

『日升月落　廖徳政回憶録〈戦前篇〉』黄于玲　1996年　南方画廊有限公司

『台湾文学この百年』藤井省三　1998年　東方書店

Chien-Hung Lin, *The Rise of Landscape in Provincial Taiwan : A Study of Westernstyle Painting in the Formation of National Identity*, March, 1998.

『南国虹霓　塩月桃甫藝術研究』(国立台湾大学藝術史研究所碩士学位論文）王淑津　2000年

『日治時期台湾美術的「地域色彩」』2004年　国立台湾美術館

『台湾東洋画探源』2000年　台北市立美術館展覧組編

『見いだされた郷土―日本時代の台湾絵画』2006年　福岡アジア美術館

ＤＶＤ「以藝術之名―従現代至当代首次探索台湾視覚藝術」第３、４集　2008年

財団法人公共電視文化事業基金会
『泰　ビルマ　印度』東恩納寛惇　1941年　大日本雄弁会講談社
『ベトナム近代絵画展』2005年　産経新聞社
『土方久功』 2001年、高知県立美術館
吉田千鶴子「日印友好の懸橋―野生司香雪とサールナート、ムラガンダー寺院壁画」『早稲田大学會津八一記念博物館紀要』第6号　2005年

東京美術学校関係

東京美術学校作成記録文書類　東京芸術大学所蔵
同校出版物（『東京美術学校校友会月報』『校友会会報』『校友会作品集』その他）
同校作成「諸新聞切り抜き」東京芸術大学附属図書館所蔵
「卒業製作写真（アルバム）」同上
『十三松堂日記』正木直彦　1965、66年　中央公論美術出版
『回顧七十年』正木直彦　1937年　学校美術協会出版部
『東京芸術大学芸術資料館蔵品目録　絵画Ⅲ』1984年　東京芸術大学芸術資料館
『東京芸術大学百年史』東京美術学校篇第３巻　1997年　同刊行委員会

後書き

本書の執筆にあたり、中国、台湾、韓国、日本の研究者、東京美術学校留学者およびそのご家族の方々に資料提供やご教示等々、多大なご協力を得、また、東京芸術大学美術学部、同大学美術館、同附属図書館、東京文化財研究所、福岡アジア美術館等の所蔵資料を利用させて頂いた。刊行についてはゆまに書房の山﨑啓子氏のご尽力を得た。末尾ながら厚く御礼申上げたい。

本書では便宜上「中国」「朝鮮」「台湾」の語を使用しているが、厳密に言えばそれらは地域名である。引用文は全て新漢字に統一した。新聞記事の引用については原文のルビは必要なもののみを転載した。引用文中には現在では不適当と思われる用語があるが、原文尊重の観点からそのまま転載した。

著者略歴

吉田　千鶴子（よしだ　ちずこ）

1944年、群馬県に生まれる。

東京芸術大学大学院東洋美術史専攻修了。

現在、東京芸術大学美術学部非常勤講師。杭州師範大学弘一大師・豊子愷研究中心、東京文化財研究所、五浦美術文化研究所客員研究員。

主な著述に『東京美術学校的外国学生』（2004年、天馬出版有限公司）、「今泉雄作伝」（『五浦論叢』第６号、1999年、茨城大学五浦美術文化研究所）、「岡倉天心と久保田鼎」（同第10号、2003年、同）。共編著に『東京芸術大学百年史』東京美術学校篇第１～３巻・美術学部篇・『上野直昭日記』（1987～2003年、同刊行委員会）、『木心彫舎回想』（2006年、三好企画）、『岡倉天心――芸術教育の歩み』（2007年、東京芸術大学岡倉天心展実行委員会）。

近代《きんだい》東《ひがし》アジア美術《びじゅつ》留学生《りゅうがくせい》の研究《けんきゅう》―東京《とうきょう》美術学校《びじゅつがっこう》留学生《りゅうがくせい》史料《しりょう》―

2009年２月25日　第１版第１刷発行

著　者　吉田《よしだ》　千鶴子《ちずこ》

発行者　荒井　秀夫

発行所　株式会社ゆまに書房

〒101‐0047　東京都千代田区内神田２‐７‐６

電話　03‐5296‐0491

FAX　03‐5296‐0493

組　版　有限会社ぷりんてぃあ第二

印　刷　株式会社平河工業社

製　本　東和製本株式会社

ISBN978‐4‐8433‐3061‐6　C3070

＊落丁・乱丁本はお取り替え致します。

定価　本体3,500円＋税